**사람과 문화, 차와 말이 오가던 인류의 옛길처럼… 차마고도茶馬古道**
이 책을 꿰고 다듬은 차마고도茶馬古道는 청소년을 위한 학습 및 교양콘텐츠 개발 베이스캠프다. 그동안 ≪중1중2 비문학독해 100≫≪중3고1 비문학독해 100≫≪수능국어 비문학독본 1, 2, 3≫≪대입논술 기출문제 주제별 대계≫≪하루10분 생각의 발견 마음의 탄생 1, 2, 3≫≪논술구술 교양사전≫을 비롯한 여러 학습서를 출간하였다.

## 수능국어 어휘력향상 수련장

초판 1쇄 발행  2023년 7월 7일

편저자  차마고도
펴낸이  박동선

펴낸곳  푸를청
등록    제 2019-000006호
주소    경기도 고양시 일산동구 장백로 13, 702호
전화    (031)918-4792
팩스    (031)921-4792

ISBN  979-11-966626-2-2  (53700)

값 16,000원

# 수능국어
# 어휘력향상
# 수련장

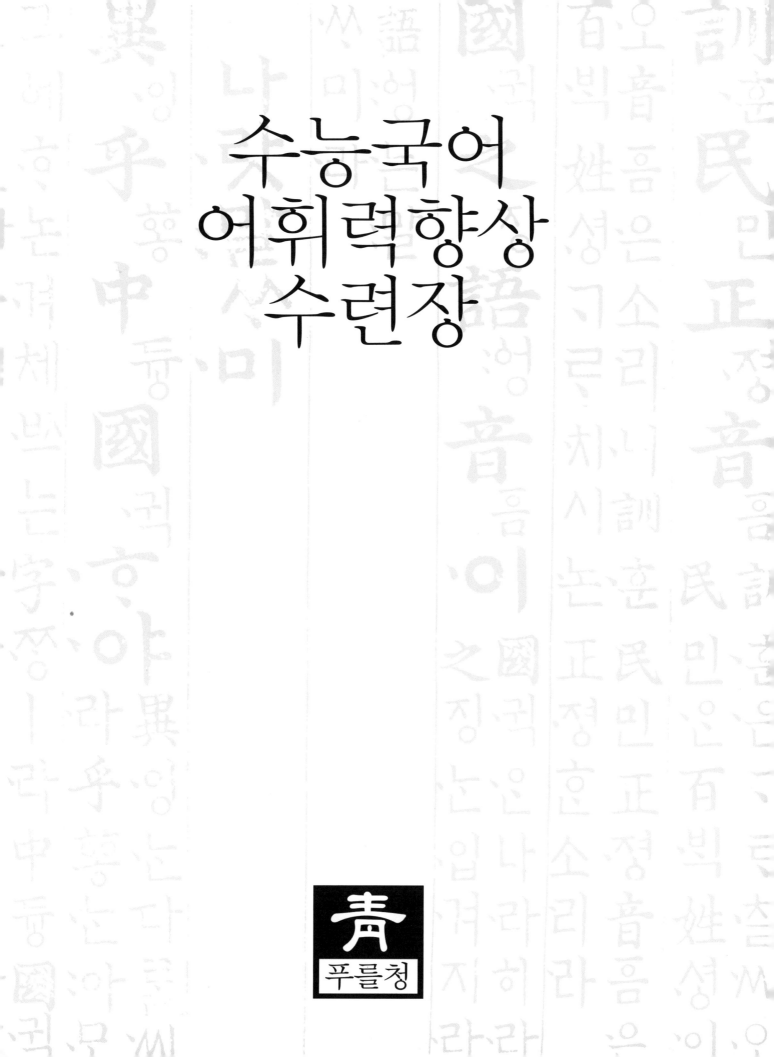

青
푸른청

　우리말은 어휘가 매우 풍부하다. 어휘 수가 압도적으로 많은 우리말은 어휘력 수준의 편차가 다른 언어보다 훨씬 크게 드러난다. 어휘력은 한 사람의 교양과 지적 수준을 가늠하는 중요한 잣대이기도 하려니와 모든 공부에 필수적으로 요구되는 기초 체력이다. 어휘력은 개념 학습을 가능하게 하는 근본적인 요소이다. 어휘력 신장은 독해능력의 향상과 사고력의 확장으로 이어지고 이는 학습 능력을 크게 좌우하게 된다. 비단 국어 과목뿐만 아니라 다른 과목의 학습에도 큰 영향을 미친다.

　이 책은 대학입시를 준비하고자 하는 예비수험생들에게 필요한 우리말 어휘 학습서이다. 수록된 어휘와 문제들은 수능 원년부터 최근까지의 수능기출문제 및 모의평가문제 전체를 검토하여 이 책의 취지에 맞는 것들을 선별하고 다듬어 배치한 것이다. 어휘의 사전적 의미, 어휘의 문맥적 의미, 어휘의 확장된 의미, 적절한 어휘 선택, 적절한 어휘 대체, 관용적 표현, 혼동하기 쉬운 어휘 구별, 수능국어 제시문 속 어휘 탐구 등을 망라하여 구성하였다. 우리말 어휘가 갖고있는 복합적 의미와 문맥 속에서의 다채로운 쓰임을 특히 눈여겨 살펴볼 필요가 있다.

　이 책은 예비수험생들의 학습 편의와 실제 수능시험과 그 준비과정에서의 활용도를 고려하여 매 장마다 14개의 문제로 구성하였다. 총 21회, 21일 동안의 우리말 어휘 탐구여행은 실전 수능에 익숙해지는 데 큰 도움이 되는것은 물론 우리말 사용에 대한 어느 정도의 자신감을 심어줄 것이다. 이 책을 잘 활용하여 독자 여러분 모두가 좋은 성과 거두기를 희망한다.


사람과 문화, 차와 말이 오가던 인류의 옛길처럼
**차마고도茶馬古道**

차　　　　　　　　　　　　례

제 **01** 회

어떤 낱말이 지니고 있는 가장 기본적이고 객관적인 의미를 ㉠사전적 의미라고 한다. 즉, '여성'이라는 낱말의 경우, '사람, 남성과 상대되는 말'과 같이 가장 기본적으로 생각할 수 있는 의미가 바로 사전적 의미이다. 그리고 연상이나 관습 등에 의하여 형성되는 의미를 함축적 의미라고 한다.

**밑줄 친 단어 중, ㉠의 예로 적절한 것은?**
① 너로 인해 집안에 웃음꽃이 피었다.
② 그들의 영혼에 사랑의 불이 붙었다.
③ 그는 세속에 물들어 순수성을 잃었다.
④ 우리 학교에 자율화 바람이 불고 있다.
⑤ 갓 피어난 연꽃잎에 이슬이 맺혀 있다.

단어의 의미 변화는 ㉠본래의 의미보다 그 뜻의 사용 범위가 넓어지는 '의미 확대', 좁아지는 '의미 축소', 전혀 다른 의미 영역으로 바뀌는 '의미 이동' 등 다양한 양상으로 나타난다.

ㄱ. 그 운전기사는 참 점잖은 양반이야.
ㄴ. 수돗가에 가서 얼굴을 깨끗이 씻어라.
ㄷ. 이번 달 우리 학교의 저축왕은 누가 될까?
ㄹ. 나는 어린 시절의 대부분을 시골에서 보냈다.
ㅁ. 그때 어여쁜 미인 두 사람이 문을 열고 들어왔다.

**㉠과 관련하여 밑줄 친 부분에 대한 해석이 적절하지 않은 것은?**
① ㄱ의 '양반'은 옛날에는 '높은 신분'을 뜻하였으므로 의미 축소로 볼 수 있다.
② ㄴ의 '얼굴'은 옛날에는 '몸 전체'를 뜻하였으므로 의미 축소로 볼 수 있다.
③ ㄷ의 '왕'은 옛날과 달리 '한 분야의 으뜸이 되는 사람'을 뜻하므로 의미 확대로 볼 수 있다.
④ ㄹ에서 '어린'은 옛날에는 '어리석다'의 뜻으로 사용되었으므로 의미 이동으로 볼 수 있다.
⑤ ㅁ에서 '어여쁜'은 옛날에는 '불쌍하다'의 뜻으로 사용되었으므로 의미 이동으로 볼 수 있다.

지역이 다름으로 인해 형성된 방언을 지역 방언이라 한다. 두 지역 사이에 큰 산맥이나 강, 또는 큰 숲이나 늪 등의 지리적인 장애가 있을 때 지역 방언이 발생하며, 이러한 뚜렷한 장애물이 없더라도 거리가 멀리 떨어져 있으면 그 양쪽 지역 주민들 사이의 왕래가 어려워지고 따라서 두 지역의 언어는 점차 다른 모습으로 발전해 가리라는 것은 쉽게 짐작되는 일이다. 행정 구역이 다르다든가 시장권(市場圈)이나, 학군(學群) 등이 다르다는 것도, 서로 ㉠소원(疏遠)하게 함으로써 방언의 분화를 일으키는 요인이 된다.

**㉠의 문맥적 의미로 알맞은 것은?**

① 어려워짐
② 소홀히 하며 거부함
③ 간절히 바라고 소망함
④ 어떤 관계나 교류가 활발해짐
⑤ 소식이나 왕래가 끊겨 멀어짐

희극 배우인 채플린은 코 밑에 조그만 수염을 달고 머리에는 다 떨어진 모자를 쓰고, 자기 몸에 ㉠맞지 않는 바지와 신발을 신고 지팡이를 든 모습으로 무대에서 연기한다.

**㉠과 유사한 의미로 쓰인 것은?**

① 올 가을에 사위를 맞으신다면서요?
② 할머니 반지가 내 손가락에 딱 맞네.
③ 요즘에는 일기예보가 잘 맞는 것 같아.
④ 내 육감이 맞았는지 우리 팀이 승리했어.
⑤ 국산 시계가 외제 시계보다 더 잘 맞는군.

우리는 지구 온난화의 주범인 대기 중 이산화탄소의 농도 변화에 주목할 필요가 있다. 대기 중 이산화탄소의 농도가 증가하면 우주로 ( ㉠ )되는 지구의 복사에너지가 흡수되어 지구의 온도가 높아지게 된다.

**㉠에 가장 적절한 한자어는?**

① 유출(流出)    ② 방출(放出)    ③ 도출(導出)    ④ 갹출(醵出)    ⑤ 표출(表出)

- 부족한 인원을 ( ㉠ )하여 조직을 활성화시켰다.
- 교통난을 해소하기 위하여 2차선 도로를 4차선 도로로 ( ㉡ )하였다.
- 지난 주에 발생한 사건의 파장이 일파만파로 ( ㉢ )되었다.

**㉠-㉡-㉢에 들어갈 단어를 순서대로 바르게 짝지은 것은?**

① 확충(擴充)-확장(擴張)-확대(擴大)
② 확장(擴張)-확충(擴充)-확대(擴大)
③ 확장(擴張)-확대(擴大)-확충(擴充)
④ 확대(擴大)-확장(擴張)-확충(擴充)
⑤ 확대(擴大)-확충(擴充)-확장(擴張)

헌법은 단순히 법규범의 성격만을 가지는 것이 아니라 국민을 통합하는 기능, 공동체의 기본적 가치질서와 가치체계를 ㉠세우는 기능, 정치적 공동체의 안정과 평화를 유지하는 기능, 인권을 보장하는 기능, 국가권력을 통제하는 기능, 정치과정을 합리화하는 기능 등 실로 다양한 정치적 기능을 수행한다.

**㉠과 바꾸어 쓸 수 있는 말로 적절한 것은?**

① 정립(定立)하는          ② 성립(成立)하는          ③ 설립(設立)하는
④ 수립(樹立)하는          ⑤ 건립(建立)하는

인터넷 공간은 물론이고 우리 주변은 소비성 정보로 가득하다. 소비성 정보는 24시간 온갖 매체를 통해 흘러나온다. 우리는 정보화 시대에 정보를 효율적으로 창조하고 사용하는 인간이라기보다는 하나의 소비성 자재로 존재할 위험에 처해 있다. 그렇다면 인간이 소비해야 할 정보가 거꾸로 인간을 ㉠소비하는 시대에 우리는 어떻게 대처해야 하는 것일까?

**㉠과 바꾸어 쓸 수 있는 말로 적절하지 않은 것은?**

① 좌우하는      ② 조종하는      ③ 지배하는      ④ 통제하는      ⑤ 배제하는

## 09 관용적 표현의 이해

우리가 사용하는 표현 중에는 둘 이상의 단어가 결합하여 관습적으로 굳어져 특별한 의미로 사용되는 것들이 있다. 이를 '관용어'라고 한다. 관용어는 그 의미가 특별하게 바뀌어 사용되기 때문에 하나의 단어와 마찬가지로 취급된다.

**제시문은 '관용어'에 관한 설명이다. 사례로 적절하지 않은 것은?**

① <u>등을 돌리는</u> 순간 목에 통증이 왔다.
② 그 이야기는 <u>귀에 못이 박히도록</u> 들었다.
③ 어머니는 <u>손이 커서</u> 늘 음식을 푸짐하게 준비하신다.
④ 그는 10년 동안 <u>뼈를 깎는</u> 노력으로 목표를 이루었다.
⑤ 고향에 두고 온 아이가 <u>눈에 밟혀</u> 일이 손에 잡히지 않았다.


## 10 혼동하기 쉬운 어휘 구별

**혼동하기 쉬운 단어를 구별하여 사용한 예로 잘못된 것은?**

① 옷매무새를 <u>반듯이</u> 하고, <u>반드시</u> 시간에 맞추어 오너라.
② 꽁지를 슬슬 빼는 네 모습이 마치 <u>꽁무니</u> 빠진 수탉 같구나.
③ 김장 배추를 <u>절이느라</u> 너무 오래 앉아 있었더니 발이 <u>저리다</u>.
④ 돈은 <u>있다가</u>도 없는 것이야, 오늘 안으로 마련할 테니 <u>이따가</u> 오너라.
⑤ 비록 <u>두꺼운</u> 벽에 둘러싸여 살더라도 이웃간의 정만은 <u>두텁게</u> 유지합시다.

- 역사라는 것은 지난날의 인간 사회에서 일어난 사실 중에서 누군가에 의해 중요한 일이라고 여겨 ㉠뽑혀진 것이라 할 수 있다.
- '지난날의 인간 사회에서 일어난 수많은 사실들 중에서 누군가에 의해 기록해 둘 만한 중요한 일이라고 ㉡여겨 기록된 것이 역사다' 하고 생각해 보면, 여기에 몇 가지 ㉢되씹어 봐야 할 문제가 있다. 첫째는 '기록해 둘 만한 중요한 사실이란 무엇을 말하는 것인가' 하는 문제이고, 둘째는 '과거에 일어난 일들 중에서 기록해 둘 만한 중요한 사실을 ㉣가려내는 사람의 생각과 처지'의 문제이다.
- 일제 식민지 시기까지 계속 동학란으로 ㉤불리다가 해방 이후 동학 혁명으로 불린 1894년 전봉준 등의 행동이 그 단적인 예이다.

### ㉠~㉤을 바꿔 쓴 말로 적절하지 않은 것은?

① ㉠: 선택(選擇)된  
② ㉡: 인정(認定)되어  
③ ㉢: 재고(再考)해야  
④ ㉣: 구별(區別)하는  
⑤ ㉤: 명명(命名)되다가

- 대중 매체는 특정 집단의 이해 관계만을 대변하는 도구로 ㉠전락(轉落)할 수도 있다.
- 대중 매체는 국민의 건전한 비판 의식을 ㉡창출(創出)하는 데 이바지할 수 있다.
- 대중 매체는 국민의 여론을 ㉢호도(糊塗)함으로써 정치 질서에 혼란을 초래할 수도 있다.
- 어떠한 방법으로 대중 매체의 역기능을 줄이고 순기능을 ㉣강화(强化)할 수 있을까?
- 대중 매체의 공급자들이 ㉤왜곡(歪曲)된 문화를 제공하더라도 수용자들이 건전한 비판 의식으로 이를 거부하면 대중 매체의 역기능은 줄어들 것이다.

### ㉠~㉤의 사전적 의미로 잘못된 것은?

① ㉠: 나쁜 상태나 처지에 빠지다.  
② ㉡: 만들어 내거나 지어내다.  
③ ㉢: 소식을 널리 알리다.  
④ ㉣: 이제까지보다 더 튼튼하게 하다.  
⑤ ㉤: 사실과 다르게 비틀다.

---

- 고려 시대에는 관영 공장 및 사설 공장에서 염직물을 대량으로 ㉠생산했다.
- 선조들은 자연 곳곳에서 풍부하게 재료를 얻을 수 있는 식물 염료를 ㉡애용했다.
- 삭힌 쪽물에서 색소를 ㉢추출하는 역할은 조개 껍데기를 구워 얻은 석회의 몫이다.
- 화학 염색은 붉은색과 푸른색을 ㉣혼합하면 보라색을 만들 수 있다.
- 천연 염색은 화학 염색처럼 인체에 유해하지 않고 공해 및 폐수 문제를 ㉤유발하지 않는다.

---

**㉠~㉤을 고유어로 바꾸어 썼을 때, 적절하지 않은 것은?**

① ㉠ → 만들어냈다     ② ㉡ → 즐겨 썼다     ③ ㉢ → 이끌어내는
④ ㉣ → 섞으면     ⑤ ㉤ → 일으키지

---

- 실증주의적 관점에 따르면 공간은 단순히 물리적으로 위치하고 있는 것으로, 인간이 머릿속에서 기하학적으로 ㉠측량하고 재단할 수 있는 것이다.
- 인본주의적 관점에 따르면 각각의 공간들은 다른 공간들과 구별되는 자연적·인문적인 특징을 가지고 있고, 이러한 특징으로 ㉡구성된 곳을 장소라고 한다.
- 인간은 일상생활 속의 공간에서 발생하는 다양한 현상들을 경험하고, 이를 해석하며, 의미를 ㉢부여한다.
- 인간에게 장소는 그곳의 실제적인 쓰임새보다 훨씬 더 깊은 의미를 갖는다. 이는 자신들의 장소를 파괴하려는 외부의 힘에 ㉣대항하는 개인이나 집단의 행동에서 명백하게 드러난다.
- 인간답다는 것은 의미 있는 장소로 ㉤충만한 세상에서 산다는 것이며, 인간이 세계를 경험하는 심오하고도 복잡한 곳이 바로 장소이다.

---

**문맥상 ㉠~㉤을 바꿔 쓸 수 있는 것으로 적절하지 않은 것은?**

① ㉠: 헤아리고     ② ㉡: 이루어진     ③ ㉢: 붙인다
④ ㉣: 맞서는     ⑤ ㉤: 가득찬

# 제 **02** 회 · · · · · · · · · · · · · · ·

동양화는 자연과 인간 사회에 존재하는 소재들을 단순히 조합한 그림이 아니기 때문에 그림에 담긴 뜻을 읽을 수 있는 방법을 알아야 제대로 감상할 수 있다. 다시 말해, 화가가 전달하고자 하는 바를 고려해서 봐야지, 이것을 ㉠도외시한 채 구도나 색감, 데생력 등 서양화적 안목으로만 감상한다면 그 의미가 절하될 수밖에 없다.

### ㉠의 사전적 의미로 가장 적절한 것은?

① 업신여기는 태도로 흘겨봄
② 상관하지 아니하거나 무시함
③ 달갑게 여겨 좋은 마음으로 봄
④ 가볍게 여기지 않고 중요하게 여김
⑤ 참견하지 아니하고 앉아서 보기만 함

• 우리말은 감각적 어휘가 발달했다. 똑같은 말이라도 '아' 다르고 '어' 다르다는 말이 나올 정도로 감각어가 풍부한 것이 우리말의 특징이다. 이러한 특징은 정서적 유사성과 관련된 비유적 표현으로까지 발전한다.
• 약간 추위를 느낄 때, '썰렁하다'고 하는데, 이 말은 기후 표현에만 쓰이는 것은 아니다. "참, ㉠썰렁하네…."라고 하면 의도적으로 남을 웃기려고 했으나 반응이 좋지 않을 때를 표현한 말이다.

### 어휘의 쓰임이 ㉠과 유사하지 않은 것은?

① 기름은 <u>가벼워</u> 물에 뜬다.
② 그는 괜히 <u>싱겁게</u> 웃는다.
③ 그 선생님은 학점을 <u>짜게</u> 준다.
④ 겨울바람이 <u>맵고</u> 사납게 불었다.
⑤ 병이 너무 <u>무거워</u> 완쾌하기 힘들겠다.

중국의 주흥사(周興嗣)가 왕의 명에 따라 하룻밤 동안 천 글자로 지었다는 ㉠이야기가 전해지는 『천자문(千字文)』은 하늘 천(天), 땅 지(地), 검을 현(玄), 누를 황(黃) 네 글자로 시작된다. 여기서 저자는 대낮의 하늘이 푸르다는 사실보다 밤하늘이 검다는 사실에 주목하고 있는 듯하다. 밤하늘은 왜 어두운가? 여기에는 무언가 우주의 깊은 신비가 도사리고 있을 것이다.

**㉠의 문맥적 의미와 가장 가까운 것은?**

① 이 바위에 얽혀 있는 한 맺힌 여인의 <u>이야기</u>를 들었다.

② 둘이서 한동안 수군수군 <u>이야기</u>를 하더니 이제는 조용해졌다.

③ 가만히 있지만 말고 이제는 네 생각을 자세히 <u>이야기</u>해 봐라.

④ 기분이 울적할 때는 친구들과 <u>이야기</u>하는 것이 도움이 된다.

⑤ 성선설을 옹호하는 사람들은 인간의 본성이 착하다고 <u>이야기</u>한다.

헬리콥터의 회전하는 날개는 윗면과 아랫면이 똑같이 ㉠<u>생겼다</u>. 그렇다면 어떻게 양력을 만들까? 헬리콥터는 회전날개의 각도를 달리하여 양력을 만든다. 중앙 프로펠러의 날개 각도를 기울여 회전시킴으로써 프로펠러 위와 아래의 압력차로 양력을 만들어낸다. 이에 따라 비행기처럼 전진하지 않고도, 날개 자체의 회전으로 수직 이륙이 가능한 것이다.

**문맥상 의미가 ㉠과 가장 유사한 것은?**

① 옷에 얼룩이 <u>생겼다</u>.

② 당장 굶어죽게 <u>생겼다</u>.

③ 계획에 차질이 <u>생겼다</u>.

④ 그녀는 이국적으로 <u>생겼다</u>.

⑤ 나에게 공짜로 집이 <u>생겼다</u>.

"인간의 두뇌 속 신경세포는 컴퓨터칩처럼 정교하고 규칙적으로 배열되어 있는 것이 아닙니다. 불규칙하게 제멋대로 엉켜있지요. 그런데도 이 신경세포들이 서로 상호작용을 해 어떤 슈퍼컴퓨터도 흉내낼 수 없는 작동을 하지 않습니까? 따라서 인간 두뇌 세포처럼 탄소나노튜브들이 원래 엉겨있는 그대로 두고 소프트웨어적으로 이것들을 제어하는 방법 등을 개발해야 합니다. 즉 아예 ( ㉠ )을(를) 바꿔야 한다고 생각합니다."

**㉠에 들어갈 말로 가장 적절한 것은?**
① 발상(發想)　　② 사상(思想)　　③ 견해(見解)　　④ 입장(立場)　　⑤ 주관(主觀)

• 마라톤의 기록 ( ㉠ )은 인간 한계에 대한 도전이다.
• 민주 국가에서는 권력의 ( ㉡ )을 견제하는 장치가 필요하다.
• 위헌 법률 조항의 ( ㉢ )을 통해 선의의 피해자를 구제해야 한다.

**㉠-㉡-㉢에 들어갈 낱말들을 순서대로 바르게 짝지은 것은?**
① 경신(更新)-오용(誤用)-개정(改正)
② 경신(更新)-남용(濫用)-개정(改正)
③ 경신(更新)-남용(濫用)-개선(改善)
④ 갱신(更新)-남용(濫用)-개정(改正)
⑤ 갱신(更新)-오용(誤用)-개선(改善)

우리 사회에서 문신은 죄의 대가로 새기는 형벌문신의 영향과 유가적(儒家的) 신체관의 유산 때문에 반사회적·반윤리적 이미지를 ㉠불러일으키는 불온한 상징물로 간주된다. 하지만 다른 한편에서 그것은 유가적 신체관으로부터 자유로운 세대들의 자의식을 드러내는 도전적 상징물이고, 몸을 화폭으로 삼아 새겨내는 전위적 예술이기도 하다.

**㉠과 바꾸어 쓰기에 적합한 것은?**

① 환기(喚起)하는          ② 유도(誘導)하는          ③ 강조(强調)하는

④ 선양(宣揚)하는          ⑤ 유인(誘引)하는

앞으로 자연, 특히 극한 환경으로부터 놀라운 기능을 갖춘 희귀 미생물을 분리하고 이를 인공적으로 ㉠길러 내며, 이것으로부터 새로운 물질을 발견하고 그 이용 분야를 개척하는 것이 21세기 생물 공학 연구에 있어서 중요한 과제가 될 것이다. 이러한 극한 미생물은 생명체가 극한 상태에 처할 때 어떻게 ㉡안정화되는지를 이해하는 데 중요한 연구 모델이 될 뿐만 아니라, 생물 공학적 응용에 있어서도 실용적 가치가 매우 높다.

**㉠-㉡과 바꾸어 쓸 수 있는 표현을 순서대로 바르게 짝지은 것은?**

① 육성(育成)하며-변용(變容)되는지

② 양성(養成)하며-변천(變遷)되는지

③ 배양(培養)하며-적용(適用)되는지

④ 배양(培養)하며-적응(適應)되는지

⑤ 육성(育成)하며-조화(調和)되는지

속담은 추상 개념을 구체적인 사실로, 고도의 논리를 평이한 직관으로, 범상한 설명을 돌발적인 상징으로 드러냄으로써 쾌감을 주고 절실한 표현 효과를 낸다. 예를 들면 '말을 조심하라.'는 설명은 '발 없는 말이 천 리를 가는' 경이(驚異) 속에 함축되고, "(          ㉠          )" 속에 실감되는 것이다.

**㉠에 들어갈 속담으로 적절한 것은?**

① 말만 귀양 보낸다.
② 말로 온 동네 다 겪는다.
③ 말 안 하면 귀신도 모른다.
④ 낮말은 새가 듣고 밤말은 쥐가 듣는다.
⑤ 말은 해야 맛이고 고기는 씹어야 맛이다.

**혼동하기 쉬운 어휘의 사용이 바르지 않은 것은?**

① 납품 기한에 늦지 않으려면 기일 내에 일을 끝마쳐야 한다.
② 사건을 조종하는 배후 세력에 대한 견해 차이가 조정되었다.
③ 오랫동안 고전해 온 상대팀을 이기고 오랜만에 승전가를 불렀다.
④ 걷잡을 수 없이 타오르는 불길도 걷잡아 이틀 정도면 잡힐 것으로 보인다.
⑤ 마주오던 화물차끼리 충돌하면서 뒤에 오던 승용차들이 연달아 추돌하였다.

• 고구려는 국제 질서 속에서 자국의 위상이나 인접국과의 관계를 어떻게 ㉠규정했을까?

• 고구려는 자국을 천하의 중심으로 인식하고, 주변 국가를 신하의 나라로 ㉡간주하였다.

• 고구려는 천하를 몇 개의 지역권으로 ㉢형성된 것으로 생각하였다.

• 고구려는 북조와 외교 관계를 맺어 평화를 유지하는 한편, 주변 국가들과 연결하여 북조를 견제하는 외교술을 ㉣구사하였다.

• 고구려는 복잡한 국제 질서를 ㉤주도하고자 하였다.

### ㉠~㉤의 의미로 적절하지 않은 것은?

① ㉠: 내용이나 성격, 의미 따위를 밝혀 정함.

② ㉡: 상태, 모양, 성질 따위가 그와 같다고 봄.

③ ㉢: 어떤 형상을 이룸.

④ ㉣: 자유자재로 다루어 씀.

⑤ ㉤: 어떤 일을 책임을 지고 맡아 관리함.

• 조각상에는 ㉠외경스러운 초자연적인 힘이 깃들어 있다고 해서 의식을 치르는 동안에는 여자와 아이들이 이 조각상을 보는 것이 금지되었다.

• 조각상에는 그들 사회를 반영하는 정서가 ㉡집약되어 나타나 있다.

• 아프리카 조각가들은 길쭉하게 늘어진 몸통과 관 모양의 외형, 수직적 형태를 ㉢선호했다.

• 유럽의 회화 전통과는 다른 이러한 방식이 피카소와 입체주의에 ㉣영감을 주었다.

• 피카소의 작품 〈아비뇽의 처녀들〉은 피카소가 순수 입체주의 시기에서 아프리카의 영향을 받은 이후의 시기로 넘어가는 ㉤과도기적 작품이다.

### ㉠~㉤의 사전적 의미로 적절하지 않은 것은?

① ㉠: 두려워하고 공경함.

② ㉡: 이미 있는 것에 덧붙이거나 보탬.

③ ㉢: 여럿 가운데서 특별히 가려서 좋아함.

④ ㉣: 창조적인 일의 계기가 되는 기발한 착상이나 자극.

⑤ ㉤: 한 상태에서 다른 새로운 상태로 옮아가거나 바뀌어 가는 도중의 시기

- 소크라테스는 '덕(德)'을 잘 실현하면, 그것을 ㉠완수한 대가로써 행복이 주어진다고 했다.
- 장롱을 잘 짜는 기능이 목수의 덕이다. 그리고 목수는 자신의 이러한 덕을 잘 ㉡수행했을 때, 훌륭한 목수로서의 행복감을 지니게 된다는 것이다.
- 도덕은 일견 이기주의에 ㉢기반한 것처럼 보인다.
- 인간은 본래 자기 자신의 이익만을 추구하도록 되어 있으므로 사람이 이타적으로 행동할 것을 ㉣기대하는 것은 비이성적이라고 하는 입장을 우리는 심리학적 이기주의라고 부른다.
- 심리학적 이기주의를 ㉤지지한 대표적인 경험주의 철학자 홉스는 자비심은 자신과 세계에 대해 자기가 다른 사람보다 능력이 더 많다는 것을 증명해 보이는 것에 불과하다고 보았다.

**㉠~㉤과 바꿔 쓸 수 있는 말로 적절한 것은?**

① ㉠: 지닌    ② ㉡: 따랐을    ③ ㉢: 다져진    ④ ㉣: 바라는    ⑤ ㉤: 나타낸

- 시장에서의 거래에 의한 자원의 ㉠배분(配分)은 거래 당사자들의 자유로운 선택의 결과이다.
- 사회 복지 정책이 사람들의 자유를 ㉡침해(侵害)한다는 논리의 하나는, 세금을 많이 낸 사람들이 이득을 적게 볼 경우, 그 차이만큼 불필요하게 개인의 자유를 제한한 것이 아니냐는 것이다.
- 일반적으로 사회 복지 정책이 제공하는 재화와 서비스는 공공재적 성격을 갖고 있어, 이를 이용하는 데 ㉢차별(差別)을 두지 않는다.
- 자유 민주주의 사회에서는 개인의 자유를 최대한으로 ㉣보장(保障)해야 한다.
- 사회 복지 정책을 통하여 빈자(貧者)들이 자신이 원하는 바를 할 수 있는 능력을 갖게 할 때에는 적극적인 자유를 ㉤신장(伸張)시키는 것이다.

**㉠~㉤의 사전적 의미로 알맞지 않은 것은?**

① ㉠배분(配分): 몫을 고르게 나누어 줌.
② ㉡침해(侵害): 침범하여 해를 끼침.
③ ㉢차별(差別): 차등이 있게 구별함.
④ ㉣보장(保障): 어떤 일이 어려움 없이 이루어지도록 보증하거나 보호함.
⑤ ㉤신장(伸張): 시설이나 외관 따위를 새로 장치함.

# 제 03 회

효율성의 측면에서 보았을 때, 인류는 아직 시장만한 자원 분배 체계를 발견하지 못하고 있다. 그러나 시장은 소득 분배의 ⑤형평(衡平)을 보장하지 못할 뿐만 아니라, 자원의 효율적 분배에도 실패하는 경우가 종종 있다. 그래서 때로는 국가가 직접 개입한 재분배 활동으로 소득 불평등을 개선하고 시장의 실패를 시정하기도 한다.

**⑤의 사전적 의미는?**

① 서로 맞서서 버팀.

② 성분이나 특성이 고루 같음.

③ 낫고 못함이 없이 균형을 이룸.

④ 서로 만나지 않고 나란히 나감.

⑤ 힘이 전혀 가해지지 않은 것처럼 정지함.

자연물과 관련된 많은 어휘는 일차적으로 자연물을 그대로 나타내다가 그 쓰임이 많아지면서 <u>비유적으로 확장된 의미로 쓰이기도 한다.</u>

**⑤~⑩을 활용하여 글짓기를 해 보았다. 제시문의 밑줄 친 부분에 해당하는 것은?**

① ⑤: <u>파도</u>가 물보라를 일으키며 뱃전을 후려쳤다.

② ⑥: <u>바람</u> 때문에 그나마 하나 남은 촛불마저 꺼졌다.

③ ⑥: 그는 뒷산 <u>마루</u>에 걸린 해를 보면서 일어섰다.

④ ⑧: 새벽이 지나면서 <u>수면</u> 위로 서서히 해가 솟아올랐다.

⑤ ⑩: <u>거품</u>이 빠진 부동산 경기가 안정을 되찾고 있다.

## 03    어휘의 문맥적 의미

비판적 사고란 주어진 ㉠틀에 따라 기계적이고 무의식적으로 사고하는 것이 아니라, 스스로 무슨 사고가 진행되고 있는지를 능동적으로 의식하면서 사고하는 행위이다. 즉, 어떤 사고를 할 때 무슨 사고를 했는지, 그 사고의 목적이 무엇인지 등을 끊임없이 스스로 묻는 반성적 사고인 것이다.

### ㉠의 문맥적 의미와 가장 유사한 것은?
① 훈련병들은 정해진 틀에 맞춰 하루하루를 생활하고 있었다.
② 이 작품은 석고로 만든 틀에 청동을 부어 만든 것이다.
③ 오누이는 얼굴 생김새가 한 틀에 박아 낸 것 같다.
④ 그는 황제로서의 위엄이 틀에 잡혀 있다.
⑤ 지은이는 나무 틀 위에 천을 덮었다.

## 04    어휘의 문맥적 의미

인터넷을 실행할 때 개인 정보가 유출될 수 있는 위험에 노출되기 때문에 사용자는 보안에 대한 인식을 확고히 해야 한다. 신뢰할 수 있는 사이트가 아닌 곳에서 프로그램을 설치하라는 메시지가 ㉠뜨면 잘 읽어보고 필요한 프로그램인지 아닌지를 신중히 판단하는 보안 의식이 필요하다.

### ㉠과 문맥적 의미가 같은 것은?
① 그녀는 털실로 장갑을 떴다.
② 나는 허리가 아파서 뜸을 떴다.
③ 무명 가수의 앨범이 뒤늦게 떴다.
④ 외국 영화를 볼 때 한글 자막이 떴다.
⑤ 그녀는 남자를 기다리다 결국 자리에서 떴다.

대학의 학문 체계는 논문이라는 표현 형식을 모든 구성원에게 부과한다. 그러므로 학위를 받기 위해서는 대학이 부과하는 규범화된 언어형식을 (   ㉠   )해야만 한다. 만약 이 체계를 벗어나면 지식의 경계 밖으로 밀려나게 된다.

**문맥상 ㉠에 들어갈 말로 가장 알맞은 것은?**

① 습득(習得)          ② 획득(獲得)          ③ 납득(納得)
④ 수득(收得)          ⑤ 생득(生得)

• 실연을 당한 나는 (   ㉠   )인 노래를 좋아하게 되었다.
• (   ㉡   )인 대응은 오히려 사태를 악화시킨다.
• 나의 성격은 이지적인 데 반해 그녀의 성격은 (   ㉢   )이다.

**㉠-㉡-㉢에 들어갈 낱말들을 순서대로 바르게 나열한 것은?**

① 감상적(感傷的)-감정적(感情的)-감성적(感性的)
② 감상적(感傷的)-감성적(感性的)-감정적(感情的)
③ 감정적(感情的)-감상적(感傷的)-감성적(感性的)
④ 감정적(感情的)-감성적(感性的)-감상적(感傷的)
⑤ 감성적(感性的)-감정적(感情的)-감상적(感傷的)

최근에는 생물 공학에도 효소가 이용되고 있다. 가령 반딧불이가 빛을 낼 수 있는 것은 꼬리 부분에 있는 효소 때문이다. 이 효소의 유전자를 다른 생물에 ㉠넣으면 그 생물 역시 빛을 낸다. 송사리 몸에 이 유전자를 넣으면 송사리 몸에서 빛이 나며, 식물에 넣어도 역시 빛이 난다. 이 효소의 유전자를 대장균에 넣으면 대장균도 빛을 내는데, 이런 대장균을 이용해 발암 물질을 찾아내기도 한다.

**㉠과 바꾸어 쓰기에 알맞은 것은?**

① 도입(導入)하면　　　② 유입(流入)하면　　　③ 주입(注入)하면
④ 반입(搬入)하면　　　⑤ 대입(代入)하면

지구 내부는 지각, 상부 맨틀, 하부 맨틀, 외핵, 내핵의 층상 구조를 이루고 있다. 지구 내부로 들어갈수록 온도가 증가하는데, 이 때문에 외핵은 액체 상태로 존재한다. 고온의 외핵이 하부 맨틀의 특정 지점을 가열하면 이 부분의 중심부 물질은 상승류를 형성하여 ㉠움직이기 시작한다. 아주 느린 속도로 맨틀을 통과한 상승류는 지표면 가까이에 있는 판에 부딪치게 된다.

**㉠과 바꿔 쓸 말로 가장 적절한 것은?**

① 가동(可動)하기　　　② 약동(躍動)하기　　　③ 이동(移動)하기
④ 작동(作動)하기　　　⑤ 진동(振動)하기

뮤지컬에서 멜로디에 실려 불려지는 노래 가사는 일반 연극의 대사와 같은 기능을 하여 관객들의 ㉠심금(心琴)을 울린다.

**㉠과 유사한 성격을 지닌 말로 적절하지 않은 것은?**

① 차가운 공기를 오래 쏘이면 머리가 아프다.
② 아는 사람이 많은 걸 보니 그는 참 발이 넓다.
③ 그녀는 눈이 높아서 내가 상대하기 쉽지 않겠다.
④ 어머니는 손이 커서 음식을 푸짐하게 장만하신다.
⑤ 그는 아버지의 말씀을 가슴에 새기고 집을 나섰다.

**혼동하기 쉬운 단어를 구별하여 사용한 예로 바른 것은?**

① 정의는 반드시 이긴다.
　영희는 오늘도 머리를 반듯이 빗었다.
② 우산을 나란히 바치고 간다.
　남을 돕는 일에 평생을 받치고 싶다.
③ 이 강의 넓이는 12미터이다.
　한 평 너비의 땅도 나에게는 소중하다.
④ 철수는 언덕을 너머 집으로 내려왔다.
　물보라 넘어 꿈결처럼 무지개가 보인다.
⑤ 어머니는 미소를 띠고 말씀하셨다.
　표지판은 눈에 잘 띠고 아름다워야 한다.

• 사구체는 들세동맥에서 ㉠유입되는 혈액 중 혈구나 대부분의 단백질은 여과시키지 않고 날세동맥으로 흘러보낸다.

• 사구체로 유입되는 혈류량보다 나가는 혈류량이 적기 때문에 자연히 사구체의 모세 혈관에는 다른 신체 기관의 모세 혈관보다 높은 혈압이 ㉡발생한다.

• 당단백질은 내피세포의 구멍을 통과할 수 있는 작은 단백질들의 여과를 ㉢억제한다.

• 돌기 사이의 좁은 틈을 따라 여과액이 빠져나오면 보먼주머니 내강에 ㉣도달하게 된다.

• 사구체의 혈압 변동은 생명 유지에 ㉤적합하지 않기 때문에 자가 조절 기능에 의해 관리된다.

### ㉠~㉤의 사전적 의미로 적절하지 않은 것은?

① ㉠: 액체나 기체 따위가 어떤 곳으로 흘러듦.

② ㉡: 어떤 일이나 사물이 생겨남.

③ ㉢: 조건을 붙여 내용을 제한함.

④ ㉣: 목적한 곳이나 수준에 다다름.

⑤ ㉤: 일이나 조건 따위에 꼭 알맞음.

• 중국의 전국시대는 주 왕실의 봉건제가 무너지고 열국들이 중국 천하를 ㉠할거하면서 끝없는 전쟁으로 패권을 다투던 혼란과 분열의 시기였다.

• 전국시대의 주류 사상가로서 담론을 ㉡주도했던 양주는 인간은 기본적으로 자신만을 위한다는 위아주의(爲我主義)를 주장했다.

• 양주는 강력한 공권력을 독점한 국가에 의해 개인의 삶이 일종의 수단으로 전락할 수 있다는 점을 통찰하고, 개인은 사회 규범이나 국가 지향적 이념에 사로잡혀 개인을 희생하지 말고 자신들의 삶의 절대적 가치를 ㉢자각해야만 한다고 역설했다.

• 한비자는 만들어진 법은 상하귀천을 ㉣막론하고 공정하게 집행되어야 한다고 보았다.

• 양주는 국가와 같은 외적 존재가 개인의 삶에 ㉤개입하는 것을 부정한 반면, 한비자는 공평무사한 정신으로 질서를 확립하여 백성의 고통을 해결하는 군주 정치를 최선으로 여겼다.

### 문맥상, ㉠~㉤을 바꿔 쓰기에 적절하지 않은 것은?

① ㉠: 나누어 차지하면서    ② ㉡: 이끌었던    ③ ㉢: 스스로 깨달아야만

④ ㉣: 꼼꼼히 따지고    ⑤ ㉤: 끼어드는

- 광고는 대중문화의 환경을 조성하고 ㉠지평을 바꾸는 데에 절대적인 영향력을 행사하고 있다.
- 광고 모델들이 각종 프로그램에 출연해 연기를 하고 노래를 하면서 그들이 출연했던 광고 속의 이미지를 또 한 번 판다고 보아도 ㉡무방하다.
- 광고는 모든 자본과 인력과 테크놀로지를 15초 내지 30초의 시간에 ㉢집약시킨다.
- 광고가 사회 전반에 미치고 있는 영향력을 ㉣감안한다면 광고주나 광고대행사들이 어떤 방법과 규칙으로 경쟁을 하는가는 대단히 중요한 의미를 갖게 된다.
- 광고는 '어쩔 수 없는 것'이라고 포기하는 자세는 결코 현명치 못하다는 것을 ㉤절감할 수 있다.

### ㉠~㉤의 사전적 의미로 적절하지 않은 것은?

① ㉠: 사물의 전망이나 가능성 따위
② ㉡: 거리낄 것이 없다
③ ㉢: 하나로 모아서 뭉뚱그리는
④ ㉣: 양이나 수치를 줄임
⑤ ㉤: 절실히 느낌

- 조르주 멜리에스는 순수한 상상의 사건인 ㉠기발한 이야기와 트릭 촬영을 혼합시켜 '달세계 여행'이라는 판타지 영화를 만들었다.
- 대체로 사실주의 영화는 현실 세계에서 소재를 선택하되, ㉡왜곡을 최소화하여 현실 세계의 모습을 그대로 재현하고자 한다.
- '영상이 지나치게 아름다우면, 그것은 잘못된 것이다.'라는 말은 현실 세계 그대로의 사실적 재현을 가장 우위에 놓는 사실주의 영화의 ㉢암묵적 전제로 ㉣통용된다.
- 사실주의 영화와 형식주의 영화의 차이는 영화의 소재인 물리적인 현실 세계를 가지고 '어떻게 ㉤조형하고 조작하는가', '스타일상의 강조점이 어디에 있는가' 등에 달려 있다.

### ㉠~㉤의 사전적 의미로 적절하지 않은 것은?

① ㉠: 수준이나 실력이 훨씬 뛰어남
② ㉡: 사실과 다르게 해석하거나 그릇되게 함
③ ㉢: 자기 의사를 밖으로 나타내지 아니함
④ ㉣: 어느 곳에나 두루 쓰임
⑤ ㉤: 여러 재료를 이용해 구체적인 형태나 형상을 만듦

제 **04** 회

생물 농약은 친환경적이고, 계속 사용해도 약효가 떨어지지 않아, 해충의 ⊙내성에 대한 고민이 필요 없을 뿐 아니라 개발비도 화학 농약 개발비의 1/10 수준에 머물러 경제적 측면에서도 유리한 점이 많다. 이러한 점에서 생물 농약을 사용하는 농법은 기존의 농법이 지녔던 단점을 극복하는 선진 농법으로 발돋움하고 있다.

**⊙의 사전적 의미로 적절한 것은?**
① 환경 조건의 변화에 견딜 수 있는 생물의 성질
② 약물의 반복 복용에 의해 약효가 저하되는 현상
③ 유기 물질이 미생물 또는 효소에 의해 분해되는 현상
④ 서로 다른 약물들이 동일한 투여량으로 같은 효능을 보이는 특성
⑤ 병원체(病原體)가 화학 요법제나 항생 물질의 지속적인 사용에 대하여 나타내는 저항성

우리의 속담은 재치가 넘치는 풍자와 생생한 비유로 되어 있어 흥미롭고 ⊙구수하기 이를 데 없다. 또, 그 속에는 참된 교훈이 녹아 있어 씹을수록 감미롭고 새로운 맛을 풍긴다. 속담은 그야말로 언어 중의 보석으로 만인의 지혜요, 민중의 시인 것이다. 우리가 상대방에게 인상 깊게 말하고자 할 때, 풍자나 비유를 들어 내용을 전달하고자 할 때, 어려운 충고를 하고자 할 때, 속담을 재치 있게 사용한다면 우리의 언어생활 수준은 한층 높아질 것이다.

**⊙과 같은 쓰임으로 보기 어려운 것은?**
① 그는 뱃속이 검은 사람이다.
② 그 사람은 입이 무거우니 안심이군.
③ 그 친구는 말을 느끼하게 해서 징그럽다.
④ 햇볕이 따가워 그늘을 찾아 잠시 쉬고 싶었다.
⑤ 그 사람 그렇게 안 봤는데 참 싱거운 사람이더군.

오랜만에 낚시를 다녀왔다. 연못 속에 던져진 낚시의 찌가 움직이고 낚싯대가 파르르 떨리는 순간, '바로 이 ㉠맛에 낚시를 하지.'라고 말씀하시던 아버지의 모습이 떠올랐다.

**밑줄 친 ㉠과 의미가 다른 것은?**

① 철수는 공부에 맛을 들였다.
② 그는 맛이 붙어 자주 산에 간다.
③ 영희는 요즘 수학의 맛을 느끼고 있다.
④ 운동에 맛을 들이면, 건강한 몸이 된다.
⑤ 적당히 맛이 든 매실은 좋은 약이 된다.

세포 안팎의 삼투압 차이가 수만 배까지 나면 세포 밖의 물이 세포 안으로 급격하게 유입돼 세포가 터져 죽는다. 마치 풍선의 바람을 계속 불어넣으면 '펑!' 하고 터지듯이 말이다. 이때 세포의 내용물이 쏟아져 나와 염증 반응을 ㉠일으킨다.

**문맥적 의미가 ㉠과 가장 유사한 것은?**

① 세찬 바람이 파도를 일으켰다.
② 그는 학교에서 말썽을 일으켰다.
③ 그녀는 기울어진 가세를 홀로 일으켰다.
④ 그녀의 고백이 마음의 동요를 일으켰다.
⑤ 불규칙한 식사가 결국 위장병을 일으켰다.

우리는 '지원자들이 막판까지 눈치작전 끝에 원서를 접수했다'란 말을 흔히 쓴다. 물론 틀린 표현이다. '접수했다' 자리에 '접수시켰다'를 쓰기도 하는데 이 역시 옳지 않기는 마찬가지다. 이는 '대학으로 하여금 원서를 접수하게 했다'란 뜻이 되기 때문이다. '접수시키다'란 말이 바르게 쓰이는 상황을 굳이 설정하자면 '대학 당국은 창구 직원에게 마감 시간을 한 시간 연장해 접수시켰다'고 할 수는 있을 것이다. 결국 '접수'란 단어는 지원자를 주체로 해서는 쓸 수 없는 말이다. 지원자를 주어로 쓰고 싶을 때는 '내다' 또는 '(　　㉠　　)'를 쓰는 것이 적절하다.

**㉠에 들어갈 어휘로 적절한 것은?**

① 제기(提起)하다　　　② 제출(提出)하다　　　③ 제안(提案)하다
④ 제의(提議)하다　　　⑤ 제시(提示)하다

• 나는 삼촌의 (　㉠　)로/으로 대학을 마칠 수 있었다.
• 이 법의 시행에 허점이 있어 제도적인 (　㉡　)이/가 필요하다.
• 성장기에 있는 청소년들에게는 다양한 영양 (　㉢　)이/가 필수적이다.

**㉠-㉡-㉢에 들어갈 단어를 순서대로 바르게 짝지은 것은?**

① 보완(補完)−보충(補充)−보조(補助)
② 보충(補充)−보완(補完)−보조(補助)
③ 보충(補充)−보조(補助)−보완(補完)
④ 보조(補助)−보완(補完)−보충(補充)
⑤ 보조(補助)−보충(補充)−보완(補完)

## 07 적절한 어휘 대체

신문고를 치면 의금부의 관원이 왕에게 보고하였으며, 보고된 사안에 대해 왕이 지시를 내리면 해당 관청에서는 5일 안에 처리해야 했다. 신문고를 친 사람의 억울함이 사실이면 이를 해결해 주었고, 거짓이면 엄한 벌을 내렸으며, 그 일과 관련된 담당 관원에게는 철저하게 책임을 ㉠물었다.

**㉠과 바꾸어 쓰기에 가장 적절한 것은?**

① 조사(調査)하였다　　② 추궁(追窮)하였다　　③ 전가(轉嫁)하였다

④ 부과(賦課)하였다　　⑤ 문의(問議)하였다

## 08 적절한 어휘 대체

대의제 민주주의는 민주주의의 본질적 요소 중 하나인 국민의 정치적 참여를 완전하게는 보장할 수 없다는 점에서, 필연적으로 취약성을 ㉠안고 있을 수밖에 없다. 이로 인해 국민은 정치로부터 소외되고, 결국 정치가 소수의 엘리트들의 전유물이 되는 결과까지 초래하게 되었다. 이러한 점에서 오늘날의 민주주의에서 가장 문제가 되고 있는 것은 바로 참여의 문제이다.

**㉠과 바꾸어 쓰기에 가장 적절한 것은?**

① 내포(內包)할　　② 수용(受容)할　　③ 용인(容認)할

④ 포용(包容)할　　⑤ 함축(含蓄)할

그게 어떤 돈인가 말이다. 서울에서의 셋방살이가 하도 지긋지긋해서 연립 주택 한 채를 마련, 이 곳에 이사 온 지 반년도 채 되지 않은 그녀였다. 곗돈 타고, 여름에 보너스 나오면 이자 나가는 빚 백만 원을 갚을 요량이었는데 그 몇 달 사이의 ㉠이자 몇 푼을 욕심내다가 생돈 떼이게 생겼으니 생각만 해도 속이 터질 지경이었다.

**㉠의 상황과 관련이 있는 한자성어로 가장 적절한 것은?**

① 금상첨화(錦上添花)　　② 소탐대실(小貪大失)　　③ 점입가경(漸入佳境)
④ 진퇴양난(進退兩難)　　⑤ 풍전등화(風前燈火)

**혼동하기 쉬운 단어를 구별하여 사용한 예로 잘못된 것은?**

① 들판에 곡식이 서서히 여물어 갈 때, 내 마음의 상처도 아물어 가기 시작했다.
② 햇볕에 그을려 구리 빛 얼굴을 한 농부가 짚불에 보리를 그슬려 지나가는 아이들에게 나누어주었다.
③ 아내가 하얀 이를 들어내고 웃고 있는 동안 나는 창고에 그득히 쌓여있는 쌀가마니를 밖으로 드러내었다.
④ 비스듬히 벽에 기대어 고민하고 있는 동생을 바라보며 나의 성격도 동생과 비스름하다는 생각을 하였다.
⑤ 내가 달려오던 친구에게 부딪혀 넘어지자, 친구가 겸연쩍은 표정을 지으며 다가와 "갑자기 부딪쳐서 미안해."라고 했다.

---

- 조선 초에 제작된 의궤는 왜란과 호란의 와중에 ㉠소실(消失)된 것으로 보인다.
- 왕조의 ㉡쇠망(衰亡)과 함께 의궤의 기록도 사라져 버린 것이다.
- 의궤에는 행사에 참여한 관리와 장인들의 실명(實名)을 기록한 것이 눈에 띈다. 작업자의 책임 ㉢소재(所在)를 밝히기 위한 것만이 아니라, 남다른 책임감과 사명감을 가지고 작업에 참여하도록 독려하려는 뜻도 담겨 있었던 것이다.
- 의궤의 기록은 역사 연구자들에게 다양하고 상세한 ㉣사료(史料)를 제공하고 있다.
- 의궤는 경비가 많이 ㉤소요(所要)되는 국가 행사의 내역 일체를 기록하여 공개하였다.

---

### ㉠～㉤의 사전적 뜻풀이로 바르지 않은 것은?

① ㉠: 사라져 없어짐
② ㉡: 쇠퇴하여 망함
③ ㉢: 어떤 것을 만드는 데 바탕이 되는 재료
④ ㉣: 역사 연구에 필요한 문헌이나 유물 따위
⑤ ㉤: 필요로 하거나 요구되는 바

---

---

- 집단적 의사 결정을 할 때, 사람들은 다양한 의견들을 수렴하기보다 극단적인 방향으로 ㉠흐르는 경우가 있다.
- 집단극화 현상이 ㉡발생하는 이유는 무엇일까?
- 친구들과 관람한 영화가 보통 정도는 되는 영화라고 생각했어도 '정말 형편 없었어.'라고 주장하는 친구들이 더 많으면, 자신도 재미가 별로 없었다는 것을 친구들보다 더 강화된 근거로 ㉢제시하여 집단으로부터 지지받는 입장을 밝히게 된다는 것이다.
- 내집단 구성원 간의 의견차는 극소화되는 반면 외집단과 내집단의 차이는 극대화되어 시간이 갈수록 내집단의 의견은 다른 집단의 의견과 차별화되고 외집단과는 다른 극단적인 방향으로 ㉣전환된다. 정치적 경향이 달랐던 두 정당이 시간이 지날수록 화합하지 못하고 견해차가 더 ㉤심화되는 것이 이러한 예에 해당한다.

---

### ㉠～㉤과 바꿔 쓸 수 있는 말로 적절하지 않은 것은?

① ㉠: 치우치는          ② ㉡: 일어나는          ③ ㉢: 들어
④ ㉣: 바뀐다          ⑤ ㉤: 늘어나는

- 커피액을 ㉠<u>뽑아낸</u> 다음에 −40℃로 급속하게 동결시킨다.
- 인스턴트커피를 포장하면 제품 생산이 ㉡<u>끝난다</u>.
- 냉동 건조 방식을 이용하면 말려서 건조시킬 때와 같이 크기가 작아지거나 표면이 주름지는 현상은 ㉢<u>일어나지</u> 않는다.
- 열풍으로 건조시키는 방법과는 달리 열을 가해 나타나는 식품 성분의 변화가 거의 없기 때문에 최근 많이 ㉣<u>쓰이고</u> 있다.
- 냉동 건조 제품은 무수히 작은 구멍이 표면적을 늘리기 때문에 습기나 냄새를 잘 ㉤<u>빨아들이는</u> 단점도 있다.

**㉠~㉤을 한자어로 바꿀 때, 적절하지 않은 것은?**

① ㉠: 추출(抽出)한   ② ㉡: 완료(完了)된다   ③ ㉢: 발생(發生)하지

④ ㉣: 유통(流通)되고   ⑤ ㉤: 흡수(吸收)하는

- 문과 시험은 대과로서, 여기에 합격해야 비로소 관직에 ㉠<u>나아갈</u> 수 있었다.
- 조선 시대 학문적, 정치적 상황에서는 한 학파의 영수(領首)가 한 정파의 중심 인물이 되었다. 그들은 새롭게 집권을 하게 되면 자신들이 ㉡<u>지니고</u> 있는 정치적 이념을 구현하기 위해 자기네 정파 혹은 학파의 인물을 널리 등용하게 된다.
- 임진왜란과 병자호란을 겪은 조선은 해이해진 국가 기강을 확립하여 ㉢<u>흩어진</u> 국론을 단합하고 황폐해진 국가를 재건해야만 했다.
- 사회를 바른 길로 이끌어 야 할 지도층이라는 선비들의 자의식(自意識)은 어떠한 난관에 ㉣<u>부딪히더라도</u> 책임을 회피할 수 없게 만들었다.
- 선비들의 궁극적인 목표는 개인적인 욕망을 이겨내고 나와 타인이 함께 삶의 이상을 구현할 수 있는 공공의 선(善), 즉 공의(公義)를 실현하는 데 있었다. 이것이야말로 이 세상을 살기 좋은 세상으로 만드는 ㉤<u>지름길이라</u> 생각했던 것이다.

**문맥상 ㉠~㉤과 바꾸어 쓸 수 없는 말은?**

① ㉠: 진출(進出)할   ② ㉡: 소지(所持)하고   ③ ㉢: 분열(分裂)된

④ ㉣: 봉착(逢着)하더라도   ⑤ ㉤: 첩경(捷徑)이라

제 **05** 회 • • • • • • • • • •

언어와 사고가 서로 깊은 관계를 맺고 있다는 사실은 여러 가지 근거를 통해서 뒷받침된다. 예를 들어, 어린이는 언어 능력이 성숙되어 가는 것과 함께 지적 능력, 곧 사고력의 발달도 ⊙촉진된다. 그 결과, 어린이들이 사용하는 문장은 점점 더 길어지고 복잡해진다.

### ⊙의 사전적 의미는 ?
① 앞으로 나아감.
② 양이나 수치를 늘림.
③ 재촉하여 빨리 진행하도록 함.
④ 동식물 따위가 자라서 점점 커짐.
⑤ 기운이나 세력 따위가 점점 더 늘어남.

• 장터 주막 언저리는 제법 붐비고 있었다.
• 우리는 바다의 가장자리를 따라 걸었다.
• 잔디밭 테두리에는 잡초가 우거졌다.

### 밑줄 친 어휘에 공통적으로 포함되어 있는 의미로 적절한 것은?
① 주변(周邊)    ② 도달(到達)    ③ 간격(間隔)    ④ 입구(入口)    ⑤ 순환(循環)

모순에 봉착할 때마다 인간은 의문을 가지거나, 동요와 불안을 느끼게 된다. 지혜롭고 참된 생활을 하려는 사람은 그것을 그대로 둘 수가 없다. 그가 느끼는 모순이 클수록 그의 해결 의욕은 더 강해진다. 이 모순을 해결하기 위하여 그는 자신이 경험한 바를 다시 한 번 반성하여 그것을 비교, 분석, 종합하는 지혜를 발휘한다. 이런 과정을 통해 문제를 해결할 수 있는 ㉠길을 발견하면 비로소 그 모순은 해결되는 것이며, 그의 생활은 지혜를 통해 풍요롭게 된다.

**㉠과 같은 의미로 사용된 것은?**

① 그는 숲 속에서 길을 잃고 한참을 헤매었다.
② 그는 그렇게 소리를 친 후 그 길로 도망갔다.
③ 그가 직장을 잃고 나니 먹고 살 길이 막막했다.
④ 아버지는 퇴근길에 늘 우리들의 간식을 사오신다.
⑤ 그는 어릴 때의 꿈을 이루어 의사의 길을 걷고 있다.

황순원이 쓴 장편소설 『인간접목』은 한국전쟁 직후 전쟁고아가 사회문제화되고 있던 상황에서 서울 어느 고아원을 배경으로 전쟁, 가난, 폭력 속에서 멍들었던 어린이들이 주인공의 노력에 의해 서서히 치유되어가는 과정을 ㉠그리고 있다.

**㉠과 문맥적 의미가 가장 유사한 것은?**

① 그는 우리나라에서 유명한 화가가 그린 그림을 모은다.
② 팽이가 얼음 위에서 빙글빙글 원을 그리며 돌고 있었다.
③ 그는 반가워할 아내와 아이들을 그리며 선물을 준비했다.
④ 지난번 읽은 시는 임에 대한 절실한 그리움을 그린 것이다.
⑤ 그 학생은 자신이 생긴 듯 표정을 환하게 그리며 질문을 하였다.

---

- 사람들은 그를 천재라고 _____.
- 복은 또 다른 복을 _____.
- 그는 속으로 쾌재를 _____.

---

**빈 칸에 공통적으로 들어갈 단어로 적절한 것은?**
① 말하다    ② 부르다    ③ 여기다    ④ 외치다    ⑤ 생각하다

---

- 패러글라이딩(paragliding)이란 낙하산 타기와 행글라이딩을 ( ㉠ )한 항공 스포츠이다.
- 세 방송사가 각각 치르던 가요 시상식을 ( ㉡ )하자는 의견이 우세해져서, 최근 원칙적인 합의에 이른 것으로 알려졌다.
- 1차 대전 후, 동유럽의 소련군에 대항하기 위해 서유럽의 여러 나라와 미국이 ( ㉢ )하여 NATO(북대서양조약기구)를 결성하였다.

---

**㉠-㉡-㉢에 들어갈 단어를 순서대로 나타낸 것은?**
① 통합(統合)-결합(結合)-연합(聯合)
② 결합(結合)-연합(聯合)-통합(統合)
③ 연합(聯合)-결합(結合)-통합(統合)
④ 통합(統合)-연합(聯合)-결합(結合)
⑤ 결합(結合)-통합(統合)-연합(聯合)

19세기 말 사진기의 발명은 화가들 사이에 위기의식을 불러 일으켰다. 아무리 실물을 빼닮은 이미지를 그려내도 사진만큼 사람들에게 깊은 인상을 주지 못했기 때문이다. 이에 화가들은 새로운 ㉠방법을 찾아야 했다. 그 결과 그들은 외부를 정밀하게 재현하는 것에 치중하기보다는 상상을 통해 자신의 주관적인 내면을 자유롭게 드러내는 방법을 중시하게 되었다. 이후 내면 표현을 중시하는 이런 관점은 사회에 급속도로 퍼져 나갔다.

**㉠을 대체할 말로 가장 알맞은 것은?**
① 돌파구　　　② 배출구　　　③ 분화구　　　④ 출입구　　　⑤ 해방구

- 택배가 <u>도착(到着)했는지</u> 확인해 보았다.
- 그 편지는 제날짜에 그녀에게 <u>전달(傳達)되었다</u>.
- 그 분에게 피해가 <u>발생(發生)하는</u> 일이 없도록 해라.

**밑줄 친 단어 모두와 바꿔 쓸 수 있는 것은?**
① 들다　　　② 가다　　　③ 이르다　　　④ 보내다　　　⑤ 생기다

관용어(慣用語)는 구조적으로 둘 이상의 단어가 결합하여 이루어진 말로 개별 단어의 의미의 결합이 아닌 제 3의 의미로 굳어진 말이다. 특히 우리말에는 신체와 관련된 관용어가 많다. 예를 들면, '오금이 저리다.'고 했을 때, '무릎 뒤가 마비된 듯하다.'의 의미가 아닌 '잘못이 들통날까 봐 마음을 졸이다.'는 의미로 사용된다. 이러한 관용어는 문법이나 논리에 따라 분석하기보다는 역사적, 사회적, 문화적 맥락에서 이해해야 한다.

**제시문을 참고하여 문장을 만들었을 때 적절하지 않은 것은?**

① 그는 눈이 커서 겁이 많아 보인다.

② 나는 이제 이 일에서 손을 끊겠다.

③ 그는 발이 넓어서 아는 사람이 많다.

④ 그녀는 코가 높아서 그를 거들떠보지도 않는다.

⑤ 범인은 현장에 떨어진 단추 때문에 덜미를 잡혔다.

**혼동하기 쉬운 단어를 구별하여 사용한 예로 바른 것은?**

① 그 사람 <u>탓</u>에 성공하였다.

　　세금이 오른 <u>덕분</u>에 매출이 줄었다.

② 이 강의 <u>넓이</u>는 50m나 된다.

　　교실보다 운동장의 <u>너비</u>가 훨씬 넓다.

③ 내 몫은 네 몫의 <u>갑절</u>이다.

　　이 일은 어제 한 일보다 몇 <u>곱절</u> 힘이 든다.

④ 판매 실적이 날로 <u>갱신</u>되고 있다.

　　전세 계약을 <u>경신</u>해야 할 시기가 되었다.

⑤ 일손이 모자라 배추를 <u>밭떼기</u>로 팔아 넘겼다.

　　손바닥만한 <u>밭뙈기</u>에 농작물을 심어 보았다.

• 개인적으로 ㉠향유(享有)하는 이익이 눈앞에서 위법·부당한 공격으로 침해되는 것을 보고서도 오히려 '지는 것이 이기는 것이다. 똥이 더러워 피하지 무서워 피하는 것이냐'라고 달랠 수는 없는 노릇이다. 법은 보통 사람들에게 오히려 이 경우 자기 보존을 위해 공격자를 무력화시킬 선제 공격이나 기선을 ㉡제압(制壓)하는 공격을 허용하고 있는 것이다.

• 법 질서 전체의 효력을 확보하기 위한 정당 방위의 옳음에 대한 ㉢신봉(信奉) 때문에 정당 방위는 가차 없는 방어 수단을 들이대도 허용한다는 결론이 나온다.

• 방어자는 공격을 확실하고 위험 없이 막기 위하여 많은 수단을 선택할 수 있다면 그 중 가장 ㉣경미(輕微)한 것으로도 중한 것과 동일한 효과를 낼 수 있는 수단을 선택해야 한다.

• 방어 행위에 의해 ㉤야기(惹起)된 손해가 공격 위험에 비해 극단적인 불균형을 이룰 때 정당 방위의 자기 보전 근거가 탈락된다.

**㉠~㉤의 사전적 의미로 적절하지 않은 것은?**

① ㉠: 누려서 가짐　　② ㉡: 압력을 넣어 위협함　　③ ㉢: 옳다고 믿고 받듦

④ ㉣: 가볍고도 극히 적음　　⑤ ㉤: 일이나 사건 따위를 끌어 일으킴

• 사람을 푹 빠지게 하는 그 무엇을 통해 만화는 우리의 기억 속에 오래 ㉠남는다.

• 독자들이 만화를 ㉡좋아하는 이유는 가볍다는 점이다.

• 만화를 하나의 대중문화로서 독자들이 즐겨 본다는 사실은 ㉢가볍게 볼 일이 아니다.

• 만화 독자는 하나의 칸과 다음 칸 사이의 틈에서 등장인물의 행동이나 장면의 상호 관련성을 통해 생략된 내용을 ㉣잡아내고 음미하면서 사건이나 이미지를 형성한다.

• 만화 작가마다 혹은 작품마다 다르게 나타나는 개성은 작품에 담긴 그래픽이나 회화적 표현과 ㉤떼어 놓고 생각할 수 없는 것이다.

**㉠~㉤과 바꾸어 쓸 수 없는 것은?**

① ㉠: 각인(刻印)된다　　② ㉡: 선호(選好)하는　　③ ㉢: 경도(傾倒)해선

④ ㉣: 포착(捕捉)하고　　⑤ ㉤: 분리(分離)하여

• 로크는 경험을 통해서만 지식을 ㉠획득한다고 보았다.

• 로크는 물질의 실재(實在)를 ㉡인정하고, 사고 과정과 정신의 실재도 인정하였다.

• 버클리의 견해에 의하면 우리가 먹는 밥은 우선 시각, 후각, 촉각, 다음에는 미각, 다음에는 체내의 ㉢포만감일 뿐이다.

• 흄은 사고 과정을 ㉣주관하는 정신을 부정하였다.

• 과학적 지식은 관찰과 실험을 통해 얻은 개별적 사실로부터 인과 관계나 법칙을 찾아내어 ㉤체계화한 결과이다.

**㉠~㉤의 사전적 의미로 적절하지 않은 것은?**

① ㉠: 얻어 내거나 얻어 가짐.

② ㉡: 확실히 그렇다고 여김.

③ ㉢: 넘치도록 가득 차 있는 느낌.

④ ㉣: 어떤 일을 책임을 지고 맡아 관리함.

⑤ ㉤: 자기의 의견이나 주의를 굳게 내세움.

• 헌법의 개정이란 기존의 헌법을 소멸시킬 뿐만 아니라 그 헌법의 토대가 되어 있는 헌법 제정 권력까지도 배제하는 헌법의 파기와는 ㉠다르다.

• 헌법의 개정이 어느 정도까지 가능한가에 대해서는 학자들마다 입장이 다른데, 이는 대체로 개정 무한계설과 개정 한계설로 ㉡나뉜다.

• 개정 무한계설에서는 현재의 헌법 규범이나 가치에 의해 장래의 세대를 구속하는 것은 부당하다는 점을 ㉢밝힌다.

• 개정 한계설은 헌법에 규정된 개정 절차를 ㉣따를지라도 특정한 조항이나 사항은 개정할 수 없다는 입장이다.

• 개정 한계설은 헌법 제정자가 내린 근본적 결단으로서의 헌법은 개정 대상이 될 수 없다거나, 헌법 위에 존재하는 자연법의 원리에 ㉤어긋나는 헌법 개정은 허용되지 않는다고 본다.

**문맥상 ㉠~㉤과 바꿔 쓰기에 가장 적절한 것은?**

① ㉠: 상등하다          ② ㉡: 분포된다          ③ ㉢: 피력한다

④ ㉣: 승계할지라도      ⑤ ㉤: 소급되는

제 **06** 회 · · · · · · · · · · ·

## 01     어휘의 사전적 의미

숨 쉬기는 동물의 각 기관이 제 기능을 발휘하는 데 없어서는 안 되는 활동이다. 숨을 쉬지 못하면 산소가 세포로 전달되지 못해 세포가 활동하는 데 필요한 에너지를 생산할 수 없게 된다. 이렇게 되면 생명체는 더 이상 생명을 유지할 수 없다. 이처럼 생명 활동에 중요한 호흡은 과학적 개념으로 볼 때 산소를 ㉠들이마시고 이산화탄소를 내보내는 것을 의미한다.

**㉠의 의미로 사용되는 것은?**

① 흡입(吸入)　　② 흡수(吸水)　　③ 흡착(吸着)　　④ 투입(投入)　　⑤ 주입(注入)

## 02     어휘의 의미 관계

언론 전문가들은 일부 학자들의 비판적인 시각에도 불구하고 언론과 관련된 분쟁은 법정 밖에서 해결하는 것이 가장 바람직하다는 측면에서 언론중재위원회를 통한 반론권 제도의 중요성을 인정하고 있다. 그러나 그 효율성을 제고하기 위해서는 당사자가 모두 ㉠만족할 수 있도록 중재의 합의율과 질적 수준을 높여야 할 것이다 .

**밑줄 친 단어 중, ㉠의 의미를 포함하지 않는 것은?**

① 선을 본 사람이 마음에 <u>차지</u> 않았다.
② 엊그제 비가 <u>흡족히</u> 와서 가뭄이 해소되었다 .
③ 그는 자기 능력에 <u>상당한</u> 대우를 받고 기뻐했다.
④ 철수는 그 자리에 있는 것이 별로 <u>달갑지</u> 않았다.
⑤ 형의 말을 들은 삼촌의 얼굴이 그리 <u>탐탁해</u> 보이지 않는다 .

무형의 자본인 신뢰, 소통, 협력은 사회 경제적 협력을 촉진하는 ㉠윤활유이기 때문에 그 중요성에 대한 공감대가 형성되어 있다.

**㉠의 문맥적 의미로 가장 적절한 것은?**

① 개인적 목표를 성취하게 하는 역할
② 공공기관의 투명성을 확보하는 역할
③ 경제학자들의 관점을 통합하는 역할
④ 인간의 본능적 행동을 통제하는 역할
⑤ 경제 주체 간의 갈등을 최소화하는 역할

여름철에는 열대야가 길어지고, 겨울철에는 한파가 이어지거나 폭설 등의 기상 이변이 발생하면서 지구 환경 생태계에 변화를 주고 있다. 우리의 삶에 위협을 ㉠주는 이러한 이상 기온 현상의 주원인으로 전문가들은 에너지 남용으로 인한 과도한 온실가스의 배출을 지적하고 이 문제의 해결을 위한 다양한 방안들을 제시하고 있다.

**밑줄 친 단어의 문맥적 의미가 ㉠과 가장 유사한 것은?**

① 뚜껑을 열기 위해 손에 힘을 <u>주었다</u>.
② 착한 일을 한 아이에게 용돈을 <u>주었다</u>.
③ 내 마음에 상처를 <u>준</u> 친구를 우연히 만났다.
④ 그는 친구들에게도 좀처럼 정을 <u>주지</u> 않는다.
⑤ 외국인에게도 투표권을 <u>주자고</u> 제안을 하였다.

> 오늘날의 매체 작품은 고독한 주체의 창조물이 아니라 매체들 간의 상호 소통의 결과물이다. ⑦ 여기저기에서 조금씩 복사하여 책을 만들기도 하고, 예술가의 개별적인 작업보다는 협동 작업이 중시되기도 한다. 또한 홀로그래피, 텔레마틱 같은 새로운 장르 혼합 현상이 나타난다.

### ⑦을 나타내기에 가장 적절한 것은?

①조합(組合)      ②담합(談合)      ③병합(倂合)      ④규합(糾合)      ⑤접합(接合)

> • 회사 측은 주민 대표에게 언론에 보도된 내용이 사실과 다르다고 (   ⑦   )하였다.
> • 그는 국회에서 국민의 기본권에 대하여 (   ⓒ   )할 기회를 얻었다.
> • 피의자는 뇌물을 받은 적이 없다고 검사에게 (   ⓒ   )했다.

### ⑦-ⓒ-ⓒ에 들어갈 단어를 순서대로 나타낸 것은?

① 진술-발언-해명      ② 해명-발언-진술      ③ 발언-진술-해명

④ 해명-진술-발언      ⑤ 발언-해명-진술

여론 조사 결과를 발표할 때는 의뢰 기관, 조사 기관, 조사 시기, 조사 대상, 조사 방법, 표본의 수, 표본 추출 방법, 신뢰 수준, 응답률, 설문지의 문항 등을 같이 알려야 한다. 왜냐하면 그 구체적인 내용에 따라 여론 조사의 결과가 달라지며, 심할 경우 ⑤한쪽으로 치우칠 수도 있기 때문이다.

**⑤과 바꾸어 쓸 수 있는 말로 가장 적절한 것은?**
① 편향(偏向)될      ② 편애(偏愛)할      ③ 편재(偏在)될
④ 편식(偏食)할      ⑤ 편협(偏狹)할

• 고대 유물의 정확한 제작 연대를 측정하는 작업은 고대사를 ⑤밝히는 데 매우 중요하다. 과학자들은 방사성탄소동위원소의 양을 측정하는 방식으로 유물의 나이를 알아내고 있다.
• 불순물이 포함된 시료로 측정하면 오차가 커지는 것은 당연한 일이다. 그러므로 정확한 연대 측정을 하려면 시료로부터 순수한 탄소를 ⑥끄집어내는 고도의 정밀 작업을 먼저 해야만 한다.

**⑤, ⑥과 바꾸어 쓸 수 있는 적절한 말을 순서대로 짝지은 것은?**
① 규명(糾明)하는-추출(抽出)하는
② 규정(規定)하는-추인(追認)하는
③ 표명(表明)하는-선별(選別)하는
④ 표방(標榜)하는-색출(索出)하는
⑤ 명명(命名)하는-발췌(拔萃)하는

속담은 형성 당시의 시대상과 생활 모습을 반영하기 때문에 오래 전에 형성된 속담들 중에는 시대가 바뀌고 생활 모습이 바뀌면서 그 의미를 분명하게 드러낼 수 없는 경우가 있다. 이때 ㉠기존의 속담을 약간 변형함으로써 속담의 효과를 증대시킬 수 있는 경우가 많다. 예컨대, '개발에 편자'라는 속담과 이를 현대적으로 변형시킨 '개발에 백(白)구두'라는 표현이 있다고 해 보자. 이때 후자가 더 효과적인 표현이라는 사실을 금세 알 수 있을 것이다.

**㉠의 과정에서 '효과 증대'보다는 '의미 변화'가 일어난 것은?**
① 날개 부러진 매 → 엔진 고장 난 자동차
② 빈 수레가 요란하다. → 빈 깡통이 요란하다.
③ 암탉이 울면 집안이 망한다. → 암탉이 울면 알을 낳는다.
④ 당장 먹기엔 곶감이 달다. → 당장 먹기엔 초콜릿이 달다.
⑤ 낫 놓고 기역자도 모른다. → 빨래집게 놓고 에이(A)자도 모른다.

**혼동하기 쉬운 단어를 구별하여 사용한 예로 알맞은 것은?**
① 말이 채 끝나기도 전에 그가 소리를 질렀다.
　 내가 아무리 말해도 그는 들은 체도 하지 않았다.
② 벼가 한참 무성하게 자란다.
　 그는 한창 나를 노려보더니 돌아서 가 버렸다.
③ 왠 까닭인지 몰라 어리둥절하다.
　 이야기를 듣자 웬지 불길한 예감이 들었다.
④ 시금치를 맛깔스럽게 묻혀서 먹었다.
　 붓에 먹물을 듬뿍 무치고 글씨를 썼다.
⑤ 둘 사이의 친분이 두껍다.
　 추워서 옷을 두텁게 입었다.

• 탑승 의자가 실제로 자유 낙하했다면 약 3.7초 정도의 시간이 ㉠소모되었을 것이지만, 이 놀이 기구에서는 외부 동력에 의해 자유 낙하보다 더 빠르게 가속된 것이다. 그러나 이 역시 자유 낙하 의 효과를 ㉡배가시켜 주는 장치이므로 자유 낙하 놀이기구라는 명칭이 잘못된 것은 아니다.

• 의자와 기둥 사이의 마찰 시 생긴 열에너지가 제동력으로 작용하여 놀이기구를 멈추는 방법은 오래 사용할 경우 기둥 또는 의자가 마모되거나 ㉢파손되어 정지하지 못할 수도 있다.

• 같은 극끼리 ㉣반발하는 성질을 가진 전자석을 이용하여 놀이기구를 멈추는 방법은 갑자기 정 전이 되면 전자석이 작동하지 않아 정지하지 못하는 불상사를 ㉤초래할 수도 있다.

**㉠~㉤과 바꿔 쓰기에 적절하지 않은 것은?**

① ㉠: 걸렸을    ② ㉡: 만드는    ③ ㉢: 부수어져    ④ ㉣: 밀어내는    ⑤ ㉤: 불러올

• 대상이 주는 자극과 대상으로부터 얻는 지각의 일 대 일 대응 관계가 ㉠전제되어 있다.

• 퐁티는 경험주의가 지각 주체에 비해 대상을 지나치게 중요시하는 ㉡오류를 범했다고 보았다.

• 퐁티는 인간의 '몸'에 ㉢주목한다. 그가 말하는 '몸'은 정신을 주관하는 주체이고, 육체와 정신으 로 분리되지 않으며, 무엇인가를 의식하는 지향성을 지닌 '몸'이다.

• 의식의 주체로서의 '몸'이 특정한 시간과 공간에서 대상과 마주하는 장면이 '현상학적 장'이고, 이러한 '현상학적 장'에서 '몸'이 ㉣체험한 것이 곧 지각이다.

• 퐁티의 관점에 따르면, 붉은 색과 녹색이 뒤섞인 대상이 회색으로 지각된 것은, '몸'의 착각이나 시간과 공간 등의 ㉤변수에 영향을 받은 현상학적 체험으로 설명할 수 있다.

**㉠~㉤의 사전적 뜻풀이로 바르지 않은 것은?**

① ㉠: 어떠한 사물이나 현상을 이루기 위하여 먼저 내세우는 것.

② ㉡: 그릇되어 이치에 맞지 않는 일.

③ ㉢: 경고나 훈계의 뜻으로 일깨움.

④ ㉣: 자기가 몸소 겪은 경험.

⑤ ㉤: 어떤 상황의 가변적 요인.

• 의도대로 상대를 이끌어 가는 데 실패하면 물리적인 강제력을 ㉠발동(發動)하지 않을 수 없다.

• 사회적 동물인 인간은 일반적으로 어떤 질서에 ㉡귀속(歸屬)되기를 바란다.

• 권력의 미란다는 동일시의 상징을 사용함으로써 국민의 마음을 ㉢규합(糾合)시키려 한다.

• 사람들은 그 어떤 것을 대할 때 그것이 합리적이고 타당하면 ㉣수긍(首肯)한다.

• 고대에서부터 현대에 이르기까지, 지배자는 정치적 상징을 통해 피지배자들의 심리를 조작하는 정치 기술, 즉 상징 조작을 통한 지배 방법을 흔히 사용해 왔다. 이를 통해 지배자들은 피지배자들의 자발적인 복종을 이끌어 내고 정치권력의 정당성을 ㉤확보(確保)하려 했기 때문이다.

### ㉠~㉤의 사전적 뜻풀이로 바르지 않은 것은?

① ㉠: 공공 기관이 법적 권한을 행사함
② ㉡: 어떤 개인이 특정 단체의 소속이 됨
③ ㉢: 남을 깨치어 이끌어 줌
④ ㉣: 옳다고 인정함
⑤ ㉤: 확실하게 가지고 있음

• 두 기둥 사이의 거리보다 기둥의 높이가 높아질수록 기둥의 거리는 가깝게 느껴지고 이를 통해 긴장감이 한층 ㉠높아진다.

• 평행하게 ㉡늘어선 점들은 아득히 먼 끝에서 한 곳에 모이는 것처럼 보이는 곳, 즉 소점(消點)으로 모인다. 반복적인 요소들이 한 점을 향해 ㉢모이면 속도감을 더해 주는 효과를 주기도 한다. 한편, 점이 무작위로 ㉣늘어선 경우도 있다.

• 계획적이고 규칙적으로 ㉤늘어놓은 점들은 우선적으로 기능적인 면에서 경제성을 지닌다.

### ㉠~㉤을 바꿔 쓴 말로 적절하지 않은 것은?

① ㉠: 강화(强化)된        ② ㉡: 배열(配列)된        ③ ㉢: 수렴(收斂)되면
④ ㉣: 정렬(整列)된        ⑤ ㉤: 배치(配置)된

제 **07** 회

> ㉠ 좀처럼 세상에 나타나지 않을 만큼 뛰어남.
> ㉡ 어떤 범위나 한계. 둘레의 줄.

**㉠과 ㉡에 해당하는 낱말을 순서대로 알맞게 짝지은 것은?**

① 불세출-테두리    ② 불세출-변두리    ③ 팔불출-넋두리

④ 팔불출-테두리    ⑤ 밀반출-변두리

> 반환(返還)하다 / 변상(辨償)하다 / 보답(報答)하다 / 보복(報復)하다

**우리말의 고유어와 한자어는 대응 관계를 보이는데, 일(一) 대 다(多)의 관계를 형성하기도 한다. 제시된 한자어들에 대응하는 우리말의 고유어로 적절한 것은?**

① 주다    ② 갚다    ③ 내다    ④ 베풀다    ⑤ 되돌리다

요즘에는 악보로 정리된 시나위를 연주하는 경우가 대부분인데, 이것은 시나위 본래의 취지에 어긋난다. 악보로 연주하면 ㉠박제된 음악이 되기 때문이다.

**문맥적 의미가 ㉠과 가장 유사하게 사용된 것은?**
① 아버지에 대한 기억은 이미 죽은 지 오래되었다.
② 선생님께 꾸중을 들은 아이는 풀이 죽어 있었다.
③ 양념을 많이 넣으면 재료 원래의 맛이 죽게 된다.
④ 불이 죽은 듯해도 혹시 모르니 꺼진 불도 다시 보아라.
⑤ 시계가 죽는 바람에 오늘은 학교에 지각을 하고 말았다.

일종의 문화 사대주의라고 할 수 있는 외래어 수용 태도는 우리말에 두 가지 방식으로 큰 손상을 주게 된다. 하나는 이미 있던 우리말 어휘를 사라지게 하는 것이고, 다른 하나는 외래어가 우리말 어휘와 계층 관계를 형성하여 더 품위 있고 고상한 지위를 차지하게 된다는 것이다. 가령 '강[江]-가람', '성(城)-잣' 등이 앞의 예라면, '치아(齒牙)-이(빨)', '밀크-우유-소젖'은 뒤의 예이다. 이런 식의 외래어 수용 태도 때문에, 고유 어휘는 점점 힘을 잃고 사라져 가거나 비천한 지위로 ㉠떨어질 수밖에 없는 것이다.

**㉠의 의미와 가장 가까운 것은?**
① 그는 입사 시험에 떨어지고 말았다.
② 그는 오랫동안 그녀와 떨어져 지내고 있다.
③ 그 회사는 기술력이 떨어져 경쟁에서 뒤처졌다.
④ 주식 투자에서 그에게 떨어진 것은 본전뿐이었다.
⑤ 비속어를 사용하면 말하는 사람의 품격이 떨어진다.

오랜 세월에 걸쳐 인간은 파리를 독살하려고 애써 왔지만 곤충은 DDT처럼 독한 살충제까지 견뎌 내며 놀라운 속도로 살충제에 대한 (   ㉠   )을 키워 나가고 있다.

**제시문의 (   ㉠   )에 알맞은 낱말은?**

① 공격력        ② 소화력        ③ 영향력        ④ 저항력        ⑤ 흡입력

• 지난 번에 그를 만났을 때 일이 많이 밀려 힘들다고 하더니, 업무 수행을 (   ㉠   )로 이번 모임에는 빠진 모양이야.
• 지난 번에 자네가 내게 빌려준 돈이 (   ㉡   )가(이) 되어 사소한 말다툼이 있었다네.
• 그 사건은 그동안 소원하게 지내던 두 집안의 관계를 이전처럼 회복시켜 준 (   ㉢   )가(이) 되었다.

**㉠-㉡-㉢에 들어갈 낱말들을 순서대로 바르게 짝지은 것은?**

① 빌미-구실-계기        ② 구실-빌미-계기        ③ 계기-구실-빌미
④ 계기-빌미-구실        ⑤ 구실-계기-빌미

의견의 대립이 있을 때 토론과 설득을 통해 만장일치의 결론을 ⊙이끌어 낼 수 있다면 그것보다 좋은 것은 없다. 그러나 사회의 규모가 클수록 그것은 극히 어렵다. 특히 시급히 실행하지 않으면 안 되는 문제의 경우, 소수를 설득하는 데 많은 시간을 소비하다보면 문제가 더욱 악화되어 버리는 경우도 있다. 이럴 때는 효율성을 감안하여 부득이 다수결의 원리를 채택하지 않을 수 없다.

**⊙과 바꾸어 쓰기에 가장 적절한 단어는?**
① 도출(導出)할    ② 창출(創出)할    ③ 색출(索出)할    ④ 인출(引出)할    ⑤ 표출(表出)할

• 각 지역의 방언은 그 유지성에도 불구하고 서로 영향을 끼쳐서 하나의 방언일지라도 사실은 여러 방언의 요소가 ⊙쓰이고 있다. 따라서 각 방언을 엄밀히 분리한다는 것은 어려운 일이다.
• 신체 언어는 외래적 요소로 되어 있다는 것이 일반적이다. 우리가 쓰는 악수, 윙크, 어깨를 으쓱하면서 어이없다는 표정 짓기 등은 편리성과 필요성 때문에 널리 ⓛ쓰인다.

**⊙-ⓛ과 바꾸어 쓸 수 있는 말을 순서대로 바르게 짝지은 것은?**
① 병용(併用)되고-사용(使用)된다.
② 적용(適用)되고-겸용(兼用)된다.
③ 범용(汎用)되고-이용(利用)된다.
④ 통용(通用)되고-소용(所用)된다.
⑤ 활용(活用)되고-응용(應用)된다.

관용어는 둘 이상의 낱말이 결합하여 원래의 사전적 의미와 무관한 제 3의 새로운 뜻을 나타내는 의미 단위이며, 결합 형식이 고정성을 지니는 특징이 있다. 여기서 '제 3의 새로운 뜻'이란, '손'과 '가다'가 결합하여 '힘이나 능력이 미치다'라는 의미가 생성되는 것을 말하며, '고정된 형식'이란 '손이 가다'를 '발이 가다'나 '다리가 가다'처럼 다른 낱말로 대체할 수 없음을 의미한다.

**제시문을 참조할 때 다음 중 관용어로 볼 수 없는 것은?**
① 이 약은 아이의 <u>손이 닿지</u> 않는 곳에 둬야 한다.
② 동생은 아버지께 잘못했다고 <u>손이 닳도록</u> 빌었다.
③ 나는 축구 중계 방송을 <u>손에 땀을 쥐고</u> 지켜보았다.
④ 그녀는 입원한 친구 때문에 책이 <u>손에 잡히지</u> 않았다.
⑤ 아버지는 그 일에서 <u>손을 떼고</u> 새로운 일을 시작하셨다.

**혼동하기 쉬운 단어를 구별하여 사용한 예로 바른 것은?**
① 그 집은 고무줄을 <u>늘리듯</u> 살림을 <u>늘였다</u>.
② 가을에 김장을 <u>담아서</u> 항아리에 <u>담가</u> 두었다.
③ 그리 <u>머지않은</u> 곳에 사니까 <u>멀지 않아</u> 만날거야.
④ 조개 <u>껍질</u>과 사과 <u>껍데기</u>는 분리하여 버려야 한다.
⑤ 그는 자기 재산 <u>일체</u>를 기부한 사실을 <u>일절</u> 알리지 않았다.

• 나이가 들면 그 언어 형식을 어른들이 쓰는 언어 형식으로 ㉠대신하게 된다.

• 근래에 오면서 '하게체'와 '하오체'는 자연히 ㉡경원하게 되었다.

• 청소년층은 유행어가 ㉢진부하게 느껴지면 신선한 느낌을 주는 새 단어를 만들어 쓰게 된다.

• 성인이 되고 직장을 가지면 자연히 그 사회의 일반화된 규범을 따르게 되면서 그 사회에서 전반적으로 ㉣통용되는 위세형을 따르게 된다.

• 언어의 세대차가 생기는 이유는 사물의 변화 때문에 생기기도 하지만, 사물의 변화와 관계없이 신세대들이 새로운 형태의 언어를 ㉤선호하여 쓰기 때문이다.

**㉠~㉤과 바꾸어 쓰기에 적절하지 않은 것은?**

① ㉠: 바꾸게      ② ㉡: 멀리하게      ③ ㉢: 느슨하게

④ ㉣: 두루 쓰이는      ⑤ ㉤: 좋아하여

• 일탈의 원인을 ㉠규명(糾明)하려는 연구는 크게 개인적 관점과 사회적 관점으로 나뉜다.

• 일탈의 원인을 개인의 문제로 본 이론들은 주로 일탈자의 생물학적 특성이나 심리적 요인에 ㉡주목(注目)하였다.

• 낙인이란 어떤 행동을 규범에서 벗어난 것으로 ㉢규정(規定)하는 행위이다.

• 낙인이론에서는 어떤 행동의 성격보다 그 행동이 일어나는 상황과 여건을 더욱 중요하게 보았고, 그에 따라 일탈이 매우 상대적인 것임을 ㉣부각(浮刻)해 주었다.

• 낙인이론은 이미 규범을 어긴 사람에 대한 사회적 반응에만 초점을 맞추어 애초의 행동을 ㉤유발(誘發)시킨 다른 원인에 대해서는 간과하고 있다는 한계도 가지고 있다.

**㉠~㉤의 사전적 뜻풀이로 바르지 않은 것은?**

① ㉠: 어떤 사실을 자세히 따져서 밝힘.

② ㉡: 관심을 가지고 주의 깊게 살핌.

③ ㉢: 내용이나 성격, 의미 따위를 밝혀 정함.

④ ㉣: 어떤 사물을 특징지어 두드러지게 함.

⑤ ㉤: 이전에 일어났던 일이 다시 발생함.

- '해수담수화'란 해수에 ㉠용해되어 있는 염분을 제거하여 담수를 얻는 일련의 작업 과정이다.
- 현재 사용되는 증발식 담수화 기술 중 가장 널리 사용되는 것은 '다단 플래시 방식'인데, 이것은 ㉡병렬식으로 이어진 각각의 증발실에서 이루어지는 증발과 응축을 통해 담수를 얻는 기술이다. 다단 플래시 방식에서 담수화의 기본적인 과정은 크게 3단계로 ㉢구분할 수 있다.
- '플래시 증발'에 의해 발생한 수증기가 증발실 내부를 ㉣통과하는 해수관의 표면에 닿게 되면 액체로 응축된다.
- 첫 증발실을 통과한 이후에는 점차 해수의 온도가 낮아지므로 플래시 증발이 계속 ㉤발생하게 하기 위해서는 첫 증발실에서 다음 증발실로 갈수록 증발실마다 내부의 압력을 낮추어야만 한다.

**㉠~㉤과 바꾸어 쓸 수 있는 말로 적절하지 않은 것은?**

① ㉠: 녹아     ② ㉡: 번갈아가며     ③ ㉢: 나눌
④ ㉣: 지나는     ⑤ ㉤: 일어나게

- 역사를 배워야 한다는 몇몇 주장을 ㉠살펴보면서, 이 문제에 대하여 고민해 보자.
- 흥미만을, 즐거움만을 위해서라면 꼭 역사를 ㉡배워야 할 필요는 없을 것이다.
- 과거를 아는 것이 현재를 이해하고 미래를 예측하는 데 도움이 되는 경우는 ㉢얼마든지 있다.
- 역사가 공동체의 정체성을 확립하는 데 크게 기여한다는 주장은 매우 설득력이 있다. 우리나라 사람들은 이것을 ㉣쉽게 이해할 수 있을 것이다.
- 이러한 목적만으로 역사 교육이 행해진다면 문화적 다양성을 수용하지 못하고 자민족 중심주의에 빠지기 ㉤쉽다.

**㉠~㉤을 바꾸어 쓴 말로 적절하지 않은 것은?**

① ㉠: 성찰(省察)하면서     ② ㉡: 학습(學習)해야     ③ ㉢: 허다(許多)하다
④ ㉣: 용이(容易)하게     ⑤ ㉤: 십상(十常)이다

제 **08** 회 · · · · · · · · · · · ·

**다음은 국어사전 편찬을 위하여 언어 자료를 컴퓨터로 처리한 작업 결과의 일부이다. 다음의 의 예를 바탕으로 〈국어사전〉의 ©에 뜻풀이를 추가할 때 적절한 것은?**

소화기는 잘 보이는 곳에 두어야 한다.
경제 문제에 초점을 두다.
떠난 사람에게는 미련을 두지 마라.

〈국어사전〉 두다 [동] ㉠ 일정한 곳에 놓다.  ㉡ 생각 따위를 가지다.  ㉢ (                    )

① 어떤 상황이나 상태 속에 놓다.
② 인정, 사정 따위를 헤아려 주다.
③ 중요성이나 가치 따위를 부여하다.
④ 직책이나 조직, 기구 따위를 설치하다.
⑤ 일정한 시간이 미치는 동안을 있게 하다.

달팽이관 안에는 기저막이 있는데 그 위에 코르티기관이 존재한다. 코르티기관에는 털세포가 들어 있으며 이 세포들이 외부에서 들어오는 소리 에너지를 받아 주파수별대로 소리 정보를 ㉠나누어 감지하고, 이를 청신경에 전달한다.

**㉠과 관련하여 '나누다'의 다양한 의미를 찾아보았다. 각각의 의미와 이를 활용하여 만든 예문의 연결이 적절하지 않은 것은?**
① 주고받다 → 두 사람이 서로 인사를 나누었다.
② 함께 하다 → 선생님은 홀짝으로 편을 나누었다.
③ 분배하다 → 자금을 댄 주주들과 이익금을 나누었다.
④ 함께 먹다 → 변변찮은 음식이나마 같이 나누고 싶구나.
⑤ 가르다 → 수박을 두 쪽으로 나누어 남동생과 먹었다.

나는 다시 희멀건 조선조의 백사기(白砂器)를 봅니다. 희미한 보름달처럼 아름답게 조금도 그의 존재를 자랑함이 없이 의젓이 제자리에 앉아 있습니다. 그 수줍어하는 ㉠품이 소리쳐 불러도 대답할 줄 모를 것 같구려.

**㉠과 같은 의미로 사용된 것은?**
① 품을 팔아 생계를 이어 간다.
② 옷을 새로 샀는데, 품이 맞지 않아 바꾸고 싶어.
③ 드디어 꿈에도 그리던 고향의 품으로 돌아왔다.
④ 학교에 다녀온 아이가 엄마 품으로 뛰어 들었다.
⑤ 새침하게 서 있는 품이 아무래도 단단히 토라진 것 같아.

흔히 현대 사회의 많은 문제들이 과학의 책임인 것으로 생각한다. 즉, 과학이 인간의 윤리나 가치 같은 것은 무시한 채 맹목적으로 발전해서 많은 문제들—예를 들어, 무기 개발, 전쟁 유발, 환경 오염, 인간의 기계화, 생명의 존엄성 위협—을 야기(惹起)하면서도 이에 대해서 아무런 책임을 지지 않고 있다는 생각이 그것이다. 대부분의 경우, 이런 생각의 바탕에는 과학이 가치 중립적(價値中立的)이거나 가치와 무관하다는 명제(命題)가 ㉠깔려 있다.

**㉠과 문맥적 의미가 같게 쓰인 것은?**
① 돌아보니 작은 짐승이 수레에 깔려 있다.
② 땅바닥에는 조그만 돌멩이들이 깔려 있다.
③ 그의 말에는 좋지 않은 의도가 깔려 있다.
④ 갈 만한 가게엔 모조리 외상이 깔려 있다.
⑤ 넓은 방에 반들반들한 장판이 깔려 있다.

> • 나침반과 종이는 중국에서 (　　　)되었다.
> • 그가 만든 비밀 조직이 이번에 (　　　)되었다.
> • 과학 기술의 (　　　)(으)로 산업 사회가 앞당겨졌다.
> • 국회의원 선거에 대비해 감시단을 (　　　)시켰다.

**제시문의 어느 곳에도 사용될 수 없는 단어는?**
① 발굴(發掘)　　② 발각(發覺)　　③ 발달(發達)　　④ 발족(發足)　　⑤ 발명(發明)

> • 축제가 ( ㉠ )인 교정을 ( ㉡ ) 동안 거닐었다.
> • 어머니가 아이를 의자에 ( ㉢ ), 밥솥에 쌀을 ( ㉣ ).
> • 젓갈을 ( ㉤ ) 항아리에 ( ㉥ ) 오래 보관하면 좋다.

**㉠~㉥에 들어갈 말을 순서대로 바르게 짝지어진 것은?**
① 한참-한창-앉히고-안쳤다-담가-담아
② 한참-한창-안치고-앉혔다-담가-담아
③ 한창-한참-앉히고-안쳤다-담아-담가
④ 한창-한참-안치고-앉혔다-담아-담가
⑤ 한창-한참-앉히고-안쳤다-담가-담아

영화를 볼 때 소리를 ㉠없앤다면 어떤 느낌이 들까? 아마 내용이나 분위기, 인물의 심리 등을 파악하기 힘들 것이다. 이런 점을 고려할 때 영화 속 소리는 영상과 분리해서 생각할 수 없는 필수 요소라고 할 수 있다.

**문맥상 ㉠과 바꾸어 쓰기에 가장 적절한 것은?**
① 감면(減免)한다면      ② 감축(減縮)한다면      ③ 약화(弱化)한다면
④ 제거(除去)한다면      ⑤ 축출(逐出)한다면

• 속담은 생성된 이후에 지속적으로 사용되면서 원래의 모습이나 의미가 ㉠바뀌기도 한다. 단어가 시간이 흐르면서 형태나 의미가 바뀌는 것과 마찬가지 현상이다.
• 속담은 굳어진 표현이기는 하지만 반드시 속담을 이루는 단어들이 긴밀하게 묶여 사용되는 것은 아니다. 속담이 가지는 비유성이 훼손되지 않는 범위 내에서 속담을 이루는 성분들이 다른 성분으로 ㉡바뀌기도 한다.

**㉠, ㉡과 바꾸어 쓸 수 있는 말을 순서대로 바르게 연결한 것은?**
① 변신(變身)하기도-차용(借用)되기도
② 변이(變移)하기도-활용(活用)되기도
③ 변천(變遷)하기도-대용(代用)되기도
④ 변화(變化)하기도-대체(代替)되기도
⑤ 변동(變動)하기도-혼용(混用)되기도

선과 형태에 관한 전통적인 개념이 현대 미술에까지 계승되고 있다고 자신 있게 말하지는 못하겠습니다. 그러나 우리 자신의 것을 바탕으로 하지 않는 문화는 ( ㉠ )에 불과합니다. 우리는 우리 문화의 근원이라 할 수 있는 우리의 자연에 관심을 가져야 할 것입니다. 쉼 없이 이어지는 산의 부드러우면서도 때로는 힘있는 곡선과, 자연 그대로의 오솔길, 산 따라 골 따라 순응하면서 흘러가는 냇물의 흐름과 뚜렷한 사계절의 흐름을 우리의 그림과 도자기, 생활 문화와 비교해 보면 우리 미의 근원이 자연임을 알 수 있을 것입니다.

**앞뒤 문맥을 고려할 때, ㉠에 들어갈 표현으로 가장 적절한 것은?**

① 용두사미(龍頭蛇尾)　　② 사상누각(沙上樓閣)　　③ 대기만성(大器晚成)

④ 설상가상(雪上加霜)　　⑤ 발본색원(拔本塞源)

**제시된 낱말을 활용하여 문장을 만들었다. 잘못된 것은?**

① 띠다 : 안내원은 늘 얼굴에 미소를 <u>띠었다</u>.

　띄다 : 그 여배우는 어디서나 눈에 <u>띄었다</u>.

② 메다 : 배낭을 <u>메고</u> 해외여행을 떠났다.

　매다 : 마을 입구 느티나무 가지에 그네를 <u>매었다</u>.

③ 썩이다 : 부모님 속을 그만 <u>썩이면</u> 좋겠다.

　썩히다 : 인재가 초야에 묻혀 재주를 <u>썩히다니</u> 안타깝다.

④ 묻히다 : 팥고물을 <u>묻힌</u> 떡이 먹음직스럽게 보인다.

　무치다 : 나물은 정성을 다해 <u>무쳐야</u> 한다.

⑤ 벗어지다 : 구두가 꽉 끼어 <u>벗어지지</u> 않는다.

　벗겨지다 : 나이가 들어 머리가 많이 <u>벗겨졌다</u>.

• 여러 사람들이 모여 사는 곳에서는 크고 작은 ㉠분쟁이 끊임없이 발생할 수밖에 없다.

• 법을 현실의 구체적인 사건에 ㉡적용하는 과정은 이른바 '법률적 삼단논법'에 의해 이루어진다.

• A의 노트북 컴퓨터를 B가 몰래 가져가서 사용하다 발각되어 A가 B를 검찰에 고소했다고 하자. 검사는 이 사건이 어떤 법 규정에 ㉢해당되는지 검토한 후, 법정에서 B의 행위가 절도죄를 규정한 형법 규정에 해당되므로 형벌을 받아야 한다고 주장한다.

• 기본적으로 ㉣대등한 두 당사자를 대상으로 하는 민사 재판에서는 법 규정이 없으면 최대한 그 사건과 관련된 일반 원칙을 찾아내서 손해와 이익을 공평하게 ㉤조정하려고 노력한다.

### ㉠~㉤의 사전적 의미로 바르지 않은 것은?

① ㉠분쟁(紛爭): 말썽을 일으키어 시끄럽고 복잡하게 다툼.
② ㉡적용(適用): 알맞게 이용하거나 맞추어 씀.
③ ㉢해당(該當): 어떤 범위나 조건 따위에 바로 들어맞음.
④ ㉣대등(對等): 서로 견주어 높고 낮음이나 낫고 못함이 없이 비슷함.
⑤ ㉤조정(調停): 다른 사람을 자기 마음대로 다루어 부림.

• 콜롬비아의 화가 페르난도 보테로의 작품에는 형태의 터질듯한 볼륨감과 몰개성적인 인물, 형식을 벗어난 비례, 대상이 가진 고유의 색 등이 잘 ㉠구현(具現)되어 있다.

• 보테로의 그림에는 다른 작가의 작품과 확연히 ㉡구별(區別)되는 터질듯한 형태의 볼륨감이 있다. 미술이 주는 감각적인 즐거움과 아름다움을 강조한 그는 볼륨감에 ㉢주목(注目)하였다.

• 형태를 왜곡한 보테로의 그림에서는 인물이 지닌 본래의 개성적 특징은 거의 생략되어 파악하기 어렵다. 이는 인물뿐 아니라 작품 속 대상들에게도 유사하게 ㉣적용(適用)된다.

• 보테로는 실제의 세계와는 비례를 달리하여 ㉤구성(構成)함으로써 현실에서 존재하지는 않지만 그가 구현하고 싶은 세계를 자유롭게 표현하였다.

### ㉠~㉤의 사전적 의미로 적절하지 않은 것은?

① ㉠구현(具現): 어떤 내용이 구체적인 사실로 나타나게 함.
② ㉡구별(區別): 성질이나 종류에 따라 차이가 남.
③ ㉢주목(注目): 관심을 가지고 주의 깊게 살핌.
④ ㉣적용(適用): 알맞게 이용하거나 맞추어 씀.
⑤ ㉤구성(構成): 있어야 할 것을 빠짐없이 다 갖춤.

- 인간은 신화나 제의를 통해서 '자연의 힘'의 비밀에 접근하고자 했다. 또한 이런 대칭성의 관계가 깨어지는 것을 ㉠경계하기 위해 신화를 이용하기도 했다.
- 국가라는 체제 속에서 살게 된 인간은 자신들이 가진 '문화'를 ㉡과시하면서 동시에 원래는 동물의 소유였던 '자연의 힘'의 비밀마저도 자신의 수중에 넣으려고 했다. '자연'과 대칭적인 관계에서 가치를 지니던 '문화'는 이제 균형을 상실한 '문명'으로 변하고 말았다. 그러면서 '문명'과 '야만'을 차별적으로 ㉢인식하게 되었다.
- 현대 사회가 가져온 여러 문제들에 ㉣직면한 오늘날, 신화적 사고는 이런 비대칭적 사고에서 벗어나 새로운 사고로의 인식 전환을 위한 계기를 마련해 준다. 인간과 인간, 인간과 동물이 서로의 존재로 인하여 더욱 조화로운 삶과 사회를 만들 수 있는 대칭적인 관계가 되어야 함을 ㉤역설하는 것이다.

**㉠~㉤을 바꾸어 쓴 것으로 적절한 것은?**
① ㉠: 살피기       ② ㉡: 알리면서       ③ ㉢: 밝히게
④ ㉣: 맞닥뜨린     ⑤ ㉤: 돌려 말하는

- 기존의 경제학은 인간을 합리적이고 이기적인 존재로 ㉠상정(想定)하였으며, 기존의 경제학자들은 인간의 행동이 예측 가능하다는 것을 ㉡전제(前提)로 경제 이론을 발전시켜 왔다.
- 행동경제학은 인간이 때로는 이타적인 행동을 하고 비합리적인 행동을 하는 존재라는 점을 인정하며, 현실에 ㉢실재(實在)하는 인간을 연구 대상으로 한다.
- 사람들은 손실을 능가하는 충분한 이익이 없는 한, 현재 상태를 유지하는 쪽으로 ㉣편향(偏向)된 선택을 한다고 한다.
- 행동경제학자들의 연구는 심리학적 관점에서 인간의 경제 행위를 분석함으로써, 인간의 본성을 거스르지 않는 의사 결정을 하게 하는 좋은 ㉤단서(端緖)를 제공할 수 있을 것으로 기대된다.

**㉠~㉤의 사전적 의미로 적절하지 않은 것은?**
① ㉠: 토의할 안건을 회의에 내어 놓음
② ㉡: 어떤 현상을 이루기 위하여 먼저 내세우는 것
③ ㉢: 실제로 존재함
④ ㉣: 한쪽으로 치우침
⑤ ㉤: 문제를 해결하는 방향으로 이끌어 가는 일의 첫 부분

제 **09** 회

복잡계 경제학 모델 중의 하나인 파머 박사의 모델에 따르면 시장은 개인들의 거래 전략들의 집합체이다. 그런데 그 전략들은 개인 간의 상호 작용을 통해 끊임없이 진화한다. 유한한 정보를 가진 개별 투자자들은 다양한 전략을 선택하여 거래를 한다. 이러한 시장에서 투자자들의 거래 전략들은 상호 작용으로 ㉠요동치고 복잡한 양상으로 충돌하면서 작지만 일정한 패턴을 형성하게 된다.

### ㉠에서 '요동치다'의 사전적 의미로 적절한 것은?
① 바뀌어 달라지다.
② 움직여 자리를 바꾸다.
③ 서로 뒤섞이어 하나가 되다.
④ 이리저리 자주 옮겨 다니다.
⑤ 심하게 흔들리거나 움직이다.

• 시내로 가는 길을 넓혔다. / 아이들이 길에서 놀고 있다.
• 내가 살아온 길을 회고해 보았다. / 문명이 발전해 온 길을 돌아본다.
• 출장 가는 길에 잠시 고향에 들렀다. / 일을 마치고 돌아오는 길이다.
• 제자를 자식처럼 아끼는 것이 스승의 길이다. / 나라를 지키는 것이 군인의 길이다.

### 제시문에서 이끌어 낸 '길'의 의미로 적절하지 않은 것은?
① 어떤 일을 행하는 수단과 방법
② 어떤 행위가 벌어지는 도중이나 기회
③ 어떤 것이 지나갈 수 있게 땅 위에 난 공간
④ 어떤 것이 시간의 흐름에 따라 전개되는 과정
⑤ 어떤 자격이나 신분으로서 해야 할 도리나 임무

**밑줄 친 부분에 대응하는 한자어로 적절하지 않은 것은?**

① 늦잠 자는 습관을 <u>고치기가</u> 어렵다. ⇒ 수선(修繕)
② 국회는 잘못된 법을 <u>고치기로</u> 했다. ⇒ 개정(改正)
③ 잘못 기록된 내용을 바르게 <u>고쳤다</u>. ⇒ 정정(訂正)
④ 동생의 고장 난 자전거를 <u>고쳤다</u>. ⇒ 수리(修理)
⑤ 이 병원은 위장병을 잘 <u>고친다</u>. ⇒ 치료(治療)

> 며칠 후, 난초처럼 말이 없는 친구가 놀러 왔기에 선뜻 그의 품에 분을 안겨 주었다. 비로소 나는 얽매임에서 벗어난 것이다. 날을 듯 홀가분한 해방감. 삼 년 가까이 함께 지낸 유정(有情)을 떠나 보냈는데도 서운하고 허전함보다 홀가분한 마음이 앞섰다. 이 때부터 나는 하루 한 가지씩 ㉠<u>버려야겠다고</u> 스스로 다짐을 했다. 난을 통해 무소유의 의미 같은 걸 터득하게 됐다고나 할까.

**다음 밑줄 친 어휘 중, ㉠과 가장 가까운 뜻으로 쓰인 것은?**

① 땀을 많이 흘려 옷을 <u>버렸다</u>.
② 혼자만 잘 살겠다는 마음을 <u>버려라</u>.
③ 저 곳은 쓸만한 땅인데 <u>버려</u> 두고 있구나.
④ 아이에게 술을 가르치면 아이를 <u>버리게</u> 된다.
⑤ 그는 친구를 <u>버리고</u> 이익을 독차지한 사람이다.

> • 한자어를 무조건 외래어로 보아 이를 (　㉠　) 것이 국어를 갈고 다듬는 지름길이라고 생각하는 사람들이 없지 않지만, 그런 일은 우선 현실적으로 실현이 불가능하다. 한자어 가운데는 오랜 세월 동안 사용되어 오면서 우리말의 어휘 체계 속에 깊숙이 들어와 있기 때문에 이미 외래어라고 보기가 어렵게 된 말들이 많다.
>
> • 일상생활에서는 순 우리말인 '값, 글, 옷, 생각, 생각하다'만을 사용하더라도 별다른 지장 없이 생활을 할 수가 있겠지만, 여기에 대응하고 있는 한자어들은 저마다 독특한 용법들을 지니고 있다. 이 경우 한자어들은 고유어보다 의미가 더 구체적이면서 분화된 의미를 나타낸다. 따라서 이러한 한자어들을 단지 한자어라는 이유만으로 무조건 (　㉡　) 일은 현실적으로 이루어지기 어렵다.

**제시문의 ㉠과 ㉡에 공통적으로 들어갈 수 있는 말은?**

① 배치(背馳)되는　　② 불평(不平)하는　　③ 박탈(剝奪)하는
④ 배척(排斥)하는　　⑤ 불신(不信)하는

> • (　　　)은(는) '지기지우(知己之友)'와 같은 뜻으로, 마음이 서로 통하는 친한 벗을 의미한다. 이는 중국 춘추 시대 거문고의 명수 백아(佰牙)와 그의 친구 종자기(鍾子期)의 고사(故事)에서 비롯된 말이다.
>
> • '송무백열(松茂栢悅)'이라는 말이 있다. "소나무가 무성하니 잣나무가 반긴다."라는 뜻으로, 친구가 잘 됨을 기뻐한다는 의미이다. 이 말에서는 소나무와 잣나무를 벗으로 비유했으나, 생물학적으로 보면 이 두 수종은 사촌뻘이 된다. "사촌이 논을 사면 배가 아프다."라는 고약한 심보에 비하면 (　　　)을(를) 아낀다는 것은 참으로 갸륵한 일이다.

**제시문의 (　　　)에 공통적으로 들어갈 말로 알맞은 것은?**

① 지음(知音)　② 기우(杞憂)　③ 효시(嚆矢)　④ 백미(白眉)　⑤ 계륵(鷄肋)

지레는 막대를 어떤 점에 받쳐서 그 받침점을 중심으로 움직일 수 있게 한 도구이다. 지렛대로 쓰이는 막대를 고정한 곳이 받침점, 지렛대에 힘을 주는 곳이 힘점, 물체를 움직이게 하는 곳이 작용점이다. 지레는 가운데에 어떤 점이 놓이느냐에 따라 1종, 2종, 3종 지레로 ㉠나뉜다.

**문맥상 ㉠과 바꿔 쓰기에 가장 적절한 것은?**

① 분류(分類)된다    ② 분석(分析)된다    ③ 대체(代替)된다
④ 정의(定義)된다    ⑤ 판단(判斷)된다

기본 음렬은 작곡가가 곡을 만들 때 12음을 자신의 의도대로 처음 배열한 음렬을 말한다. 기본 음렬은 한 옥타브 안에 있는 12개의 서로 다른 음을 한 음의 반복도 없이 원하는 순서대로 배열하여 구성한다. 기본 음렬을 구성할 때는 중요한 음이나 중심이 되는 화음 없이 12음 각각에 동등한 자격을 ㉠주어야 하며, 구성한 후에는 배열된 음들의 정해진 순서를 지켜야 한다.

**문맥상 ㉠과 바꾸어 쓸 수 있는 것은?**

① 부여(附與)해야    ② 수여(授與)해야    ③ 위임(委任)해야
④ 전가(轉嫁)해야    ⑤ 제시(提示)해야

관용어는 사람들이 관습적으로 사용하는 말로, 두 어휘가 결합되면서 원래의 의미를 잃고 새로운 의미를 갖게 된 것을 말한다. 따라서 개별적 어휘의 의미를 안다고 해서 결합된 관용어의 의미를 알 수는 없다.

**밑줄 친 '관용어'에 해당하지 않는 것은?**

① 일을 마치고 <u>손을 씻어</u> 얼룩을 지웠다.

② 너무 놀라서 <u>간 떨어지는</u> 줄 알았잖아!

③ 혼기가 지난 것 같은데 언제 <u>국수 먹여줄</u> 거야?

④ 군대에 간 아들의 모습이 <u>눈에 밟혀</u> 눈물이 난다.

⑤ <u>머리를 맞대고</u> 논의하다 보면 좋은 결론을 얻을 거야.

**제시된 낱말을 활용하여 문장을 만든 것 중, 잘못된 것은?**

① 바라다 : 이번에는 반드시 우승하기를 <u>바란다</u>.
　바래다 : 오래 입은 옷의 색이 <u>바랬다</u>.

② 다르다 : 유치원과 유아원은 <u>다르다</u>.
　틀리다 : 그는 맞았고, 나는 <u>틀렸다</u>.

③ 부딪히다 : 철수가 지나가는 사람에게 <u>부딪혔다</u>.
　부딪치다 : 차들이 서로 '꽝'하고 <u>부딪치는</u> 것을 보았다.

④ 늘이다 : 우리 학교는 학생 수를 <u>늘이기로</u> 했다.
　늘리다 : 고무줄을 길게 <u>늘려</u> 사용하였다.

⑤ 잊다 : 어제 네가 한 말을 <u>잊어</u>버렸다.
　잃다 : 내 동생은 공원에서 지갑을 <u>잃어</u>버렸다.

• 1980년대에 생물물리학 분야에서 하나의 ㉠전기가 될 만한 일이 일어났는데, 그것은 바로 생체에서 ㉡방사되는 미약한 빛, 즉 광자에 대한 연구의 활성화였다.

• 북미산 나방의 암컷은 페로몬을 분비하여 수나방을 ㉢유인하는데, 이 페로몬의 농도는 수 km에 분자 한두 개일 정도로 매우 낮다.

• 자연계에 존재하는 모든 생물들의 전자파가 인간에 의해 만들어지는 전자파 잡음에 의해 ㉣교란된다면 그 영향은 치명적일 것으로 ㉤추정된다.

**㉠～㉤의 사전적 의미로 적절하지 않은 것은?**

① ㉠전기: 전환점이 되는 기회나 시기
② ㉡방사: 압력을 가하여 세차게 뿜어 내보냄
③ ㉢유인: 주의나 흥미를 일으켜 꾀어냄
④ ㉣교란: 뒤흔들어서 어지럽고 혼란하게 함
⑤ ㉤추정: 추측하여 판정함

• 맹자는 남의 어려운 처지를 동정하여 불쌍하게 여기는 마음인 측은지심(惻隱之心)을 인간의 본성으로 ㉠간주(看做)하여 도덕적 가치를 판단하는 ㉡근거(根據)로 삼았다.

• 그러나 칸트는 이러한 일반적인 ㉢견해(見解)와는 다른 입장을 보였다.

• '갑'의 자선은 연민의 감정에 빠져서, 마땅히 채권자에게 돈을 되갚아야 한다는 ㉣규범(規範)과 의무를 따르지 않았기 때문이다.

• 일부에서는 도덕적 의무감에 따른 행위만이 가치가 있다는 칸트의 주장을 인간의 자연적 감정을 지나치게 ㉤배제(排除)한 것이라고 비판하기도 한다.

**㉠～㉤의 사전적 뜻풀이가 바르지 않은 것은?**

① ㉠: 상태, 모양, 성질 따위가 그와 같다고 봄. 또는 그렇게 여김.
② ㉡: 사물의 가장 중심이 되는 부분.
③ ㉢: 어떤 사물이나 현상에 대한 자기의 의견이나 생각.
④ ㉣: 인간이 행동하거나 판단할 때에 마땅히 따르고 지켜야 할 가치 판단의 기준.
⑤ ㉤: 받아들이지 아니하고 물리쳐 제외함.

• 현대 민주주의에서는 구성원 간의 사회적 합의를 ⊙도출해 내기 위해 의회의 역할이 강조된다. 광범위하고 다양한 국민 의견을 청취하여 분석하고, 이것이 원활하게 입법에 반영될 수 있도록 입법 커뮤니케이션을 활성화해야 한다. 여기에는 정부 등 공적 주체는 물론 시민의 활발한 참여와 관심이 ⓛ수반되어야 한다.

• 사회 갈등은 부정적인 결과를 ⓒ초래하기 때문에 갈등 현안이 발생하면 의회는 이에 적극적으로 대처하기 위한 활동을 하게 된다. 여론 수렴을 위해 여론 조사나 공청회 등을 진행하고, 갈등의 당사자들이나 시민 대표단이 포함된 참여 기구를 구성한다. 이 때 참여 기구의 인적 구성은 사회적 합의를 이끌어 낼 수 있도록 대표성과 중립성이 ⓔ담보되어야 한다.

• 의회가 시민의 폭넓은 참여를 보장하는 최적의 입법 과정을 ⓜ정립하는 것은 우리 사회의 통합을 위해 꼭 필요한 일이다.

**문맥상 ⊙~ⓜ과 바꾸어 쓰기에 적절하지 않은 것은?**

① ⊙: 이끌어          ② ⓛ: 뒤따라야          ③ ⓒ: 가져오기

④ ⓔ: 나누어져야      ⑤ ⓜ: 바로 세우는

• 예술과 감정의 연관은 예술이 지닌 부정적 측면을 ⊙드러내는 데 쓰이기도 했다. 즉, 예술은 이성적으로 통제되지 않는 비합리적 활동, 심지어는 광기 어린 활동으로 ⓛ여겨지곤 했다.

• 톨스토이의 견해에 ⓒ따르면, 생각이 타인에게 전달될 필요가 있듯이 감정도 그러하다.

• 전체주의적 대규모 집회에서 드러나듯 예술적 효과를 통한 연대감의 전달은 때론 비합리적 선동을 강화하는 결과를 ⓔ낳는다.

• 콜링우드는 감정의 전달이라는 외적 측면보다는 감정의 정리라는 내적 측면에 관심을 ⓜ둔다.

**⊙~ⓜ을 바꿔 쓰기에 적절하지 않은 것은?**

① ⊙: 부각(浮刻)시키는   ② ⓛ: 치부(置簿)되곤   ③ ⓒ: 의거(依據)하면

④ ⓔ: 초래(招來)한다     ⑤ ⓜ: 전환(轉換)한다

가설연역법은 귀납과 연역의 원리를 활용하여 학문적 진리를 탐구하는 대표적인 추론 방법이다. 귀납은 이미 알고 있는 개별적인 사실들에서 그러한 사실들을 포함하는 일반적인 명제를 이끌어 내는 추론이므로, 개별적인 사실들이 모두 옳을지라도 결론이 반드시 옳지는 않은 속성이 있다. 반면 연역은 이미 알고 있는 일반적인 명제를 전제로 삼아 구체적인 사실을 이끌어내는 추론이므로, 전제가 옳다면 결론은 반드시 옳은 속성이 있다. 가설연역법은 귀납과 연역을 연계하여 가설을 ㉠설정하고 검증하는 절차를 거친다.

**㉠의 사전적 의미로 가장 적절한 것은?**
① 널리 베풀어 줌.
② 뜻을 풀어서 밝힘.
③ 새로 만들어 정해 둠.
④ 예전의 일을 다시 들추어 냄.
⑤ 있어야 할 것을 빠짐없이 모두 갖춤.

'입장료가 만 원인 음악회에 가기로 결정했다. 그런데 공연장에 들어가려고 할 때, 만 원짜리 지폐를 잃어버린 것을 알게 된다. 그래도 당신은 만 원짜리 표를 사서 음악회를 볼 것인가?' 이 설문에 대해서 응답자들의 ㉠90퍼센트가량은 그렇다고 대답한다.

**㉠의 '–가량'과 가장 유사한 의미를 담고 있는 것은?**
① 한 시간쯤 지난 후에 그가 왔다.
② 밥은커녕 물조차 먹을 수 없었다.
③ 너마저 나를 못 믿겠다는 말인가?
④ 그녀는 개나 고양이를 매우 좋아한다.
⑤ 이 일을 할 수 있는 사람은 너밖에 없다.

인간의 후각은 0.001ppm 정도 되는 극히 낮은 농도의 ㉠냄새까지 알아낼 수 있고, 3,000여 가지의 냄새를 구별할 수 있을 만큼 예민하다. 그렇지만 이것도 다른 동물에 비해서는 많이 무딘 편이다. 인간은 문명의 발달에 따라 후각의 의존도가 낮아졌지만, 다른 동물들은 지금도 적을 감지하는 데 가장 효과적인 수단으로 후각을 이용한다.

**문맥상 ㉠의 '–까지'와 의미가 가장 가까운 것은?**
① 내일은 8시까지 학교에 도착해야 한다.
② 서울에서 대전까지 한 시간도 안 걸린다.
③ 오늘은 1번부터 10번까지가 청소를 한다.
④ 우승을 하기까지 세 번을 더 이겨야 한다.
⑤ 경찰은 티끌만한 것까지 샅샅이 조사했다.

언어의 중심적 기능이 의미를 전달하고 이해하는 것이므로 의미의 개념과 유형을 제대로 아는 것은 매우 중요하다. 왜냐하면 이를 통하여 우리는 상황에 적절한 어휘를 의미에 맞게 ㉠가려 쓸 수 있기 때문이다.

**㉠의 문맥적 의미와 가장 유사한 것은?**
① 눈물이 앞을 가려서 그를 볼 수가 없었다.
② 그녀는 불량품을 가려서 버리는 일을 했다.
③ 음식을 가리지 말고 골고루 다 잘 먹어야 한다.
④ 아버지께서는 밤낮을 가리지 않고 열심히 일하셨다.
⑤ 유난히 낯을 가리는 아이를 남에게 맡길 수는 없었다.

드보락 자판이 실패한 결정적인 이유는 타자수, 작가, 일반 이용자들이 드보락 자판을 외면했기 때문이다. 사람들은 드보락 자판에 대해 이를 능숙하게 다룰 수 있는 새로운 습관을 익히는 수고를 감수할 만큼의 매력을 느끼지 못했던 것이다. 경영자 입장에서도 기존의 자판을 드보락 자판으로 교체하는 데 드는 비용이 부담스럽고 새 자판을 다루기 위해 타자수들을 새로 훈련시키는 일이 번거로웠을 것이다. 다시 말하면 추가로 비용이 드는 만큼 이를 (   ㉠   )하고도 남을 만한 이점이 없다면 투자할 가치가 없는 것이었다. 결국 이런 이유들 때문에 드보락 자판은 기술적인 합리성에도 불구하고 시장에서 사라지고 말았다.

**㉠에 들어갈 가장 적절한 단어는?**

① 강화(强化)    ② 보완(補完)    ③ 상쇄(相殺)    ④ 초과(超過)    ⑤ 충만(充滿)

• 밤새 추위와 두려움에 떨면서 먼동이 (     ) 기다렸다.
• 가지 많은 나무에 바람 (     ) 날 없다더니, 자식이 많은 사람도 마찬가지다.
• 하루의 일이 끝나자, 그 사람은 잠시 허리를 펴고 노을이 (     ) 서쪽 하늘을 바라보았다.
• 달이 (     ) 아이가 나올 때까지는 잘 먹고 잘 쉬어야 한다.

**단어를 알맞은 꼴로 고쳐 문장을 만들고자 할 때, 제시문의 (     )에 들어갈 수 없는 것은?**

① 긋다    ② 지다    ③ 차다    ④ 트다    ⑤ 자다

왕건은 초기에 궁예의 휘하에 들어감으로써 황해도와 경기 북부 지역의 대표 세력으로 성장할 수 있는 기반을 만드는 데 성공하였다. 즉, 왕건은 당시 한반도의 정세 변화를 정확히 판단하고 기민하게 행동함으로써, 예성강 하구의 중간 세력에 ㉠지나지 않았던 자신의 세력 기반을 궁예의 휘하에서 성공적으로 확대시켜 나간 것이다. 그리하여 서해안 해상 세력 전체를 장악하고 나아가 중부 내륙 지방에서도 상당한 지지 기반을 확보할 수 있었다.

**㉠을 바꾸어 쓴 것으로 적절한 것은?**

① 불과(不過)했던  ② 편입(編入)됐던  ③ 집착(執着)했던
④ 합세(合勢)했던  ⑤ 동참(同參)했던

㉠

같은 광물의 결정은 그 면각이 같다는 사실을 통해 다양한 모양의 결정들의 종류를 판별할 수 있다. 면각 일정의 법칙은 광물의 결정을 판별하는 데 가장 기본적이고 중요한 기준으로, 현대 광물학의 ㉠초석이 되었다.

**㉠과 바꿔 쓸 수 있는 말로 가장 적절한 것은?**

① 지붕돌  ② 고임돌  ③ 버팀돌  ④ 굳은돌  ⑤ 주춧돌

> ⊙애초에 환경 호르몬은 인간에 의해 세상에 나타나게 되었는데, 그 결과 생물체의 생존에 위협을 가하는 위험한 존재가 되고 말았으며, 인간 역시 그 영향으로부터 자유로울 수 없다. 환경 호르몬은 일단 한 번 만들어지면 자연 분해가 매우 더디기 때문에 처음부터 만들어 내지 않는 방법 외에는 현재로는 뚜렷한 예방법이 없는 실정이다.

**⊙과 같은 상황을 나타내기에 가장 적절한 것은?**

① 제 눈에 안경
② 제 논에 물 대기
③ 제 버릇 개 못 준다.
④ 제 것 주고 뺨 맞는다.
⑤ 제 도끼에 제 발등 찍힌다.

**우리 주변에서 잘못 쓰인 어휘를 조사하여 바로 잡아보았다. 적절하지 않은 것은?**

① 세탁소에서 '큰 옷 주림' ⇒ '큰 옷 줄임'
② 건물 출입문에서 '어서 오십시요' ⇒ '어서 오십시오'
③ 화원에서 '꽃 걸음 판매함' ⇒ '꽃 거름 판매함'
④ 우체국에서 '우표 붙이는 곳' ⇒ '우표 부치는 곳'
⑤ 식품점에서 '어름 있슴' ⇒ '얼음 있음'

- 20세기 들어와서는 영어에서 어휘가 무수히 ㉠흘러들어왔고 지금 이 순간에도 들어오고 있다.
- 외래어라고 해서 모두가 같은 것은 아니다. 외국어에서 들어온 지 너무 오래 되었기 때문에 고유어처럼 ㉡여겨지는 말이 있는가 하면, 들어온 지 얼마 되지 않아 아직 외국어라는 느낌이 강한 말까지 있다.
- 신문에서 ㉢낯선 외국어를 처음 쓸 때는 인용 부호를 사용하기도 한다. 그 이유는 처음 보는 새로운 말임을 표시해 주기 위해서다. 그러나 그 말이 널리 ㉣쓰이면서 인용 부호는 빠지게 된다.
- 이론적으로는 외래어란 국어 속에 들어와 국어의 일부가 된 어휘이고 외국어는 아직 국어가 되지 못한 어휘로 규정되지만, 실제의 예를 보면 아직 국어가 되었는지 되지 않았는지 불분명한 경우가 많다. 어떤 말이 어느 사전에는 ㉤실려 있는데 다른 사전에는 실려 있지 않은 예가 종종 발견되기도 한다.

**㉠~㉤과 바꾸어 쓸 수 있는 말로 적절하지 않은 것은?**
① ㉠유입(流入)되었고　　② ㉡인식(認識)되는　　③ ㉢생소(生疎)한
④ ㉣사용(使用)되면서　　⑤ ㉤기록(記錄)되어

- 재산을 무상으로 타인에게 ㉠이전하는 것에는 '상속'과 '증여'가 있다.
- 상속과 증여에는 세금을 ㉡부과하는데 이를 각각 상속세, 증여세라 한다.
- 상속의 경우 재산을 물려주는 이가 유언 없이 사망하였을 때, 그의 상속 의지를 알 수 없다. 이에 ㉢대비하여 상속인의 범위를 민법에 명확히 규정하고 있다.
- 상속세와 증여세는 모두 공제 후 남은 금액에 대해 금액이 클수록 세율이 높아지는 누진 세율이 동일하게 ㉣적용된다.
- 높은 비율의 세금 부담을 피하기 위해 일부 재산을 미리 증여하는 ㉤폐단이 있다.

**㉠~㉤의 문맥적 의미로 적절하지 않은 것은?**
① ㉠: 권리 따위를 남에게 넘겨주거나 넘겨받음.
② ㉡: 세금이나 부담금 따위를 매기어 부담하게 함.
③ ㉢: 두 가지의 차이를 밝히기 위하여 서로 맞대어 비교함.
④ ㉣: 알맞게 이용하거나 맞추어 씀.
⑤ ㉤: 어떤 일이나 행동에서 나타나는 옳지 못한 현상.

• 3D 프린팅은 대상이 되는 3차원 물체의 형상을 실제로 ㉠재현하는 기술이다.

• 폴리곤 메시 데이터는 물체를 얇은 층의 적층물 형태로 표현하는 데이터로 ㉡변환하여야 한다.

• 물체를 어떤 재료로 어떤 방식에 의해 만들어내느냐에 따라 여러 가지 3D 프린팅을 ㉢구현할 수 있다.

• 액체 상태의 광경화성수지를 프린터 내부에 있는 판에 머리카락의 십분의 일 정도의 두께로 미세하게 ㉣도포하여 물체의 층을 만든다. 프린터 헤드에서 분사된 액체 상태의 원료는 헤드 양옆에 달려 있는 자외선 램프에 의해 ㉤분사 직후 굳는다.

### ㉠~㉤의 사전적 의미로 적절하지 않은 것은?

① ㉠재현(再現) : 다시 나타냄.

② ㉡변환(變換) : 다르게 하여 바꿈.

③ ㉢구현(具現) : 어떤 내용이 구체적인 사실로 나타나게 함.

④ ㉣도포(塗布) : 약 따위를 겉에 바름.

⑤ ㉤분사(噴射) : 물기나 습기를 말려서 없앰.

• 정의와 해석의 차이로 인한 개념 논란에 ㉠주목하여 출현한 것이 코젤렉의 '개념사'이다.

• 코젤렉은 '개념은 실재의 지표이자 요소'라고 하였다. 이 말은 실타래처럼 얽혀 있는 개념과 정치 사회적 실재, 개념과 역사적 실재의 관계를 정리하기 위한 중요한 ㉡지침으로 작용한다.

• '근대화' 개념은 사람들로 하여금 근대화라는 특정한 사회 변화의 목표에 맞게 사회를 변화시키게 하는 ㉢동인으로 작용한다.

• 개념사에서는 개념이 어떻게 사용되어 왔는가, 그 의미가 어떻게 변화했는가, 어떤 ㉣함의들이 거기에 투영되었는가, 그 개념이 어떠한 방식으로 작동했는가 등에 대해 탐구한다.

• 개념사에서는 개념과 실재, 과거와 현재의 개념을 대조함으로써, 그 개념이 대응하는 실재를 정확히 드러내고 있는가, 아니면 실재의 이해를 방해하고 더 나아가 ㉤왜곡하는가를 탐구한다.

### ㉠~㉤의 사전적 의미로 적절하지 않은 것은?

① ㉠: 관심을 가지고 주의 깊게 살핌.

② ㉡: 방법이나 방향을 인도하여 주는 준칙.

③ ㉢: 연관성이 먼, 간접적인 원인.

④ ㉣: 말이나 글 속에 어떠한 뜻이 들어 있음.

⑤ ㉤: 사실과 다르게 해석하거나 그릇되게 함.

논증의 전제들이 결론을 '부분적으로 지지한다'는 말은 전제가 참이라면, 그 전제들은 우리가 결론을 받아들일 수 있는 ㉠충분한 근거를 제공하지만, 결정적인 근거가 되지는 못한다. 다시 말해서 전제들이 모두 참이라면, 결론은 아마 참일 것이지만 거짓일 가능성도 있다는 것이다.

**다음 중 ㉠과 의미가 가장 가까운 것은?**
① 부족(不足)　　② 미흡(未洽)　　③ 흡족(洽足)　　④ 결여(缺如)　　⑤ 여분(餘分)

하나의 뜻을 가졌으면서도 여러 개의 이름을 가진 것, 즉 형태가 다른 별개의 단어들이 동일한 의미를 갖고 있으면 그 단어들을 동의어(同義語)라 한다. 그런데 형태가 다른 두 단어가 완전히 일치하는 의미, 즉 완전한 동의(同義)를 가지기란 대단히 어렵다. 특히 '한자어-고유어'의 경우, 두 단어가 의미의 차이는 거의 없어 보이지만, 다음과 같이 대치시켜 보면 사용에 제한이 있음을 알 수 있다.
㉠_____ → ㉡_____

**제시문은 '동의어(同義語)'에 관한 설명이다. ㉠→㉡에 인용할 수 있는 예로 적절한 것은?**
① 재판은 공정성과 정확성이 생명(生命)이다. → 재판은 공정성과 정확성이 목숨이다.
② 오랜 한발(旱魃)로 인해 농사를 망쳤다. → 오랜 가뭄으로 인해 농사를 망쳤다.
③ 옷을 벗은 그의 전신(全身)은 멍투성이였다. → 옷을 벗은 그의 온몸은 멍투성이였다.
④ 그의 피부(皮膚)가 벌겋게 부어올랐다. → 그의 살갗이 벌겋게 부어올랐다.
⑤ 그의 폐(肺)에 문제가 있다고 진단하였다. → 그의 허파에 문제가 있다고 진단하였다.

찬바람이 쌩쌩 부는 겨울에 방문을 열어 놓고 들어오는 사람이 있는 상황에서, 한국 사람들은 "문 좀 닫고 들어와."라고 표현한다. 가만히 곱씹어 생각해 보면 논리에 맞지 않는 표현이다. 투명 인간이 아닌 다음에야 어떻게 문을 닫고 들어올 수가 있겠는가? 그런데 한국 사람들은 이런 말을 아주 자연스럽게 받아들인다. 그것은 한국인들이 그 상황에서 '한 개인의 출입'보다 '문을 닫는 행위'가 더 중요하다고 생각하기 때문이다. 중요한 것을 앞에 두어서 '강조'하려는 심리가 언어 관습으로 ㉠굳어진 것이다.

### ㉠과 가장 유사한 의미로 쓰인 것은?
① 그의 표정은 돌처럼 굳어 있었다.
② 밀가루 반죽을 오래 두면 딱딱하게 굳는다.
③ 친구가 책을 빌려 주어서 책 살 돈이 굳었다.
④ 한번 말버릇이 굳어 버리면 여간해서 고치기 어렵다.
⑤ 운동을 적당히 하지 않으면 나이가 들수록 관절이 조금씩 굳는다.

투수는 먼저 양 다리와 엉덩이를 중심으로 하체 쪽에 무게 중심을 ㉠잡고 천천히 움직인다. 다음 단계에서 팔을 감아올리며 점점 무게 중심을 상체로 이동시키면서 몸의 속도를 높인다. 그러다가 공을 잡은 팔이 펴지면서 무게 중심은 공을 던지는 손 쪽으로 더 이동하고, 팔의 회전이 빨라지면서 공이 손에서 떠나는 순간, 공은 빠르게 날아간다.

### ㉠의 문맥적 의미와 가장 유사한 것은?
① 그는 육십 평생 지휘봉을 잡고 활동했다.
② 지도자는 균형을 잡고 이끌어가야 한다.
③ 그녀는 절호의 기회를 잡고 승승장구했다.
④ 범인을 잡고 미궁에 빠졌던 문제를 해결했다.
⑤ 엄마는 나이 어린 자녀들의 손을 꼭 잡고 간다.

우리말에는 소리는 같으나 뜻이 다른 말이 있다. 또한, 소리는 같거나 비슷하지만 뜻이나 문법적 기능이 구별되는 말도 있다. 그러나 기존의 훈독(訓讀) 방식으로 익히게 되면 이런 말들은 ( ㉠ ) 되기 십상이다. 예컨대 '차다'는 '덥다'와 함께, 그리고 '늘다'는 '줄다'와 함께 제시하여 학습자 스스로가 그 의미를 제대로 파악하게 해야 한다. 그리고 상앗대(배질을 할 때 쓰는 긴 막대)·노·키·돛·닻·대뜸(배 얹는 기구) 등과 같은 어휘는, 같은 범주 속에서 또는 비슷한 다른 범주 사이에서 ( ㉡ )을/를 일으키게 하는 경우가 많다. 이러한 경우는 관련 범주(範疇)들을 명확히 구분하고, 각각의 말이 적용되는 생활 속의 사례들을 확인하게 하면 그것을 분별할 수 있다.

**㉠과 ㉡에 공통적으로 들어갈 말로 가장 적절한 것은?**
① 혼돈(混沌)　　② 혼동(混同)　　③ 혼재(混在)　　④ 혼합(混合)　　⑤ 혼잡(混雜)

**밑줄 친 단어가 바르게 쓰인 것은?**
① 그 회사는 어음을 <u>결제</u>하지 못해 부도 처리됐다.
② 현장 검증에 나선 범인은 태연히 범행을 <u>재현</u>했다.
③ 이 자리를 <u>빌어</u> 도와주신 모든 분께 감사드립니다.
④ 특별소비세가 내린 <u>탓</u>에 그나마 매출이 조금 늘었다.
⑤ 올해의 아카데미상 시상식에서는 '왕의 귀환'이 11개 <u>부분</u>을 석권했다.

1991년 리누스 토발즈는 자신이 개발한 리눅스 초판 프로그램과 함께 소스코드까지 인터넷에 공개했다. 소프트웨어 마니아들이 무료로 다운받아 마음껏 수정하고 개선할 수 있도록 허용한 것이다. 이를 바탕으로 거대한 리눅스 커뮤니티가 자발적으로 ㉠<u>꾸려졌다</u>.

**문맥상 ㉠과 바꾸어 쓸 수 있는 것은?**

① 형성(形成)되었다          ② 양성(養成)되었다          ③ 달성(達成)되었다

④ 작성(作成)되었다          ⑤ 완성(完成)되었다

원래 오브제의 전략은 사물의 본래 용도를 폐기함으로써 그것을 미적 대상으로 변용하는 데에 그 본질이 있었다. 그런데 최근에는 사물이 본래의 기능을 잃지 않은 채 그대로 예술이 되는 작품들까지 나오고 있다. 이러한 흐름은 설치미술에도 나타나고 있다. 설치미술은 미술관, 건물, 자연 등 현실의 특정 공간을 그 자체로 하나의 오브제로 보고 이를 작품화하는 것이다. 이제 오브제는 단순히 사물, 인공물에 ㉠<u>머물지</u> 않는다. 입체파와 함께 출현한 현대적인 오브제는 회화의 일부로 취급되던 최초의 시도에서 멀리 벗어나 그 자체로 독립되는 과정을 거치면서 그 영역과 개념을 거의 무제한적으로 확대하고 있다.

**문맥상 ㉠과 바꿔 쓰기에 적절한 말은?**

① 국한(局限)되지          ② 개입(介入)되지          ③ 정착(定着)되지

④ 규정(規定)되지          ⑤ 제어(制御)되지

그의 아내가 기침으로 쿨룩거리기는 벌써 달포가 넘었다. ㉠조밥도 굶기를 먹다시피 하는 형편이니 물론 약 한 첩 써본 일이 없다. 구태여 쓰려면 못 쓸 바도 아니로되, 그는 병이란 놈에게 약을 주어 보내면 재미를 붙여서 자꾸 온다는 자기의 신조에 어디까지 충실하였다. 따라서 의사에게 보인 적이 없으니 무슨 병인지는 알 수 없으나, 반듯이 누워 가지고, 일어나기는 새로 모로도 못 눕는 걸 보면 중증은 중증인 듯. 병이 이대도록 심해지기는 열흘 전에 조밥을 먹고 체한 때문이다.

**㉠의 상황을 빗대어 표현한 것으로 알맞은 것은?**
① 금강산도 식후경이라더니.
② 밑 빠진 독에 물 붓기라더니.
③ 개똥도 약에 쓰려면 없다더니.
④ 호미로 막을 것을 가래로 막는다더니.
⑤ 서 발 막대 내저어도 거칠 것 없다더니.

**밑줄 친 부분이 한글 맞춤법에 맞게 쓰인 것은?**
① 힘든 일은 제가 다 알아서 <u>할게요</u>.
② 무엇을 <u>하던지</u> 최선을 다했으면 좋겠어.
③ 오늘 소풍 가는 날인데 비가 와서 <u>어떻해</u>.
④ 네가 원하는 꿈을 꼭 이룰 수 있기를 <u>바래</u>.
⑤ <u>넉넉치</u> 않은 살림이지만 어려운 사람을 돕자.

- 근대는 19세기와 20세기만을 ㉠관통(貫通)하고 있다.
- 참정권의 확대로 민주주의라는 정치 패러다임의 ㉡연착륙(軟着陸)이 가능해졌다.
- 경제적 번영 자체가 목적이 되면 자칫 큰 재앙을 초래할 수 있음을 우리는 ㉢목도(目睹)했다.
- 진보의 시대가 ㉣파국(破局)의 시대로 변하게 된 것은 인간의 끊임없는 욕망 탓일 것이다.
- 인간의 선호가 진실로 실현되기 위해서는 사람들이 소비를 통해서 이루어지는 만족을 극대화하는 길이다. 이는 문화적 가치가 대상에 ㉤투여(投與)되었을 때 가능한 일이다.

**㉠~㉤의 사전적 의미로 적절하지 않은 것은?**

① ㉠: 꿰뚫어서 통함.
② ㉡: 비행체가 충격을 줄이면서 착륙하는 일.
③ ㉢: 눈으로 직접 봄.
④ ㉣: 일이나 사태가 잘못되어 결딴이 남.
⑤ ㉤: 약 따위를 남에게서 받음.

- 동양화는 전면적인 관찰을 강조하면서 동시에 대담한 취사선택을 한다. 그림으로 표현할 내용을 미리 염두에 두고 대상에 대한 관찰을 진행하기 때문에 일상생활의 관찰에서도 자신의 이상이나 필요에 ㉠맞는 것은 자세히 관찰하고 한 번이라도 더 보게 된다.
- 그림으로 표현할 때, 정신이 ㉡깃들어 있는 부분은 분명하고 정확하게 공들여 표현하고 배경을 포함한 덜 중요한 부분은 간략하게 하거나 생략하여 여백으로 대체한다.
- 동양화가들은 자연을 있는 그대로 모방하는 것을 가장 못난 것으로 여겼으며, 이러한 그림은 비록 자세하고 정밀하나 생기가 부족한 죽은 그림으로 ㉢여겼다.
- 형상기억은 경험하였거나 배운 것을 머릿속에 새겨 두었다가 시각적, 청각적 표상을 ㉣바탕으로 되살려 내는 심리 과정이다. 기억 속에 남는 형상은 대상의 특징을 가장 잘 나타내는 부분들이다. 따라서 화가의 머릿속에서 복잡하고 미세한 부분들이 제거된 상태로 대상에 ㉤얽매이지 않으면서도 대상을 생동감 있게 표현할 수 있다.

**㉠~㉤과 바꿔 쓸 수 있는 말로 적절하지 않은 것은?**

① ㉠: 부합(符合)하는
② ㉡: 수용(受容)되어
③ ㉢: 간주(看做)했다
④ ㉣: 토대(土臺)로
⑤ ㉤: 구애(拘礙)받지

- 만약 범주화하는 능력이 ⊙없다면 새로운 존재를 접할 때마다 모든 정보를 새롭게 파악하고 기억해야 한다.
- 고전적 범주화 이론은 아리스토텔레스에서 비롯된 것으로, 범주는 해당 범주를 정의하는 필요충분 속성의 집합으로 결정된다고 ⓛ본다.
- '나, 동생, 아버지'로 ⓒ이루어진 가족이 있다고 하자.
- 원형 범주화 이론에 의하면 기존 범주에 속하지 않는 새로운 대상이 ⓔ나타날 경우, 그 대상의 속성으로부터 새로운 범주의 원형이 만들어지며, 범주의 구성원들이 계속 추가되면 원형이 ⓜ바뀌기도 한다.

**문맥상 ⊙~ⓜ과 바꿔 쓰기에 적절하지 않은 것은?**

① ⊙:결여(缺如)된다면  ② ⓛ:간주(看做)한다  ③ ⓒ:형성(形成)된
④ ⓔ:출현(出現)할  ⑤ ⓜ:변화(變化)하기도

- 은행의 핵심 업무는 예금을 ⊙유치해 자금이 필요한 사람들에게 대출하는 일이다.
- 가난한 사람일수록 경제 관념이 ⓛ희박하고 소득 창출 능력 또한 ⓒ떨어지므로 대출금을 회수하기가 쉽지 않다는 회의적인 시각이 있다. 하지만 금융 배제층에게 소액의 창업 자금을 무담보로 대출해 주면서도 은행을 무색케 할 정도로 높은 성과를 ⓔ거두는 사례도 있다. 빈곤층의 자활을 지향하는 '마이크로크레디트(Microcredit)'가 그것이다.
- 마이크로크레디트는 아무리 작은 사업이라도 자기 사업을 ⓜ벌일 인적·물적 자본의 확보가 자활의 핵심 요건이라고 본다.

**⊙~ⓜ의 문맥적 의미를 살려 문장을 만들었을 때, 적절하지 않은 것은?**

① ⊙: 정부는 민간 자본을 적극 유치하기로 결정했다.
② ⓛ: 그 사람은 응석받이로 자라 자립심이 희박하다.
③ ⓒ: 이 옷은 다른 옷에 비해 품질이 떨어지는 것 같다.
④ ⓔ: 그 선수는 지난 경기에서 승리를 거두었다.
⑤ ⓜ: 그 둘은 만나기만 하면 입씨름을 벌인다.

> 협동 조합은 공동의 목적을 가진 사람들이 모여, 그 목적을 실현하는 과정에서 그들의 고유한 이념을 확산하고 심화시키려 한다는 점에서, 이념으로 뭉친 결사체보다는 덜 하지만 뚜렷한 가치 지향성을 가진다고 할 수 있다. 다만 지역성은 참여자들의 삶의 ㉠터전이 밀접해 있을 수도, 아닐 수도 있다는 점에서 어느 정도 융통성이 있다고 할 수 있다.

**다음은 국어사전에 수록된 '터전'의 뜻풀이이다. ㉠의 의미와 가장 유사한 것은?**

① 집터가 되는 땅. ¶ 집집마다 터전이 넓었다.
② 자리를 잡은 곳. ¶ 경주는 신라의 옛 터전이었다.
③ 살림의 근거지가 되는 곳. ¶ 생업의 터전을 마련하다.
④ 일의 토대. ¶ 민주주의 터전을 다지다.
⑤ 텃밭. ¶ 뒤 곁에 터전을 일구었다.

> • 그는 ㉠마음이 곱고 바르다.
> • 아이가 공부에는 ㉡마음이 없고 노는 데만 정신이 팔렸다.
> • 그는 이번 일을 성사시키려는 ㉢마음을 보였다.
> • 그는 친구의 냉담한 태도에 ㉣마음이 상했다.
> • 나를 만날 ㉤마음이 있으면 여기로 와.

**㉠~㉤의 '마음'을 유의어로 바꿀 때 적절하지 않은 것은?**

① ㉠은 '타고난 마음씨'를 의미하므로 '심성'으로 바꿀 수 있다.
② ㉡은 '어떤 것에 마음이 끌려 주의를 기울임'을 의미하므로 '관심'으로 바꿀 수 있다.
③ ㉢은 '마음을 쓰는 속 바탕'을 의미하므로 '심보'로 바꿀 수 있다.
④ ㉣은 '대상·환경 따위에 따라 마음에 절로 생기며 한동안 지속되는 감정'을 의미하므로 '기분'으로 바꿀 수 있다.
⑤ ㉤은 '마음이 향하는 바. 또는 무엇을 하려는 생각'을 의미하므로 '의향'으로 바꿀 수 있다.

고요하고 깊이가 일정한 연못 한가운데에 벌레가 이동은 하지 않고 다리를 위아래로 움직이고 있는 모습을 생각해 보자. 이때 벌레 다리의 움직임이 파동의 진원지인 파원(波源)이 되고 파동의 모습은 동심원을 ㉠이루게 된다. 이것은 벌레가 일정한 진동수로 다리를 움직여 파동의 속력이 모든 방향으로 같을 때 일어나는 현상이다.

**밑줄 친 단어 중 ㉠과 문맥적 의미가 가까운 것은?**
① 작은 빗방울이 모여 내를 <u>이룬다</u>.
② 사물을 <u>이루고</u> 있는 요소를 분석했다.
③ 나는 친구들과 함께 동아리를 <u>이루었다</u>.
④ 노총각인 막냇동생이 혼사를 <u>이루게</u> 되었다.
⑤ 할아버지의 유언을 못 <u>이룬다면</u> 면목이 서질 않는다.

뇌와 척수 ㉠같은 중추 신경을 구성하는 신경 세포는 일단 만들어져 솎아지고 나면 더 이상 분열하지 않기 때문에 중간에 사고로 다치거나 없어지면 원래대로 재생되는 것이 불가능하다.

**㉠의 문맥적 의미와 가장 유사한 것은?**
① 비가 올 것 <u>같은</u> 날씨다.
② 말 <u>같은</u> 말을 해야 내가 믿지.
③ 나와 키가 <u>같은</u> 영수가 짝이 되었다.
④ 이 화장품을 바르면 백옥 <u>같은</u> 피부가 됩니다.
⑤ 국수나 냉면 <u>같은</u> 음식을 먹을 때는 무를 곁들여야 한다.

**문맥에 맞는 어휘를 잘못 선택한 것은?**

① 여론이 안 좋으니 일단 상황을 (관망/<u>조망</u>)해 봅시다.

② 나는 그 사업가의 사기 (<u>행각</u>/행색)을 만천하에 고발하고자 한다.

③ 우리의 우수한 문화를 전 세계에 (<u>전파</u>/전승)하는 역할을 합시다.

④ 그는 부모의 유산을 낭비하여 가난뱅이로 (<u>전락</u>/타락)하고 말았다.

⑤ 낡기는 하였지만 (수리/<u>수선</u>)만 잘하면 이 바지도 새것같이 될 수 있겠다.

**밑줄 친 말의 쓰임이 적절하지 않은 것은?**

① 올림픽과 월드컵을 <u>개최한</u> 나라의 국민답게 질서를 잘 지킵시다.

② 험한 말을 하는 그를 보고, 동료들은 모두 <u>아연실색</u>할 수밖에 없었다.

③ <u>구구절절이</u> 옳은 말씀입니다만, 요즘 세상에 그런 말이 통하기나 하겠어요?

④ 여러 사람의 의견이 엇갈리다 보니, 나도 이 일을 어떻게 처리해야 할지 판단하기가 <u>곤혹스럽기만</u> 했다.

⑤ 모두들 편안하게 잠든 <u>와중에도</u> 일터로 가기 위해 버스를 기다리는 사람의 얼굴을 보며 삶의 의미를 생각해 보았다.

크리스마스 트리에 두 개의 장식볼을 1센티미터 정도 떨어뜨려 놓았을 때, 공기가 이 사이로 불어오면 장식볼은 가까워져서 서로 맞닿을 것이다. 이는 장식볼의 곡선을 그리는 표면 위로 흐르는 공기의 속도가 올라가서 압력이 줄어들기 때문으로, 장식볼들 주변의 나머지 공기는 보통 압력에 있기 때문에 장식볼들은 서로 ㉠붙으려고 하는 것이다.

**㉠과 바꾸어 쓸 수 있는 말로 알맞은 것은?**

① 접목(接木)하려고      ② 접선(接線)하려고      ③ 접촉(接觸)하려고
④ 접착(接着)하려고      ⑤ 접합(接合)하려고

우리 나라의 록이 출발부터 저항적 록이었던 것은 아니다. 1970년대 록은 포크의 저돌성에 비해 감각적으로는 새로웠지만 저항적이라는 말이 내포하는 의식적인 저항성이 없었다. 꼭 사회 비판이 있고 없고의 문제가 아니다. 형식, 기법 및 감각의 파격성과 자기 자신, 인간과 세상, 사랑에 대한 기성의 선입견들을 뒤엎는 새로운 내용이 ㉠서로 잘 대응하는 작품은 1970년대에는 물론, 대학 가요제에 나온 캠퍼스밴드의 작품들에 이르기까지 찾아보기 힘들었다.

**㉠과 바꾸어 쓰기에 알맞은 것은?**

① 반응(反應)하는      ② 부응(副應)하는      ③ 적응(適應)하는
④ 조응(照應)하는      ⑤ 감응(感應)하는

우리는 그 동안 우리 민요에 관한 기록과 연구를 너무나 소홀히 해왔다. 우리 민족의 가장 큰 단점이 '기록을 하지 않는 것'이라고 할 정도로, 우리는 우리의 전통 문화를 기록하고 보존 · 연구하는 데 거의 신경을 쓰지 않았다. 더욱이 일제시대를 겪으면서 외세로 인한 근대사의 단절로 우리 사회에는 우리의 역사와 전통 문화를 열등한 것으로 여기는 일종의 패배주의적 문화의식마저 만연되어 있었다. 또한 해방 후에는 서구 문화의 유입 속도가 더욱 빨라지면서 전통 문화에 대한 무시와 홀대가 심화되었고, 산업사회로 접어들면서 상황은 더욱 악화되었다.

**제시문에 나타난 상황을 표현한 것은?**

① 설상가상(雪上加霜)　　② 점입가경(漸入佳境)　　③ 사면초가(四面楚歌)
④ 백년하청(百年河淸)　　⑤ 진퇴양난(進退兩難)

**밑줄 친 부분이 맞춤법에 어긋난 것은?**

① 감기약을 먹은 효과가 <u>금세</u> 나타났다.
② 나는 삼촌에게 빨리 결혼을 하라고 <u>부추기곤</u> 했다.
③ 어머니는 며칠째 몸도 못 <u>추스리고</u> 누워만 계신다.
④ 그는 여러 논문을 <u>짜깁기하여</u> 보고서를 작성하였다.
⑤ 내 동생은 걸핏하면 아이스크림을 사 달라고 <u>생떼</u>를 부린다.

• 비행기에서 씨앗을 뿌리면 씨앗은 여러 방향으로 지면에 떨어지지만 싹을 틔울 때쯤에는 원래 놓인 제각각의 방향과는 상관없이, 싹은 하늘을 향해 뿌리는 땅을 향해 ㉠자란다. 빛이 없는 곳에서도 같은 결과가 나온다. 이런 성질을 식물의 '굴중성(gravitropism)'이라 ㉡부른다.

• 세포에는 전분을 포함한 색소체인 녹말과립이 들어 있다. 이 녹말과립은 세포의 밑바닥에 가라앉아 있어서 세포에게 아래쪽 방향을 ㉢알려 준다.

• 식물이 생장하는 데 필수적인 체세포 분열의 양상도 ㉣달라진다.

• 식물은 우주에서 자랄 수 없는 것일까? 세포 분열도 ㉤일어나기 힘들고 세포벽도 얇아지는 등의 타격을 받아 싹을 틔우지 못할 것 같아 보이지만 다행히도 싹을 틔운다.

**㉠~㉤을 한자어로 바꾸어 쓸 때, 적절한 것은?**

① ㉠: 성숙(成熟)한다    ② ㉡: 호명(呼名)한다    ③ ㉢: 지시(指示)해
④ ㉣: 변천(變遷)된다    ⑤ ㉤: 발발(勃發)하기

• 현대인들에게 무엇인가가 '있다/없다'라는 존재 ㉠여부에 대한 판단과 무엇인가가 '좋다/나쁘다'라는 존재에 대한 가치 판단은 서로 다른 차원의 문제이다. 특히 현대인들에게 '있다/없다'는 양자택일의 문제이다. 그러나 플라톤은 이와는 다른 ㉡관점을 보여준다.

• 플라톤은 가장 실재하는 것, 가장 완전한 것을 '이데아'라고 ㉢규정하였다.

• 플라톤의 견해에 따르면 '관여' 혹은 '임재'의 정도가 그 사물의 존재론적이자 동시에 가치론적 ㉣위상이라고 할 수 있다.

• 존재론적 판단과 가치론적 판단을 하나로 여기는 플라톤의 ㉤사유 방식은 당시 그리스 사람들의 보편적인 사유 방식을 반영하고 있었다.

**㉠~㉤의 사전적 의미로 적절하지 않은 것은?**

① ㉠: 틀리거나 의심할 여지
② ㉡: 사물이나 현상을 관찰할 때, 그 사람이 보고 생각하는 태도나 방향
③ ㉢: 내용이나 성격, 의미 따위를 밝혀 정함.
④ ㉣: 어떤 사물이 다른 사물과의 관계 속에서 가지는 위치나 상태
⑤ ㉤: 개념, 구성, 판단, 추리 따위를 행하는 인간의 이성 작용

- 경매를 통한 가격 결정 방식은 수요자들이 해당 재화의 가치를 서로 다르게 평가하고 있거나, 해당 재화의 가치를 정확히 ㉠가늠할 수 없을 때 주로 사용된다.
- 커피나무는 환경에 ㉡민감한 식물로, 일조량과 온도와 토질에 따라서 생두의 맛과 품질이 천차만별이다.
- 특정 재화의 판매자가 한 명인데, 이를 구매하고자 하는 사람이 여러 명이라면 경매를 통해 가장 높은 가격을 ㉢지불하고자 하는 사람에게 판매할 수 있다.
- 경매는 입찰 방식의 공개 ㉣여부에 따라 공개 구두 경매와 밀봉 입찰 경매로 구분할 수 있다.
- 밀봉 입찰 경매는 최고가 밀봉 경매와 차가 밀봉 경매로 ㉤구분된다.

**㉠~㉤의 사전적 의미로 적절하지 않은 것은?**

① ㉠: 목표나 기준에 맞고 안 맞음을 헤아려 봄.
② ㉡: 자극에 빠르게 반응을 보이거나 쉽게 영향을 받음.
③ ㉢: 어떠한 것을 받아들임.
④ ㉣: 그러함과 그러하지 아니함.
⑤ ㉤: 일정한 기준에 따라 전체를 몇 개로 갈라 나눔.

- 근대에 들어서면서 종교의 영향력 및 왕권이 약화되면서 관련 장소가 지녔던 권위도 ㉠퇴색하여, 그 장소에 놓인 조각에 부여되었던 종교적, 정치적 의미도 약해졌다. 또 특정 장소의 상징으로서의 조각이 원래의 장소에서 물리적으로 분리되어 기존의 맥락을 ㉡상실하는 경우도 생겨났다. 이러한 상황이 전시 및 교육을 목적으로 하는 박물관, 미술관 등 근대적 장소가 ㉢출현하는 상황과 맞물리면서 조각에 대한 새로운 관점이 부각되기 시작했다.
- 이러한 경향은 19세기 이후 미술의 흐름 속에서 더욱 두드러졌고, 작품 외적 맥락에 ㉣구속되기보다는 작품 자체에서 의미의 완결을 추구하는 경우가 많아졌다.
- 미니멀리즘 작품이 장소와의 관련성을 모색하고 구현한 것이기는 해도 미술관이라는 공간 내부에 제한된다는 점을 ㉤간파한 일부 예술가들은, 미술관 바깥의 도시나 자연을 작업의 장소이자 대상으로 삼아 장소와의 관련성을 다양한 방식으로 실현하려 하였다.

**문맥상 ㉠~㉤과 바꾸어 쓰기에 적절하지 않은 것은?**

① ㉠: 희미해져　　② ㉡: 잃어버리는　　③ ㉢: 드러나는
④ ㉣: 얽매이기보다는　　⑤ ㉤: 알아차린

제 **13** 회 · · · · · · · · · · ·

새로운 문물이 들어오면, 그것을 나타내기 위한 말까지 ㉠따라 들어오는 것은 자연스런 일이다. 그동안은 우리 나라가 때로는 주권을 잃었기 때문에, 때로는 먹고 사는 일에 바빴기 때문에, 우리의 가장 소중한 정신적 문화 유산인 말과 글을 가꾸는 데까지 신경을 쓸 수 있는 형편이 못 되었었지만, 지금은 사정이 달라졌다.

**국어사전을 찾아보았다. ㉠의 뜻에 해당하는 것은?**
① 다른 사람이나 동물의 뒤에서, 그가 가는 대로 같이 가다.
② 앞선 것을 좇아 같은 수준에 이르다.
③ 좋아하거나 존경하여 가까이 좇다.
④ 어떤 일이 다른 일과 더불어 일어나다.
⑤ 그릇을 기울여 안에 들어 있는 액체를 밖으로 조금씩 흐르게 하다.

**다양한 예문에 쓰인 '고르다'의 유의어로 적절하지 않은 것은?**
① 이익을 <u>고르게</u> 분배하다. ⇒ 균등(均等)하다
② 효과가 <u>고르게</u> 나타나다. ⇒ 균일(均一)하다
③ 물건을 <u>고르게</u> 배치하다. ⇒ 평등(平等)하다
④ 사람들을 <u>고르게</u> 대우하다. ⇒ 동등(同等)하다
⑤ 방바닥이 <u>고르고</u> 단단하다. ⇒ 평평(平平)하다

빛은 파장에 따라 적외선, 가시광선, 자외선 등의 광선들로 나뉘는데, 인간은 가시광선만을 시각으로 느낄 수 있다. 가시광선보다 파장이 긴 적외선이나, 짧은 자외선은 눈으로 인식하지 못한다. 이 중에서 가시광선은 파장이 가장 긴 빨간빛부터 가장 짧은 보랏빛까지 수많은 빛들로 구별되는데, 이 빛들과 관련된 대표적인 현상으로 '분산'과 '산란'을 ㉠들 수 있다.

**㉠과 문맥적 의미가 가장 유사한 것은?**
① 선생님은 보기를 <u>들어</u> 이해하기 쉽게 설명을 하셨다.
② 금년에도 설악산에는 단풍이 아주 아름답게 <u>들었다</u>.
③ 그 편지에는 친구의 소식이 자세하게 <u>들어</u> 있었다.
④ 밥만 잡수시지 말고 나물 반찬도 <u>들어</u> 보세요.
⑤ 그는 잠자리에 <u>들어서도</u> 계속 책을 보았다.

'한중록'의 주제는 간단하다. 사도세자의 죽음은 정신병자인 사도세자와 정신병자에 가까운 그 부친 영조 사이의 충돌의 결과 한 정신병자가 죽었다는 것인데, 여기서 중요한 한 세력이 ㉠<u>빠져</u> 있다. 그것은 바로 혜경궁 홍씨의 친정 아버지 홍봉한이 이끌었던 노론이라는 세력이다.

**㉠과 문맥적 의미가 같은 것은?**
① 구체적인 자료가 <u>빠진</u> 보고서는 제대로 평가 받지 못한다.
② 게임에 <u>빠져서</u> 공부를 등한히 하면 나중에 후회하게 된다.
③ 공부면 공부 얼굴이면 얼굴 도무지 <u>빠지는</u> 것이 없다.
④ 친구의 꼬임에 <u>빠져</u> 독서실에 안 가고 오락실에 갔다.
⑤ 시험을 다 보았더니 앓던 이가 <u>빠진</u> 것같이 시원하다.

> 인간의 삶이 없이 철학은 존재할 수 없다. 인간은 철학을 하기 전에 먼저 살아 움직여야 하고, 살기 위해서 일정한 이론적·실천적 활동을 해야 한다. 철학은 바로 이러한 활동에 대한 이해와 반성에서부터 출발하는 학문이다.
> → 철학은 인간의 삶을 (                    ) 학문이다.

**제시문과 같이 글을 요약하는 활동을 하였다. (    )에 들어갈 말로 가장 적절한 것은?**

① 전제로 하는          ② 핵심으로 삼는          ③ 목표로 하는
④ 본령으로 삼는        ⑤ 계기로 이루어지는

**낱말을 이용하여 문장을 만들어 보았다. 적절하지 않은 것은?**

① 괄시(恝視) : 사람의 겉모습이 초라하다고 해서 괄시해서는 안 된다.
② 불문(不問) : 아버지께서는 몸살에도 불문하고 회사에 출근을 하셨다.
③ 반증(反證) : 그의 주장은 논리가 워낙 치밀해서 반증하기가 매우 어렵다.
④ 애증(愛憎) : 그를 10년 만에 다시 만난 순간 그녀에게는 애증의 감정이 교차했다.
⑤ 파란(波瀾) : 극심한 의견 대립으로 인해 이번 국회에서도 한바탕 파란이 예상된다.

산업혁명 이후 기계의 힘을 빌려 양산된 공예품들은 그 값이 싸졌지만 질이 낮고 조악한 것들이 대부분이었다. 하지만 값이 저렴해진 공예품에 대한 대중의 관심이 점차 높아지면서 예술가들은 대중으로부터 외면 받기 시작했다. 이에 예술가들은 직접 손으로 만든 공예품의 아름다움을 살려 대중과 ㉠유리된 상황을 극복하고자 '예술공예운동'을 일으켰는데, 이것이 아르누보 양식이 탄생하는 기틀이 되었다.

**문맥상 ㉠과 바꿔 쓸 수 있는 말로 가장 적절한 것은?**

① 멀어진       ② 헤어진       ③ 흩어진       ④ 끊어진       ⑤ 떼어진

구석기 시대 원시인들은 아직 개념적 사유가 시지각을 지배할 정도까지 발달하지 않았다. 바로 이 때문에 그들은 개념적 사유의 ㉠간섭을 받지 않고 자연을 '보이는 대로' 그릴 수 있었다. 개념적 사유로 무장하지 못한 이 '벌거벗은 눈'이야말로 그들의 놀라운 자연주의를 설명해 주는 것이다. 결국 우리는 구석기인들의 '높은' 수준의 자연주의가 그들의 '낮은' 수준의 지적능력으로 설명된다는 역설에 이르게 된다.

**㉠과 바꾸어 쓸 수 없는 말은?**

① 관여(關與)     ② 영향(影響)     ③ 참여(參與)     ④ 구애(拘碍)     ⑤ 방해(妨害)

고전 발레는 남녀 주인공들이 화려한 기교를 보여주는 2인무인 '그랑 파드되', 여러 명의 솔리스트들이 차례대로 등장하여 다채로운 1인무를 보여 주는 '디베르티스망' 등이 필수적인 구성 요소로 ㉠자리 잡았다. 남성 무용수들도 다양한 기교를 구사하는 무대의 주인공이 될 수 있었고, 여성 무용수들은 화려한 발동작이나 도약, 회전 등이 잘 보이도록 다리를 드러내는 짧고 빳빳한 '클래식 튀튀'를 주로 입었다.

**㉠처럼 관용구가 사용된 예로 볼 수 없는 것은?**
① 그는 나와 그녀 사이에 <u>다리를 놓았다</u>.
② 나는 실내가 너무 추워서 <u>문을 닫았다</u>.
③ 용돈을 모으려고 학교 매점에 <u>발을 끊었다</u>.
④ 난생 처음 외국 여행을 갔다가 <u>바가지를 썼다</u>.
⑤ 안타깝게도 우리 편이 1점 차이로 <u>무릎을 꿇었다</u>.

**밑줄 친 부분이 맞춤법에 맞는 것은?**
① 지금쯤은 집에 <u>도착했을껄</u>.
② 여행을 <u>갈려고</u> 짐을 챙겼다.
③ 얼마나 <u>울었든지</u> 눈이 퉁퉁 부었다.
④ <u>등굣길에</u> 문구점에 들러 공책을 샀다.
⑤ 어제 저녁에는 엄마를 도와 <u>설겆이를</u> 했어.

- 성리학에서 일반적으로 '이'는 만물에 ㉠내재하는 원리이고, '기'는 그 원리를 현실에 드러내 주는 방식과 구체적인 현실의 모습이라 할 수 있다.
- '이'는 '기' 속에 있으면서 '기'가 작용하는 원리로 존재할 뿐 독립적으로 드러나거나 ㉡작용하지 않는다.
- 이황은 서경덕의 논의를 단호하게 ㉢비판하며 '이'와 '기'는 하나가 아니라는 주장을 펼쳤다.
- '이'와 '기'가 하나일 수는 없으며, 둘은 철저히 ㉣구분되어야 한다는 것이 이황의 주장이다.
- 이이는 '이'와 '기'의 관계를 새롭게 ㉤규정하였다.

**㉠~㉤의 사전적 의미로 적절하지 않은 것은?**

① ㉠: 내부적으로 미리 정함.
② ㉡: 어떤 현상을 일으키거나 영향을 미침.
③ ㉢: 옳고 그름을 판단하여 밝히거나 잘못을 지적함.
④ ㉣: 일정한 기준에 따라 갈라 나눔.
⑤ ㉤: 내용이나 성격 따위를 밝혀 정함.

- 동맹의 종류는 그 형태에 따라 방위조약, 중립조약, 협상으로 ㉠나눌 수 있다.
- 방위조약이 동맹국 간의 자율성이 가장 ㉡낮고, 다음으로 중립조약, 협상 순으로 자율성이 높아진다.
- 각 나라는 군사적 동맹을 통해 세력 균형을 ㉢이루어 패권 안정을 취하려 한다.
- 현실주의자들은 힘의 균형점이 이동함에 따라 세력의 균형을 끊임없이 ㉣찾는 과정에서 동맹관계는 변할 수 있다고 본다.
- 구성주의자들은 타국이나 국제 사회에 대한 인식이 긍정적이고 국제 사회에서의 구성원들의 역할이 가치가 있다고 판단될 때, 긍정적인 동맹관계를 ㉤맺고 평화로울 수 있다고 본다.

**㉠~㉤의 문맥적 의미를 활용하여 만든 문장으로 적절한 것은?**

① ㉠: 이 글은 세 개의 문단으로 나눌 수 있다.
② ㉡: 그녀의 목소리는 매우 낮고 단호했다.
③ ㉢: 그는 친구들과 동아리를 이루어 발표 대회에 나갔다.
④ ㉣: 감기로 병원을 찾는 환자가 부쩍 늘었다.
⑤ ㉤: 나는 그와 오래전부터 친분을 맺고 있다.

• 에너지 준위가 높아지면 전자가 ㉠보유하는 에너지도 높아진다.

• 전자가 외부 에너지를 ㉡흡수하면 자신의 자리를 ㉢이탈하여 바깥쪽 에너지 준위로 올라간다.

• 들뜬 상태의 전자들은 바닥 상태로 되돌아가려는 경향이 있고, 원래의 자리로 되돌아갈 때는 빛 등의 에너지를 ㉣방출하게 된다.

• 매이먼은 빛을 쬐어 루비의 특정 전자들을 들뜨게 함으로써 바닥 상태의 전자수보다도 들뜬 상태의 전자수를 많게 만들었다. 이런 상태를 ㉤조성해 주면 적어도 한 개 이상의 들뜬 전자가 자연스럽게 원래의 준위로 되돌아가면서 빛을 낸다.

**㉠~㉤을 문맥에 맞게 바꿀 때, 적절하지 않은 것은?**

① ㉠: 보유하는 → 이끌어내는

② ㉡: 흡수하면 → 받아들이면

③ ㉢: 이탈하여 → 벗어나

④ ㉣: 방출하게 → 내보내게

⑤ ㉤: 조성해 → 만들어

• 우리가 아는 일반적인 삼단논법은 형식적으로 보통 두 개의 전제와 한 개의 결론, 즉 세 개의 언어적 표현으로 이루어진다. 가령 '모든 사람은 죽는다.'(전제1), '소크라테스는 사람이다.'(전제2)에서 '그러므로 소크라테스는 죽는다.'(결론)를 ㉠이끌어내는 식이다.

• '물은 1기압일 때, 100℃에서 끓는다.'라는 사실은 '확실한 지표'이기 때문에 굳이 ㉡말할 필요가 없는 것이다.

• '부모는 자식을 사랑한다.'와 같이 그 사회가 일반적으로 ㉢받아들이는 상식이 '일반적 통념'이다. 아리스토텔레스는 이것을 보편타당하지는 않지만 '사실이 됨직한 것'이라고 불렀다. 이러한 전제들은 '확실한 지표'와 같이 '절대적'이라고 ㉣말할 수는 없지만, 아주 '빈번하게' 일어나는 것이기 때문에 생략할 수 있다는 것이다.

• '확실한 지표'나 '일반적 통념'인 전제를 생략하면 누구나 ㉤아는 진부한 내용을 반복하는 데에서 오는 싫증을 덜어낼 수 있다.

**㉠~㉤을 바꿔 쓴 말로 적절하지 않은 것은?**

① ㉠: 도출(導出)하는    ② ㉡: 언급(言及)할    ③ ㉢: 수용(受容)하는

④ ㉣: 단언(斷言)할    ⑤ ㉤: 직시(直視)하는

아이들 성장에 정서적인 환경이 마련되지 못한다면, 즉 아이들 교육에 정서 교육이 ㉠빠진다면 그 아이가 아무리 많은 지식을 습득하여 뛰어난 판단력을 가졌다 하더라도 종합적으로 정상적이고 합리적인 생각을 못하는 결함을 안게 될 것이다.

**다음은 '빠지다'의 사전 뜻풀이이다. ㉠의 의미에 가장 가까운 것은?**

① 어느 정도 이익이 남다. ¶이번 장사에서는 이자 돈 정도는 빠질 것 같다.

② 원래 있어야 할 것에서 모자라다. ¶천 원에서 백 원이 빠지는 셈이구나.

③ 차례를 거르거나 일정하게 들어 있어야 할 곳에 들어 있지 아니하다. ¶이 책에는 중요한 내용이 빠져 있다.

④ 일정한 곳에서 다른 데로 벗어나다. ¶그놈은 쥐도 새도 모르게 뒷길로 빠져 달아났다.

⑤ 남이나 다른 것에 비해 뒤떨어지거나 모자라다. ¶이 정도 실력이면 어디에 내놓아도 빠지지 않는다.

유학에서 제시한 '택선고집(擇善固執)'은 개인의 내면적 충실을 강조한 인격 수양의 한 방법으로 하늘의 도리인 '성'을 실현하는 것이다. 여기서 '택선'이란 선(善)을 택하는 것이고, '고집'이란 그것을 굳게 지켜나가는 것이다. 인간의 내면에 있는 선을 선택한다는 것은 인간에게 내재한 본성을 자각하는 인식의 단계를 의미하고, 굳게 ㉠지킨다는 것은 자각한 본성을 행동에 옮기는 실천의 단계를 뜻한다.

**㉠과 관련하여 '지키다'가 쓰인 다양한 예문을 찾아보았다. 각 예문에 쓰인 '지키다'의 유의어로 적절하지 않은 것은?**

① 교통 법규를 잘 지켜야 한다. ⇒ 준수(遵守)하다

② 심판은 경기에서 중립을 지켜야 한다. ⇒ 유지(維持)하다

③ 군인들은 목숨을 다해 조국을 지켰다. ⇒ 수호(守護)하다

④ 경비병들이 국경을 삼엄하게 지켰다. ⇒ 경계(警戒)하다

⑤ 절개를 지키기 위해 목숨을 버릴 수 있어야 한다. ⇒ 보존(保存)하다

## 03       어휘의 문맥적 의미

심리학자 프로이트는 우리의 수많은 행동, 느낌, 생각 중 우연인 것처럼 보이는 것들도 사실은 무의식이 작용하여 일어나는 것으로 보았다. 예를 들어, 깜빡 잊고 물건을 ㉠놓고 온다든지, 말실수를 하는 것까지도 우연이 아니라 그런 행동과 관련된 무언가가 무의식 속에 자리 잡고 있기 때문이라는 것이다.

**문맥적 의미가 ㉠과 가장 유사한 것은?**

① 그는 책상 위에 책을 놓고 집에 갔다.
② 나는 건강이 좋지 않아 일을 놓고 있다.
③ 그는 세를 놓고 다달이 돈을 받는 사람이었다.
④ 주사를 놓으려고 하자 아이는 마구 울기 시작했다.
⑤ 동문회에서 학교 이전 문제를 놓고 의견이 분분했다.

## 04       어휘의 문맥적 의미

생각은 있으되, 그 생각을 표현할 적당한 말이 없는 경우도 있으며, 생각은 분명히 있지만 말을 잊어서 표현에 곤란을 느끼는 경우도 흔하다. 음악가는 언어라는 매개를 ㉠통하지 않고 작곡을 하여 어떤 생각이나 사상을 표현하며, 조각가는 언어 없이 조형을 한다. 또, 우리는 흔히 새로운 물건, 새로운 생각을 이제까지 없던 새말로 만들어 명명하기도 한다.

**㉠의 쓰임과 같은 것은?**

① 그의 주장은 앞뒤가 잘 통하지 않는다.
② 바람이 잘 통하는 곳에 빨래를 널어야 잘 마른다.
③ 그 시상식은 텔레비전을 통해 전국에 중계되었다.
④ 청소년들은 기성 세대와 말이 통하지 않는다고 말한다.
⑤ 극장 안에 불이 나자 사람들은 비상구를 통해 탈출했다.

풍력발전기는 바람이 불 때에만 전기를 생산하고, 바람이 없으면 전기가 조금도 나오지 않는다는 단점이 있다. 이러한 단점을 보완하기 위해서는 다른 전기 생산 장치를 풍력발전기와 함께 돌려야 한다. 예를 들어, 풍력발전기와 태양전지를 함께 설치하면 비바람이 칠 때는 풍력 발전으로 전기를 만들고, 바람이 없지만 해가 날 때는 태양전지로 전기를 만들 수 있으므로 필요한 때 전기를 얻을 수 있다.

**위 제시문을 다음과 같이 정리할 때, 문맥상 (    )에 들어갈 말로 가장 적절한 것은?**

풍력 발전기와 다른 전기 생산 장치를 (      )하면 풍력 발전의 단점을 극복하여 전기를 안정적으로 공급할 수 있다.

① 병용(竝用)    ② 합병(合倂)    ③ 전용(專用)    ④ 결속(結束)    ⑤ 결탁(結託)

**밑줄 친 말의 쓰임이 적절하지 않은 것은?**
① 모름지기 정치가라면 국민의 바람을 응시(凝視)해야 한다.
② 검찰은 이번 사건을 불법 행위로 규정(規定)하고 수사에 나섰다.
③ 이번 주말까지 비가 100mm 더 올 것으로 예측(豫測)되고 있다.
④ 신분 제도는 형식상으로 이미 타파(打破)되었다고 할 수 있다.
⑤ 그 기업은 복잡한 유통 과정을 혁신(革新)하여 가격을 내리는 데 성공했다.

까치발은 발레를 현대 무용이나 여러 가지 춤 양식과 구별짓는 가장 중요한 ㉠기준이다. 그리고 바로 이 까치발에 대한 거부가 발레에서 현대 무용이 갈라져 나오는 계기가 되었다.

**㉠과 바꾸어 쓸 수 있는 단어로 가장 알맞은 것은?**

① 동량        ② 잣대        ③ 기폭제        ④ 버팀목        ⑤ 견인차

• 역사는 어떤 사실에 특정한 의미가 부여되더라도 그것이 개별적 차원을 넘는 전체적인 ㉠틀 안에서 파악되고 해석되지 않는 한, 그것은 개별적 존재의 의미로만 남아 역사적 의미를 가질 수 없다.

• 역사가는 자신의 역사관을 바탕으로 역사를 서술하는 것이다. 역사관에 따라 똑같은 역사적 사실이나 사건이 '진보', '발전'이라는 ㉡틀에서 그 의미가 부여되기도 하고, '반복', '혼동'이란 이름으로 그 의미가 삭제되기도 한다.

**㉠과 ㉡을 글의 흐름에 맞게 적절하게 바꿔 쓴 것은?**

① ㉠-경향 ㉡-체제        ② ㉠-방법 ㉡-의도        ③ ㉠-목표 ㉡-전략
④ ㉠-계획 ㉡-수단        ⑤ ㉠-구조 ㉡-관점

하나의 역사적 사실이 가진 의미는 시대에 따라, 보는 사람의 눈에 따라 변한다. 따라서, 역사의 변화에 일정한 방향이 없으면 인간 사회는 그야말로 바람 부는 대로 물결 치는 대로 갈 수밖에 없으며, 역사의 의미가 바뀌는 데 일정한 기준이 없으면 역사의 해석이야말로 (        ㉠        )가 되지 않을 수 없다. 그렇게 되면 역사의 길, 역사적 발전, 역사적 진리란 말이 있을 수 없으며 역사학 자체도 남아날 수 없다.

**㉠에 들어갈 속담으로 가장 적절한 것은?**
① 누워서 침 뱉기
② 언 발에 오줌 누기
③ 눈 가리고 아웅하기
④ 손바닥으로 하늘 가리기
⑤ 귀에 걸면 귀걸이, 코에 걸면 코걸이

**다음 중 맞춤법이 잘못된 것은?**
① 교실 문을 잘 <u>잠가야</u> 한다.
② 갑자기 웅성대며 <u>지꺼리는</u> 소리가 들려왔다.
③ 이번에 새로 지은 건물의 <u>안팎</u>을 둘러보았다.
④ <u>띄어쓰기</u> 규정에 맞게 우리말을 쓰는 것은 쉽지 않다.
⑤ 어찌나 미안하던지 <u>멋쩍게</u> 머리를 긁적이고 서 있었다.

- 학술 조사, 시장 조사, 여론 조사 등은 목적과 내용의 차이에도 그 성격상 본질은 같다. 즉 전체 (모집단)를 다 조사하는 것이 아니라 일부의 표본 조사를 바탕으로 전체의 결과를 ㉠예측한다는 점이다.
- 적당한 표본의 크기를 ㉡좌우하는 요인은 무엇일까?
- 표본의 대표성 못지않게 어떤 방법으로 원하는 자료를 ㉢수집하는가도 문제이다.
- 유도성 질문이란 도덕적인 가치 판단을 질문에 미리 깔아 놓음으로써 은연중에 원하는 방향으로 답을 유도하는 질문으로 조사자의 주관적 의도나 편견이 그 과정에서 ㉣개입될 수 있다.
- 조사에 대한 안목을 기르는 일은 세상을 보는 ㉤안목을 넓히는 일이 된다.

**㉠~㉤을 대체하기에 적절하지 않은 것은?**

① ㉠: 어림잡아 헤아린다　② ㉡: 마음대로 휘두르는　③ ㉢: 찾아 모으는
④ ㉣: 끼어들　⑤ ㉤: 분별력을

- 영화에 제시되는 시각적 정보는 이미지 트랙에, 청각적 정보는 사운드 트랙에 ㉠실려 있다.
- 영화 속 현실에서 발생한 소리는 모두 '내재 음향'이다. 이러한 음향들은 감독의 표현 의도에 맞게 단독으로, 혹은 적절히 ㉡합쳐져 활용된다.
- 갑자기 의도적으로 소리를 제거한 영상이 나올 때, 관객은 주의를 집중하여 화면을 더 자세히 보게 된다. 이로써 인물이 처한 상황에 ㉢빠져들게 되어 인물의 심리를 더 깊이 이해하게 된다.
- 장면과 장면의 소리가 ㉣겹쳐지게 할 수도 있다. 가령 아침에 알람 소리와 함께 시계로 손을 뻗는 인물의 모습을 제시한 후, 오후에 전화벨 소리와 함께 전화기로 손을 뻗는 동작을 보여주면 두 장면이 자연스럽게 이어진다.
- 목소리를 듣지 않고 표정만으로는 그 내면을 온전히 알기 어렵듯, 음향이 빠진 화면만으로는 관객이 그 화면에 담긴 내적 의미를 ㉤알기 어렵다.

**문맥상 ㉠~㉤을 바꿔 쓰기에 적절하지 않은 것은?**

① ㉠: 수록(收錄)되어　② ㉡: 결합(結合)되어　③ ㉢: 몰입(沒入)하게
④ ㉣: 첨가(添加)되게　⑤ ㉤: 파악(把握)하기

• 소크라테스는 소위 지식 있는 자들의 일방적인 가르침들, 출처가 의심스러운 신탁이나 전언들을 모두 불신했지만 대화만이 진리의 진정한 원천이라고 ㉠보았다.

• 이미 알고 있는 자는 대화하려고 하지 않는다. 단지 가르치려고 말하거나 논쟁에서 싸워 이기려고 ㉡공격하여 말할 뿐이다. 따라서 그들의 대화는 언제나 빤한 것일 수밖에 없었다. 가르쳐 주는 것, ㉢뽐내고 자랑하는 것, 또는 논쟁하여 승복을 받아 내는 것 등으로서.

• "나는 무지한 자"라는 고백과 함께 소크라테스가 즐겨 썼던 말은 "너 자신을 알라."라는 말이었다. 물론 이것은 먼저 ㉣흐트러진 자신을 추스르고 수습하고자 자기에게 던지는 말이었다.

• 대화 당사자 중의 어느 한 쪽이라도 알고 있는 자로 ㉤밝혀지면, 대화는 이제 설득이나 교육의 기술로 전락될 수밖에 없다.

**㉠~㉤을 바꿔 쓰기에 적절하지 않은 것은?**

① ㉠ → 확신했다　　② ㉡ → 논박할　　③ ㉢ → 과찬하는
④ ㉣ → 방만한　　　⑤ ㉤ → 판명되면

• 기업인수합병은 기업 간의 결합 형태에 따라 수평적, 수직적, 다각적 인수합병으로 ㉠나눌 수 있다.

• 수평적 인수합병이 이루어지면 경쟁 관계에 있던 회사가 결합하여 불필요한 경쟁이 줄고 이전보다 큰 규모에서 생산이 이루어지게 되므로 인수합병한 기업은 생산량을 ㉡늘릴 수 있게 된다.

• 수평적 인수합병 이후에 독과점으로 인한 폐해가 ㉢일어날 경우, 이는 규제의 대상이 되기도 한다.

• 수직적 인수합병이 ㉣이루어지면 생산 단계의 효율성이 증가하여 거래비용이 감소하고, 원자재를 안정적으로 공급할 수 있다는 장점이 있다.

• 기업은 인수합병을 통해 사업의 규모를 확대할 수 있다. 그러나 경우에 따라서는 인수합병을 통한 외적인 성장에만 ㉤치우쳐 신기술 연구 등과 같은 내적 성장을 위한 투자에 소홀할 수 있다.

**문맥상 ㉠~㉤과 바꿔 쓰기에 가장 적절한 것은?**

① ㉠: 구분할　　② ㉡: 실현할　　③ ㉢: 촉구될
④ ㉣: 포함되면　　⑤ ㉤: 왜곡되어

언어가 의사 소통의 중심적인 매체로 등장하게 된 것은 언어가 그만큼 완벽하게 정보를 전달할 수 있는 기능을 발휘할 수 있기 때문이다. 비언어적 표현은 단순하고 훨씬 정밀하고 추상적이어서 해독하는 데에 매우 복잡하고 다양한 사고 과정을 ㉠거쳐야 한다. 따라서 고도로 발달된 언어를 사용하기 위해서는 이를 감당할 수 있는 두뇌를 필요로 한다.

**다음은 '거치다'의 의미를 사전에서 찾아 정리한 것이다. ㉠의 의미에 알맞은 것은?**

① [자동사] (무엇에) 걸려 스치다. ¶돌멩이에 거치어 넘어지다.

② [타동사] 어떤 처소를 지나거나 잠깐 들르다. ¶우체국을 거쳐서 학교로 가다.

③ [타동사] 어떤 일을 겪다. 경험하다. ¶수많은 병란을 거친 우리의 역사.

④ [타동사] 어떤 단계를 밟다. ¶대학을 거쳐 대학원에 진학하다.

⑤ [관용구 [관용] 손(을) 거치다.] 어떤 사람을 거치다. ¶중간 상인의 손을 거치다.

서비스 부문은 자본의 축적이나 기술의 진보가 급격한 생산성의 향상을 가져오지 못했다. 오히려 비용을 상승시키는 요인이 되어 적자를 ㉠막을 수 없게 되자 서비스 부문의 가격 상승은 불가피했다. 즉, 가격 상승이 없다면 서비스 부문은 적자가 쌓이고 결국은 생산(서비스 제공)이 감소하여 위축될 수밖에 없는 것이다.

**㉠과 관련하여 다양한 예문에 쓰인 '막다'의 유의어로 적절하지 않은 것은?**

① 차량이 다니지 못하도록 길을 막았다. ⇒ 통제(統制)하다

② 친구들의 싸움을 막느라고 무척 힘들었다. ⇒ 제지(制止)하다

③ 진심에서 우러나오는 호의라면 막지 않겠다. ⇒ 저지(沮止)하다

④ 수질 오염을 막기 위한 환경운동이 벌어졌다. ⇒ 방지(防止)하다

⑤ 상대편의 이번 공격만 제대로 막으면 이긴다. ⇒ 방어(防禦)하다

유교적 전통 안에서 혈연으로 이루어진 공동체를 유지하는 것이 중요한 일이 되면서, 이름은 서열을 나타내는 중요한 징표가 되기도 하였다. 처음 만난 친척도 그 이름만 들으면 그 사람과의 서열 관계를 쉽게 파악할 수 있도록 하기 위해, 항렬을 정해 이름자를 정하는 것도 우리의 전통이 ㉠되었다. '철수', '민수', '영수' 등과 같은 예의 이름이 많은 것은 이러한 사회에서는 그 사람의 특징이나 역할과 상관없이 서열을 표시하는 글자를 중심으로 이름을 지었기 때문이다.

**의미상 ㉠과 유사한 것은?**
① 요즘은 사업이 그럭저럭 <u>되고</u> 있다.
② 그에게 그녀는 삶의 목표가 <u>되었다</u>.
③ 우리 국토의 대부분은 산으로 <u>되어</u> 있다.
④ 이 안(案)에 찬성하는 사람이 50명이 <u>되었다</u>.
⑤ <u>되지</u> 않는 소리 하지 말고 일이나 열심히 해라.

풍속화에서는 자연이 생략되거나 아니면 배경으로 멀리 물러나고 인물이 화면의 중심을 차지한다. 그 인물은 무엇을 관조하거나 감상하는 관념적이고 정태적인 모습이 아니라 삶의 현장에서 힘차게 일하는 인물 군상이다. 그리고 그 인물들 중 대부분은 당시 사회에서 생산 활동을 ㉠<u>맡던</u> 서민 또는 천민인 점도 중요한 내용이다.

**㉠과 유사한 의미로 쓰인 것은?**
① 도서실에 자리를 <u>맡으려고</u> 일찍 학교에 갔다.
② 부모님께 여행을 다녀와도 좋다는 허락을 <u>맡았다</u>.
③ 그가 부탁한 가방을 <u>맡아서</u> 내 방에 잘 보관했다.
④ 아무리 작은 일이라도 <u>맡은</u> 일에 최선을 다해야 한다.
⑤ 그의 말투와 행동에서 그가 범인이라는 냄새를 <u>맡았다</u>.

**다음 중 어휘의 선택이 바르지 않은 것은?**

① 그의 제안에 (<u>동감</u>/교감)하는 사람은 손을 들었다.

② 공포 영화를 보면 전율과 (<u>쾌감</u>/쾌락)을 맛볼 수 있다.

③ 그는 평생 무어라고 (<u>표현</u>/표기)하기 어려운 고통을 겪었다.

④ 그녀는 그때 (<u>간단</u>/간결)하게 식사를 마치고 나를 따라 나섰다.

⑤ 그것은 마음 속에서 깊이깊이 내솟는 (<u>청결</u>/고결)한 눈물이었다.

**문맥을 고려할 때, (    ) 안의 말이 모두 활용될 수 있는 경우가 아닌 것은?**

① 혹시 모르니 전화번호를 알아 (두다/놓다).

② 잠깐 사이에 물건을 다 팔아 (버리다/치우다).

③ 하루 종일 혼자서 정신없이 떠들어 (대다/쌓다).

④ 지금 시간이라면 그가 이미 와 있을 (법하다/만하다).

⑤ 소중하게 다루는 것을 보니 귀한 물건인 (척하다/양하다).

신세대들은 구세대와는 달리, 어떠한 물건을 닳아서 더 이상 쓸 수 없을 때까지 사용하는 경우가 드물다. 더구나 개성이 강한 신세대는 너무 많이 퍼진 유행에 ㉠식상(食傷)해 새로운 것을 추구하게 되므로, 그들은 어느 정도 시간이 지나면 새로운 것을 찾는다. 구세대가 유행을 따르는 것에 익숙한 데 비하여 신세대들은 단순히 유행을 따르는 데 급급하지 않고 새로운 유행을 창조해 내는 것이다.

**㉠과 바꾸어 쓰기에 가장 알맞은 것은?**
① 물려      ② 밀려      ③ 지쳐      ④ 체해      ⑤ 시달려

• 우리들의 삶에는 허상과 실상이 겹쳐 있다. 사물을 보되 어느 한쪽이나 부분만이 아니라 전체를 볼 수 있어야 한다. 꿈은 꿈 자체로서 아름다운 것이지 깨고 나면 허망하다. 그것이 꿈인 줄 알면 거기에 더 ㉠얽매이지 않게 된다.
• 어느 해 봄이던가. 꽃 속에 묻힌 섬진 윗마을을 이리 보고 저리 보면서 터덕터덕 지나가다가, 산자락에 눈에 띄는 외딴 집이 있어 그 오두막에 올라가 보았다. 누가 살다 버리고 갔는지 빈집인데 가재도구들이 여기저기 ㉡흩어진 채였다.

**㉠, ㉡과 바꾸어 쓸 수 있는 표현을 순서대로 바르게 짝지은 것은?**
① 집착(執着)하지 – 산재(散在)한
② 구애(拘碍)받지 – 확산(擴散)된
③ 속박(束縛)받지 – 산적(散積)한
④ 구애(拘碍)받지 – 산발(散發)한
⑤ 속박(束縛)받지 – 분산(分散)된

> • 다소 노골성을 비치는 일이 전무한 것은 아니지만, 대체로 그 초점을 때리지 않고 ( ㉠ ), 은근한 가운데 함축성 있는 표현을 주로 하였다.
>
> • 그때 ( ㉡ ) 오리발만 내밀던 녀석의 소행머리를 생각하니 속에서 다시 열불이 치밀어 오르는 것이었다.

**( ㉠ ), ( ㉡ )에 들어갈 관용어를 순서대로 바르게 짝지은 것은?**

① 변죽을 울리며–딴죽을 걸며
② 변죽을 울리며–본때를 보이며
③ 변죽을 울리며–시치미를 떼며
④ 시치미를 떼며–본때를 보이며
⑤ 시치미를 떼며–변죽을 울리며

**밑줄 친 어휘가 모두 바르게 쓰인 것은?**

① 오늘이 <u>몇 일</u>인지 알려 주세요.
  나는 그 문제를 해결하기 위해 몇 날 <u>며칠</u>을 고민했다.
② 우리는 서로 바빠서 <u>오랜동안</u> 연락하지 못했다.
  정말 <u>오랫만에</u> 편안한 마음으로 휴식을 즐기고 있다.
③ 잠자던 아이가 눈을 <u>부비며</u> 일어났다.
  여름에는 열무김치에 보리밥을 <u>비벼</u> 먹는 것이 일품이다.
④ 상승세를 탄 우리 팀은 상대팀을 <u>밀어붙였다</u>.
  그것은 지금 필요 없으니, 저 구석에 <u>밀어부쳐</u> 놓아라.
⑤ 언니는 <u>홑몸</u>이 아니니까, 태아를 생각해서 조심해야 해!
  내 친구는 부모형제 없는 <u>홀몸</u>이지만, 정말 씩씩하다.

• 의학계에서 사용하고 있는 기술과 도구 중에서 가장 알맞은 것을 선택하여 사용하는 것은 의료인의 지혜요, 능력이며 그러한 혜택을 제한 없이 ㉠누리는 것이 인류의 행복이라고 할 수 있다.

• 의학에 얽힌 현상들을 이해하기 위해 예로부터 많은 기술과 이론을 동원하였다. 어떤 때는 무속의 의식을 이용하기도 하였고, 어떤 때는 종교적 설명을 ㉡이끌어들이기도 하였다.

• 서양 의학에서는 세포의 수가 비정상적으로 ㉢늘어나거나 줄어드는 것이 병적인 상태이다.

• 세포의 변화를 종양, 결손, 염증, 퇴행성 변화로 ㉣나누어 이런 병명이 어디에 생기느냐에 따라 임상적 병명을 붙이게 된다.

• 병의 발생 과정은 가스 파이프에 비유할 수 있다. 처음에는 파이프가 깨끗하고 단단한 상태이나(제 1단계), 가스 파이프에 녹이 슬거나 구멍이 뚫리면 가스가 새게 되고(제 2단계), 이 상태가 지속되면 언젠가는 화재가 ㉤일어나게 될 것이다(제 3단계).

**㉠~㉤을 바꿔 쓴 것 중, 적절하지 않은 것은?**
① ㉠: 공유(共有)하는　② ㉡: 도입(導入)하기도　③ ㉢: 증가(增加)하거나
④ ㉣: 분류(分類)하여　⑤ ㉤: 발생(發生)하게

• 도대체 어떤 행위에 대해서 도덕적인지 아닌지를 ㉠따질 수 있는 것일까?

• 심각한 정신 질환자가 저지른 폭력으로 인해 다른 사람이 위험에 빠졌을 때 이 정신 질환자의 행위를 비도덕적인 것이라고 비난하기는 어렵다. 왜냐하면 이 사람의 행위가 이성의 작용 아래 이루어진 것으로 ㉡볼 수 없기 때문이다.

• 자유의지에 의하지 않고 외부의 심각한 강요나 협박에 의한 행위에 대해 그 행위자는 도덕적 책임으로부터 ㉢벗어날 수 있다. 어떤 운전자가 이성이 작용하는 상태에서 운전을 하다 사고를 내더라도, 그것이 타인에 의해 자유의지가 박탈된 경우라면 그 운전자에게 도덕적 책임을 ㉣물을 수 없다.

• 현대의 일부 심리학자들은 인간의 모든 행위에 대해 그 행위를 ㉤불러일으키는 동기가 존재하며 이것이 인간의 자유의지를 박탈한다고 주장한다.

**문맥상 ㉠~㉤을 바꾸어 쓸 수 있는 말로 적절하지 않은 것은?**
① ㉠: 판단(判斷)할　② ㉡: 간주(看做)할　③ ㉢: 자유(自由)로울
④ ㉣: 전가(轉嫁)할　⑤ ㉤: 유발(誘發)하는

• 어느 항공사에서 특정 구간의 항공료를 50만 원으로 책정했는데, 비행기가 10개의 빈자리를 남겨둔 채 목적지로 출발하게 되었다. 이때, ㉠대기하고 있던 승객이 30만 원을 지불하고 이 비행기를 이용할 용의가 있다고 하면 항공사는 이 승객을 태워주어야 한다. 빈자리에 이 승객을 태워서 추가되는 한계비용은 고작해야 그 승객에게 제공되는 기내식 정도일 것이므로, 승객이 이 한계비용 이상의 항공료를 ㉡지불할 용의가 있는 한, 그 사람을 비행기에 태우는 것이 당연히 이득이기 때문이다.

• 사람들은 이득과 비용을 ㉢비교해서 결정을 내리기 때문에, 이득이나 비용의 크기가 변화하면 선택을 달리하게 된다. 예를 들어 참외 가격이 ㉣상승하면 사람들은 참외 대신 수박을 더 사먹을 것이다. 이와 함께 참외 생산의 수익성이 증가했기 때문에 참외 과수원 주인들은 인부들을 더 고용해서 참외 수확량을 ㉤증대시키고자 할 것이다.

**㉠~㉤을 바꿔 쓴 말로 적절하지 않은 것은?**

① ㉠: 기다리고    ② ㉡: 치를    ③ ㉢: 빗대어서
④ ㉣: 오르면    ⑤ ㉤: 늘리고자

• 20세기에 들어 목적론적 시간성에서 ㉠벗어난 음악들이 나타나기 시작했다.

• 치머만은 시간을 '공' 모양을 하고 있는 것으로 인식했다. 이는 시간이 선적인 진행에서 벗어나 과거, 현재, 미래의 순서가 ㉡달라질 수 있으며, 동시적으로 진행될 수 있다는 것을 의미하였다.

• 복합적인 시간성은 그의 '다원적 작곡 기법'으로 구현되었다. 그는 이 기법을 음악에 나타나는 여러 가지 시간의 층이 ㉢겹친 것으로 설명하였다. 그는 자신의 대표작인 '병사들'에서 역사적으로 의미 있는 음악가들의 악곡 일부를 그대로 자신의 작품에 가져다 쓰는 콜라주 기법을 ㉣써서 서로 다른 시간의 층을 동시에 보여 주었다.

• 음악의 시간성이 작품의 구조와 관련이 있는 만큼, 케이지의 음악에서는 전통적 시간성이 ㉤무너졌다고 볼 수 있다.

**㉠~㉤을 바꿔 쓸 수 있는 말로 적절하지 않은 것은?**

① ㉠: 탈피한    ② ㉡: 변모할    ③ ㉢: 중첩된
④ ㉣: 활용하여    ⑤ ㉤: 와해되었다고

제 **16** 회 · · · · · · · · ·

언어의 기능에 관하여 생각해 보면 듣는 사람으로 하여금 특정 행동을 하도록 하는 기능을 들 수가 있다. 이는 말하는 사람의 마음을 표현한다는 점에서 표현의 기능과 다르지는 않으나, 특히 듣는 사람에게 감화 작용을 하여 실제 행동에 ㉠<u>옮기도록</u> 한다는 점이 다르다.

**다음은 '옮기다'에 대한 사전 풀이의 일부이다. ㉠의 뜻에 해당하는 풀이는?**

① 한 곳에서 다른 곳으로 위치를 바꾸다. ¶환자를 병원으로 ~
② 어떠한 일을 다음 단계로 진행시키다. ¶오랜 계획을 실행에 ~
③ 어떠한 사실을 표현법을 바꾸어 나타내다. ¶느낌을 글로 ~
④ 한 나라의 말이나 글을 다른 나라의 말이나 글로 바꾸다. ¶소월의 시를 영어로 ~
⑤ 발걸음을 한 걸음 한 걸음 떼어놓다. ¶발걸음을 집 쪽으로 ~

동음이의어란 음은 같지만 뜻이 다른 단어들을 말한다. 따라서 단어 간의 의미 관계는 서로 관련이 없으므로 반의어도 달라질 수 있다.

• (예문 1) 어머니를 도와 김장독을 ㉠<u>묻다</u> 보니 옷에 때가 ㉡<u>묻었다</u>.
• (예문 2) 목욕탕에서 안경을 ㉢<u>꼈더니</u> 렌즈에 김이 잔뜩 ㉣<u>끼었다</u>.

**㉠~㉣에 해당하는 반의어를 순서대로 바르게 짝지은 것은?**

① 파내다-지다-벗다-걷히다
② 들추다-비다-빼다-뽑히다
③ 캐내다-파다-뽑다-빠지다
④ 들추다-비다-벗다-걷히다
⑤ 파내다-지다-빼다-빠지다

러시아워 때는 교통량이 갑작스럽게 증가하여 충돌 위험이 높아지고 차량 평균 속도가 줄어든다. 이는 액체의 상태와 유사하다. 이 상태에서 차량이 더 ㉠늘어나 밀도가 더 증가하면 거의 움직일 수 없는 고체 덩어리와 같은 상태가 된다.

**㉠과 문맥적 의미가 유사하게 사용된 것은?**

① 한두 번 하다 보니 거짓말이 차차 늘었다.
② 올해 들어 그 정당의 세력이 많이 늘었다.
③ 한 마리였던 돼지가 지금은 열 마리로 늘었다.
④ 전쟁이 끝난 후 궁핍했던 살림은 차차 늘었다.
⑤ 꾸준한 노력의 결과 그는 실력이 부쩍 늘었다.

기체 상태의 냉매가 다시 액체로 바뀔 때는 열을 방출한다. 냉장고 뒤에 있는 파이프들은 이 열을 식히는 장치이다. 그래서 냉장고에는 냉매와 파이프, 그리고 모터가 반드시 필요하다. 그런데 요즘에 일반 냉장고와는 달리 이런 장치가 없는 냉장고가 인기를 ㉠끌고 있다. 대신 이 냉장고에는 '열전반도체'가 있다.

**㉠과 문맥적 의미가 가장 유사한 것은?**

① 홍섭이는 자동차를 끌고 고향에 갔다.
② 경태는 긴 청바지를 질질 끌고 다녔다.
③ 명규는 상길이를 끌고 식당에 들어갔다.
④ 승현이는 일을 끝내지 않고 미적미적 끌었다.
⑤ 덕주는 잘생긴 외모 때문에 남들의 눈길을 끌었다.

**문맥에 맞는 어휘를 바르게 선택하지 못한 것은?**
① 비로 인해 출발 날짜가 내일로 (변경/변형)되었다.
② 그녀는 다락방에서 아버지의 유품을 (발견/발굴)하였다.
③ 그녀의 연설은 청중의 뜨거운 (부응/호응)을 불러일으켰다.
④ 그는 고개를 끄덕여 처녀에게 (동조/방조)하는 태도를 보였다.
⑤ 그는 다른 사람과 상의 없이 (독선/독단)으로 일을 처리했다.

> • 동조(同調) - 남의 주장에 자기의 의견을 일치시키거나 보조를 맞춤.
> • 방조(幇助) - 『법률』 형법에서, 남의 범죄 수행에 편의를 주는 모든 행위.
> • 협조(協調) - 1.힘을 합하여 서로 조화를 이룸. 2.생각이나 이해가 대립되는 쌍방이 평온하게 상호 간의 문제를 협력하여 해결하려 함.

**제시문을 근거로 할 때, 단어의 쓰임이 적절하지 않은 것은?**
① 마을 사람들은 이장의 의견에 동조했다.
② 회사 발전을 위해 노사가 서로 방조해야 한다.
③ 고개를 끄덕여 그에게 동조하는 태도를 보였다.
④ 그는 그 사건을 방조한 혐의로 전국에 수배되었다.
⑤ 업무 추진을 위해 관계 부처와 긴밀하게 협조해야 한다.

그리스 인과 로마 인들이 지어낸 수많은 신화는 그들의 사고 방식과 예술 작품을 이해하는 데 역사만큼이나 중요하다. 인간이 경험할 수 있는 범위를 ㉠뛰어넘은 것도 있기는 하지만, 그들의 신화는 그리스와 로마의 사회 제도 및 구조와 매우 복잡하게 얽혀 있기 때문이다.

**㉠과 바꿔 쓰기에 가장 적절한 것은?**
① 초월(超越)한
② 초탈(超脫)한
③ 초극(超克)한
④ 초연(超然)한
⑤ 초과(超過)한

사람들은 부드러워서 연약하고 불에 타 버려서 깨끗이 연소가 되는 나무나 흙보다는, 더 강하고 단단한 강철과 쇠붙이의 시대로 옮겨왔다. 이것을 발전이라고 하면서, 사람들은 나무나 흙의 본성을 점차 ㉠잊어 가는 것일까? 흙에서 태어나 죽어서 다시 흙으로 돌아갈 사람이 흙의 본성을 ㉡잊어 가면서, 도리어 강철과 쇠붙이의 성질을 닮아 가니, 어찌 소란스럽고 잔혹한 사건이 빈발하지 않겠는가? 이런 생각으로 이 시대를 이해하려고 애쓰지만 하도 끔찍스런 사건이 자주 일어나니 무서워서 어찌 살 수가 있겠는가 말이다. 강철 시대라서 사람들의 마음도 강철같이 쇠붙이같이 차갑고 냉혹스러워 이러할까?

**㉠, ㉡과 바꾸어 쓸 수 있는 말을 순서대로 바르게 짝지은 것은?**
① 망각(忘却)하는-상실(喪失)해 가면서
② 회피(回避)하는-파괴(破壞)해 가면서
③ 기피(忌避)하는-분실(紛失)해 가면서
④ 외면(外面)하는-유실(流失)해 가면서
⑤ 배척(排斥)하는-소실(消失)해 가면서

사회복지 찬성론자들은 문제들의 근원에 자유 시장 경제의 불완전성이 있으며, 이러한 사회적 병리 현상을 해결하기 위해서는 국가의 역할이 더 강화되어야 한다고 주장한다. 예컨대 구조 조정으로 인해 대량의 실업 사태가 생겨나는 경우를 생각해 볼 수 있다. ㉠이 과정에서 생겨난 희생자들을 방치하게 되면 사회 통합은 물론 지속적 경제 성장에 막대한 지장을 초래할 것이다. 따라서 사회가 공동의 노력으로 이들을 구제할 수 있는 안전망을 만들어야 하며, 여기서 국가의 주도적 역할은 필수적이라 할 것이다.

**속담을 활용하여 ㉠의 의미를 적절하게 표현한 것은?**
① 선무당이 사람 잡을 수도 있다는 말이다.
② 빈대 잡으려다 초가삼간 태울 수도 있다는 말이다.
③ 호미로 막을 것을 가래로 막게 될지도 모른다는 얘기다.
④ 남의 잔치에 감 놓아라 배 놓아라 할 수는 없다는 말이다.
⑤ 염불에 전념해야지 잿밥에 관심을 두어서는 안 된다는 것이다.

## 10 적절한 어휘 선택

**다음 중 어휘의 선택이 적절하지 않은 것은?**
① 어머니, 축구 좀 하다가 집에 가도 (돼요, 되요)?
② 손전등으로 그의 얼굴을 (비쳤다, 비췄다).
③ 인원을 (늘려, 늘여) 일을 빨리 마쳐라.
④ 입맛을 (돋우는, 돋구는) 음식을 보니 시장기가 느껴진다.
⑤ 밤을 새워 공부하려니 힘이 (부친다 , 붙인다).

• 일상에서 우리는 별개의 대상을 같은 이름으로 ㉠지칭하는 경우가 있다.
• 생물이라는 말의 경우 '생명을 가지고 생활 현상을 영위하는 존재'가 내포가 된다. 반면 외연은 그 개념이 ㉡지시할 수 있는 대상 전체의 범위를 가리킨다.
• 사람이 새로운 경험을 할 때마다 그 경험을 개별적인 속성에 기초해서 독특한 것으로 지각한다면 엄청나게 다양한 경험에 ㉢압도당할 것이며, 접하는 것들의 대부분을 기억할 수 없을 것이다.
• 범주화는 사물이나 현상들과 관련 있는 이후의 일들을 ㉣예상할 수 있게도 해 준다.
• 범주화는 인류가 오랫동안 지식을 ㉤축적해 온 방법으로 유용한 도구이다.

### ㉠～㉤의 사전적 의미로 적절하지 않은 것은?

① ㉠: 어떤 대상을 가리켜 이르는 일.
② ㉡: 가리켜 보임.
③ ㉢: 보다 뛰어난 힘이나 재주로 남을 눌러 꼼짝 못하게 함.
④ ㉣: 어떤 일을 직접 당하기 전에 미리 생각하여 둠.
⑤ ㉤: 보호하고 간수해서 남김.

• 몽테스키외는 동양의 유교 사회를 합리성이 ㉠결여된 사회로 판단하였다.
• 경국대전은 왕의 절대적인 권한을 ㉡용인하지 않고 법에 의해 운영되는 데 그 역할을 다했다.
• 경국대전 편찬에 참여한 최항은 백성들을 옥죄어 오로지 상벌로만 다스리는 것은 유교의 이상에 ㉢부합하지 않는다고 생각하였다.
• 경국대전에는 사형을 집행할 때에는 상황을 ㉣참작할 자료가 있는지 조사하고 충분한 논의 후 형량을 조정하여 왕이 최종적인 판결을 내려야 한다는 '삼복 제도'가 명시되어 있다.
• 경국대전에서는 세금을 거두는 기준을 명확하게 제시하여 합리적으로 세금을 ㉤징수하도록 하였다.

### ㉠～㉤의 사전적 의미로 적절하지 않은 것은?

① ㉠: 마땅히 있어야 할 것이 빠져서 없거나 모자람.
② ㉡: 너그럽게 받아들여 인정함.
③ ㉢: 사물이나 현상이 서로 꼭 들어맞음.
④ ㉣: 앞으로의 일을 미리 헤아림.
⑤ ㉤: 조세, 벌금 따위를 국민에게서 거두어들임.

• 전기식 집진 방식은 인위적으로 발생시킨 전자를 먼지나 유해 물질에 ㉠흡착하게 만든 후 이들을 집진판에 ㉡포집함으로써 오염 물질을 걸러내는 방식이다.

• 오염 물질 제거 과정은 같지만 집진판을 ㉢세정하는 방식에 따라 전기 집진기는 건식과 습식으로 구분되며 국내 발전소에 설치, 운전 중인 집진기는 거의 대부분이 건식 전기 집진기이다.

• 습식 전기 집진 장치의 본체는 그 형태가 다양하지만 원통형 집진 장치를 예로 들면, 우선 본체의 ㉣하부에는 오염된 가스가 유입되는 통로가, 상부에는 오염 물질이 걸러져 깨끗해진 공기를 ㉤배출하는 통로가 각각 연결되어 있다.

**㉠~㉤을 바꾸어 쓴 말로 적절하지 않은 것은?**

① ㉠: 스며들게      ② ㉡: 모음으로써      ③ ㉢: 깨끗하게 씻는

④ ㉣: 아래쪽 부분에는      ⑤ ㉤: 밀어 내보내는

• 개인적 자유주의자들의 생각에는 공동체적 도덕의식이 들어설 ㉠여지가 없다.

• 공동체주의자의 한 사람인 맥킨타이어는 아리스토텔레스의 목적론적 윤리학의 ㉡복권을 통해 개인적 자유주의를 극복하려고 시도한다.

• 맥킨타이어는 덕이 실천 활동을 통해 획득될 수 있다고 말한다. 이때 실천은 그 활동에 ㉢내재하고 있는 선들이 그 활동을 통해 실현되도록 하는 것을 의미한다.

• 실천에서 왜 공동체성이 중요한 의미를 갖는가? 이를 설명하기 위해 맥킨타이어는 삶을 '이야기' ㉣양식으로 이해할 것을 제안한다.

• 맥킨타이어는 공동체적 도덕의식의 중요성을 ㉤환기시킬 수 있는 근거를 마련해 준다.

**㉠~㉤의 사전적 의미로 적절하지 않은 것은?**

① ㉠: 어떤 일을 하거나 어떤 일이 일어날 가능성이나 희망.

② ㉡: 일정한 자격이나 권리를 한 번 상실한 사람이 이를 다시 찾음.

③ ㉢: 어떤 사물이나 범위의 안에 들어 있음.

④ ㉣: 뛰어난 식견이나 건전한 판단.

⑤ ㉤: 주의나 여론, 생각 따위를 불러일으킴.

인터넷 쇼핑몰에서 물건을 살 때, 다른 사람이 내 컴퓨터와 인터넷 쇼핑몰의 컴퓨터 사이에 오고 가는 정보를 읽어서 내가 입력한 신용 카드 정보를 ㉠빼내면 어쩌나 하고 걱정하는 사람이 많다. 그러나 공개키 암호화 방식을 이용하면 정보를 주고받는 당사자 이외에는 그 정보를 볼 수 없도록 할 수 있다.

### 국어사전에서 ㉠의 의미를 바르게 찾은 것은?

① 박혀 있거나 끼워져 있는 것을 뽑다.

② 여럿 가운데에서 필요한 것 혹은 불필요한 것만을 골라내다.

③ 남의 물건 따위를 돌려내다.

④ 남을 꾀어서 나오게 하다.

⑤ 얽매인 사람을 자유롭게 해 주다.

'다의어'는 의미상으로 관련되어 있다고 생각되는 두 가지 이상의 뜻을 갖는 단어를 말한다. 다의어의 다양한 의미를 구별하는 방법 중에 하나는 비슷한 말로 바꾸어 보는 것이다.

### 제시문을 참고할 때, 밑줄 친 단어의 해석이 적절하지 않은 것은?

① 내가 생각하는 군인은 그런 것이 아니다. ⇒ 머리에 떠올려 그려보다 (상상하다)

② 나는 그의 결정이 전적으로 옳았다고 생각한다. ⇒ 요소나 성질을 가르다 (분석하다)

③ 김씨의 체면을 생각해서 더 이상 언급하지 않는다. ⇒ 마음에 두고 헤아리다 (고려하다)

④ 삼십 년도 더 되는 옛일을 생각하고 있다. ⇒ 기억을 살려 머리에 떠올리다 (회상하다)

⑤ 선생님은 나를 무척 온순한 학생으로 생각하고 있다. ⇒ 그렇다고 여기다 (간주하다)

고자(告子)는 장인(匠人)이 버드나무로 바구니를 만들 때 버드나무 속에 본래 바구니가 들어 있지 않은 것처럼, 인간의 본성에는 선이나 악의 성질이 들어 있지 않다고 하였다. 장인의 손길로 버드나무에서 바구니가 만들어지는 것처럼, 인간의 선은 교육과 훈련을 통해서 만들어진다고 ⊙<u>보았다</u>.

### ⊙의 문맥적 의미와 가장 유사하게 쓰인 것은?

① 그는 상대를 만만하게 <u>보았다</u>.
② 그녀는 음식점에서 맞선을 <u>보았다</u>.
③ 나는 친구와 영화를 재미있게 <u>보았다</u>.
④ 철수는 어제 엄마와 함께 시장을 <u>보았다</u>.
⑤ 내 친구는 물건을 팔아 이익을 많이 <u>보았다</u>.

우리 헌법 제1조 제2항은 "대한민국의 주권은 국민에게 있고, 모든 권력은 국민으로부터 나온다."라고 규정하고 있다. 이 규정은 국가의 모든 권력의 행사가 주권자인 국민의 뜻에 따라 이루어져야 한다는 의미로 해석할 수 있다. 따라서 국회의원은 지역구 주민의 뜻에 따라 입법해야 한다고 생각하는 사람이 있다면, 그는 이 조항에서 근거를 ⊙<u>찾으면</u> 될 것이다.

### ⊙의 문맥적 의미와 가장 가까운 것은?

① 누나가 문제 해결의 실마리를 <u>찾았습니다</u>.
② 아버지는 이 약을 복용하고 생기를 <u>찾았습니다</u>.
③ 그는 잃어버린 권리를 <u>찾기</u> 위한 활동을 계속했다.
④ 형은 자신의 적성에 맞는 직업을 <u>찾으려</u> 노력했다.
⑤ 그들은 자신의 안일과 이익만을 <u>찾다가</u> 화를 입었다.

**문맥에 가장 잘 어울리는 어휘를 고른 것으로 적절하지 않은 것은?**

겸재 정선은 가세가 (①몰락한/전락한/타락한) 양반 가문 출신이다. 어려서부터 그림에 (특출한/탁월한/②각별한) 재주가 있었던 그는 벼슬길에 올라 화가로서는 드물게 (개혁적/③파격적/혁신적)으로 높은 벼슬을 지냈다. 또한 예술을 즐기는 당대의 문인들과도 가깝게 지냈는데, 이는 그의 작품 세계를 넓히는 (견인력/구심력/④원동력)이 되었다. 그의 작품 세계는 정선 화풍의 형성기인 50대 전반까지의 제1기, 정선 화풍의 완성기인 60대 후반까지의 제2기, 세련미의 절정을 이루는 80대까지의 제3기로 구분되는데, 말년으로 갈수록 그 깊이가 더해져 (능숙한/⑤완숙한/정숙한) 경지를 보여준다.

㉠'아니(안)'와 '못'은 부정어이면서 의지와 능력의 표현이라는 점에서 미묘한 차이가 있다. 미혼녀가 말하는 "시집 안 갔다."와 "시집 못 갔다."의 차이가 바로 그것인데, 이 경우에도 우리는 능력의 유무를 나타내는 '못'에 더 호의적인 반응을 보인다. 대개의 여성들이 자존심을 위해 의지의 표현인 '안 갔다' 쪽을 택하지만, 듣는 이의 입장에서는 '못 갔다' 쪽에 훨씬 더 동감을 나타낸다. 그만큼 솔직하고 겸손하다는 인상을 줄 뿐만 아니라 가고 싶어도 못 갔으니 언제든 마땅한 임자를 만날 수 있으리라 기대하기 때문이다.

**㉠과 같이 의미의 차이를 보이는 단어의 사용이 적절하지 않은 것은?**

① 쌍둥이인데도 모습이 달랐다. / 네가 한 계산이 틀렸다.
② 선생님께서 학생을 칭찬하셨다. / 그는 영웅으로 칭송받았다.
③ 축제의 주관 부서가 어디입니까? / 인천시 주최 백일장에 참가하자.
④ 용수철을 늘여 탄력을 시험해 보자. / 점심시간을 늘려 주세요.
⑤ 아파트의 베란다를 확대 공사했다. / 그 일을 너무 확장시키지 마.

## 07    적절한 어휘 대체

어떠한 종류의 욕망을 갖는가 하는 것과 또 어떻게 욕망을 통제하는가 하는 것은 도덕적으로 대단히 중요한 문제가 된다. 단적으로 말하면 도덕의 가장 기본적인 문제는 '마땅히 해야 하는 것을 행하는' 문제라고 할 수 있다. 이렇게 보면 도덕의 문제는 결국 좋은 욕망을 갖는 문제이고 또한 욕망을 적절히 통제하는 문제로 ㉠되돌아올 수밖에 없다. 하지만 세상에는 '해야 하지만 하기 싫은' 것도 있고, '하지 말아야 하지만 하고 싶은' 것도 있다. 그래서 욕망의 통제가 중요한 도덕적 과제가 된다.

**㉠과 바꾸어 쓰기에 가장 적절한 것은?**

① 귀납(歸納)될                ② 귀착(歸着)될                ③ 귀환(歸還)할
④ 반환(返還)될                ⑤ 환원(還元)될


## 08    적절한 어휘 대체

1996년 최초의 복제 동물인 복제양 돌리가 태어난 후 체세포복제술은 생명공학의 핵심 분야가 됐다. 이 방법에 의해 1998년 일본에서 복제소, 미국에서 복제쥐가 태어났고 1999년에는 미국과 캐나다에서 동시에 복제염소가 선보였다. 우리 나라에서는 서울대 수의학과 연구팀이 1999년 복제젖소 영롱이와 복제한우 진이를 연달아 탄생시켰고 2002년에는 경상대 축산 과학부 연구팀이 복제돼지를 선보였다. 우리 나라도 복제 선진국에 ㉠비해 전혀 뒤지지 않는 기술 수준을 보유하고 있다고 평가된다.

**㉠과 바꾸어 쓰기에 알맞은 것은?**

① 비견(比肩)할 만한          ② 유추(類推)할 만한          ③ 비례(比例)할 만한
④ 유도(誘導)할 만한          ⑤ 비준(比準)할 만한

'손'은 우리 신체의 일부를 나타낼 때 사용하는 단어이지만, 씀씀이나 사람간의 관계 등과 같은 의미를 나타내기도 한다. 특히 사람이 일을 하는 솜씨나 처리 속도에 대해 이야기할 때 '손'과 관련된 관용 표현을 쓰는 경우가 많은데, 솜씨가 좋은 경우와 나쁜 경우, <u>일을 처리하는 속도가 빠른 경우</u>와 느린 경우로 구분할 수 있다.

**제시문의 밑줄 친 부분의 용례로 가장 적절한 것은?**

① 이제부터는 나쁜 친구들과 <u>손을 끊어라</u>.
② 제가 <u>손이 서툴러서</u> 일을 망쳤으니 어쩌면 좋아요.
③ 철수는 <u>손이 여물어서</u> 어려운 일도 잘 마무리합니다.
④ 영수 엄마는 <u>손이 재서</u> 음식을 금방 만들어 내왔습니다.
⑤ <u>손이 뜬</u> 민수만 빼놓고 다른 사람은 모두 작업을 끝냈습니다.

우리말에서는 뜻이 같으면서 형태가 다른 낱말들이 있을 때, 그 쓰임의 범위 차이가 크게 나지 않는다면 모두 표준어로 삼고 있다. 가령, '신'과 '신발'은 쓰임의 범위가 비슷하므로 모두 표준어이다. 이를 가리켜 '복수 표준어'라 한다.

**제시문의 설명에 해당하지 않는 것은?**

① 천둥 / 우레       ② 나귀 / 당나귀       ③ 옥수수 / 강냉이
④ 자물쇠 / 자물통       ⑤ 선머슴 / 풋머슴

• 재화를 생산하기 위해서는 생산에 필요한 요소를 사용해야 하고, 요소를 사용하려면 대가를 ㉠치러야 한다.

• 소득의 불균등이 심화될 경우 소득 계층 간에 갈등이 생겨 사회 발전을 ㉡가로막을 수 있다. 그래서 많은 국가에서는 소득의 재분배를 통해 이를 ㉢고치려고 한다.

• 국가의 소득 재분배 정책이 완전하지 못하여 시행하는 과정에서 비효율이 ㉣생길 수도 있다.

• 사회 구성원 모두가 자신이 어떤 소득 계층에 속할지 모르는 상태에서 소득을 분배한다면, 구성원들은 자신이 최하위 소득 계층에 속할지도 모른다는 생각에 불안해할 것이다. 롤스에 의하면 이 경우 구성원들은 최하위 소득 계층에 최대한의 혜택을 주려고 한다는 것이다. 그래서 롤스는 최하위 소득 계층에 소득을 ㉤넘겨주어야 한다고 말한다.

**㉠~㉤을 바꾸어 쓴 말로 적절하지 않은 것은?**

① ㉠: 지불(支拂)해야　　② ㉡: 저해(沮害)할　　③ ㉢: 개선(改善)하려고

④ ㉣: 발생(發生)할　　⑤ ㉤: 전가(轉嫁)해야

• 사르트르는 '이미지 이론'을 통해 상상 세계를 제시하면서 근대 철학자들의 견해에 반대하는 입장을 ㉠드러냈다.

• 사르트르는 실재 세계와 상상 세계는 지각과 상상이라는 인식 방법의 차이에 따라 달리 인식되는 것이라 설명한다. 이는 두 세계가 존재하는 것이 아니라 현실 세계를 지각에 의해 인식하기도 하고 상상에 의해 이미지로 인식하기도 한다는 것을 ㉡뜻한다.

• 사르트르는 이전까지 실재 세계에 속한 영역이자 열등한 복사물 정도로 ㉢여겨져 왔던 이미지를 실재 세계에서 완전히 독립하여 상상 세계에서 이루어지는 정신 의식으로 규정하였다.

• 대상을 비추는 조명의 색이 ㉣달라지면 실재 세계에서 지각되는 색채는 그에 따라 달라진다.

• 예술가는 자신이 지각한 그대로를 완벽하게 표현하려 ㉤애쓰지만 실재 세계에서 인식되는 대상은 계속 변화하기 때문에 결국 지각에 의한 재현에는 어려움이 생길 수밖에 없다.

**문맥상 ㉠~㉤과 바꿔 쓰기에 적절하지 않은 것은?**

① ㉠: 표명했다　　② ㉡: 의미한다　　③ ㉢: 간주되어

④ ㉣: 변화하면　　⑤ ㉤: 피력하지만

- 순자의 수양론에는 인간이 이상적 상태에 이르기 위해 어떤 노력을 ㉠경주(傾注)해야 하는지가 제시되어 있다.
- 순자에 따르면 '심(心)'은 불안정하여 외부 사물에 방해를 받아서 ㉡편견(偏見)에 빠지기 쉽다.
- 심이 일의 상태에 이르게 되면, 여러 가지 사물을 서로 ㉢혼동(混同)하지 않게 된다.
- 심은 '허일정'을 통해, 편견을 극복하고 도를 ㉣인식(認識)하여 사태를 올바르게 판단하는 상태에 이를 수 있다. 순자는 인간이 특별한 능력을 선천적으로 갖추었다고 해서 성인이 되는 것이 아니라, 끊임없이 수양에 ㉤정진(精進)할 때 성인이 될 수 있다고 보았다.

### ㉠~㉤의 사전적 의미로 적절하지 않은 것은?

① ㉠: 힘이나 정신을 한곳에만 기울임.
② ㉡: 공정하지 못하고 한쪽으로 치우친 생각.
③ ㉢: 구별하지 못하고 뒤섞어서 생각함.
④ ㉣: 사물을 분별하고 판단하여 앎.
⑤ ㉤: 여럿 가운데서 앞서 나아감.

- 상품의 종류가 달라서 타인의 동일하거나 유사한 상표의 사용이 혼동을 일으키지 않는다면, 상표권이 침해받지 않은 것이므로 그 행위를 ㉠규제할 수 없다.
- 누군가가 '아사달' 구두를 만들어 팔 경우, '아사달' 구두는 '아사달' 가방의 상표를 ㉡침해한 것인가?
- 희석화 이론에 의하면 '아사달'이라는 상표의 이미지는 큰 타격을 받고 상표 가치가 심각하게 ㉢훼손될 수 있다. 나아가 '아사달' 가방의 매출이 떨어질 가능성도 ㉣배제할 수 없다.
- '상품 손상에 의한 희석'은 타인이 유명 상표를 부적절하거나 혐오감을 느끼게 하는 방법으로 사용함으로써, 해당 상표의 긍정적인 이미지를 ㉤손상시키는 것을 의미한다.

### ㉠~㉤을 활용하여 짧은 글짓기를 해 보았다. 적절하지 않은 것은?

① ㉠: 환경 보호를 위하여 비닐 봉투의 사용이 규제되어 왔다.
② ㉡: 심한 폭격으로 전파가 침해되어 통신이 두절되었다.
③ ㉢: 그가 뜻 없이 던진 말로 인해 나의 명예가 훼손되었다.
④ ㉣: 김 부장을 배제하고 일을 하면 성공을 장담할 수 없다.
⑤ ㉤: 공주의 철없는 행동으로 왕의 위엄은 손상을 입었다.

제 **18** 회 ‧ ‧ ‧ ‧ ‧ ‧ ‧ ‧ ‧ ‧ ‧ ‧

**밑줄 친 단어 중 '넘침'과 '모자람'의 의미가 모두 있는 것은?**

① 참석자의 <u>과반수(過半數)</u>가 그 안건에 찬성하였다.

② 수도권에 인구가 <u>과다(過多)</u>하게 집중되고 있다.

③ <u>과도(過度)</u>한 지출로 파산 지경에 이르렀다.

④ <u>과소비(過消費)</u>를 근절할 필요가 있다.

⑤ <u>과부족(過不足)</u>이 없이 꼭 들어맞다.

'긁다'는 본래 '머리를 긁다'에서처럼 구체적인 행동을 가리키지만, 때로는 그 의미가 확장되어 '자존심을 긁다'에서처럼 추상적인 행동이나 상태를 나타낸다. 이와 같이 다의어는 기본적 의미와 <u>확장된 의미</u>를 지닌 단어이다.

**다음 밑줄 친 단어 중, 제시문의 '확장된 의미'로 쓰이지 않은 것은?**

① 책만 <u>파던</u> 사람이 세상 물정을 알겠니?

② 대학을 졸업한 아들이 취직을 해서 한시름 <u>덜었다</u>.

③ 그가 이를 얼마나 심하게 <u>갈던지</u> 잠을 잘 수가 없었다.

④ 한번 <u>먹은</u> 마음이 변하지 않도록 하자.

⑤ 친구는 나의 부탁을 딱 <u>잘라</u> 버렸다.

밀폐된 용기 속에 물을 담아 두면 물 분자들은 표면에서 일정한 속도로 증발한다. 이 과정에서 액체 상태의 물이 기체 상태로 변하기 때문에 물의 양은 점점 줄어든다. 그렇지만 일정 시간이 지나면 물의 양은 더 이상 줄어들지 않는다. 그 이유는 물에서 증발하는 분자 수와 물로 ㉠돌아오는 분자 수가 같아지기 때문이다.

**밑줄 친 단어 중 ㉠과 문맥적 의미가 가장 유사한 것은?**

① 그는 원래 있던 자리로 다시 <u>돌아왔다</u>.
② 이제 곧 내가 발표할 차례가 <u>돌아온다</u>.
③ 나는 지름길을 두고 먼 길을 <u>돌아왔다</u>.
④ 우리 부서에 <u>돌아온</u> 것은 비난뿐이었다.
⑤ 모퉁이를 <u>돌아오면</u> 처음에 보이는 집이 우리 집이다.

과학자들은 섭씨 영하 100℃ 이하의 얼음 알갱이 표면에서도 화학 반응이 일어난다는 사실을 입증하고 있다. 그동안 이런 극저온에서의 화학 반응은 거의 일어나지 않으며, 그런 사실 또한 알려진 게 거의 없었다. 극저온의 얼음 표면에서 일어나는 화학 반응은 오랜 시간에 ㉠걸쳐 우주를 구성하고 있는 물질의 진화 과정에 큰 영향을 미쳤을 것으로 추정되고 있다.

**㉠의 쓰임과 가장 유사한 것은?**

① 사다리를 철봉에 <u>걸쳐</u> 놓았다.
② 빨랫줄이 마당에 <u>걸쳐</u> 있었다.
③ 해가 서산 마루에 <u>걸쳐</u> 있었다.
④ 그는 여러 차례에 <u>걸쳐</u> 설득했다.
⑤ 그는 누더기를 <u>걸쳐</u> 입고 나갔다.

• 능력에 (      )한 대우를 받다.

• 그는 식성이 아버지와 (      )하다.

• 태풍 피해 현장은 전쟁터를 (      )케 했다.

• 그의 얼굴 생김새는 자기 아버지와 매우 (      )하다.

**빈 칸 어느 곳에도 들어갈 수 없는 것은?**

① 흡사          ② 백중          ③ 방불          ④ 유사          ⑤ 상당

• 반듯하다[1][−드타−]

㉠작은 물체, 또는 생각이나 행동 따위가 비뚤어지거나 기울거나 굽지 아니하고 바르다.

㉡ 생김새가 아담하고 말끔하다.

• 번듯하다[−드타−]

㉠ 큰 물체가 비뚤어지거나 기울거나 굽지 않고 바르다.

㉡ 생김새가 훤하고 멀끔하다.

㉢ 형편이나 위세 따위가 버젓하고 당당하다.

**제시문을 참고하여, 쓰임이 자연스러운 단어에 밑줄을 그어 보았다. 적절하지 않은 것은?**

① 나는 농사만은 (<u>반듯하게</u>/번듯하게) 해낼 수 있다.

② 그 신랑은 이목구비가 (반듯하게/<u>번듯하게</u>) 생겼다.

③ 모자를 비뚤게 쓰지 말고 (<u>반듯하게</u>/번듯하게) 써라.

④ 그는 이미 주견이 (<u>반듯한</u>/번듯한) 성인으로 성장해 있었다.

⑤ 고래 등 같은 기와집이 (반듯하게/<u>번듯하게</u>) 자리 잡고 있다.

어떤 언어 형식이 단어인가 아닌가를 ㉠판별하는 일은 그리 단순하지 않다. 학자에 따라서는 어절을 단어로 보기도 하며 더 분석된 단위를 단어로 취급하기도 한다.

**문맥상 ㉠과 바꿔 쓸 수 있는 말로 가장 적절한 것은?**

① 가려내는          ② 뽑아내는          ③ 골라내는          ④ 끌어내는          ⑤ 갈라내는

사회윤리, 즉 사회 기본 구조의 도덕성이 중요시되어야 할 이유는, 사회의 기본 구조가 개인의 성격을 형성하는 ㉠기반이고, 욕구의 종류와 형태까지도 결정하는 틀로서의 지대한 영향력을 갖고 있기 때문이다.

**㉠을 대신할 수 있는 표현으로 적절한 것은?**

① 동맥(動脈)                    ② 모태(母胎)                    ③ 현미경(顯微鏡)

④ 나침반(羅針盤)                ⑤ 분수령(分水嶺)

우리의 차기 산업은 이제 나노 기술 경쟁력에 달렸다고 해도 과언이 아니다. 다음 두 가지의 필수 조건만 충족된다면, 공학적, 산업적 발전이 지속될 것으로 믿어 의심치 않는다. 첫째, 화학 공학과 화공 산업 분야에 우수한 인재들이 많이 모여야 한다. 둘째, 대학과 정부, 기업이 세계 최고의 수준을 유지하는 것만이 21세기 문명 대열에서 낙오하지 않는다는 사실을 명심하고 ㉠한 점의 소홀함 없이 교육과 정부 정책, 산업 전략을 마련하여 수행하여야 할 것이다.

**㉠과 가장 관련이 깊은 한자 성어는?**

① 유비무환(有備無患)    ② 견강부회(牽强附會)    ③ 청출어람(靑出於藍)

④ 부화뇌동(附和雷同)    ⑤ 결자해지(結者解之)

비속어(卑俗語)는 격이 낮아 속되거나 상스러운 느낌을 주는 말이다. 예컨대 '아가리', '주둥이'를 동물(물고기)에게 사용한다면 비속어가 아니지만, 사람의 '입' 대신에 사용한다면 비속어에 해당한다. 이밖에 '신세를 망치다'를 '조지다'로 표현하는 것 등이 있다. 소설에서는 생생한 삶의 현장을 담아내거나 인물의 성격을 형상화하기 위한 방법으로 이와 같은 비속어를 사용하기도 한다.

**제시문에서 설명한 '비속어'로 적절한 것은?**

① 고등어의 눈깔이 희번덕거렸다.

② 너스레깨나 떤다고

③ 생떼를 부리듯 도리도리를 치면서

④ 소갈머리가 그렇게 좁아

⑤ 오장육부가 찢어지는

---

- 역법의 ㉠운용과 역서의 발행은 나라를 다스리는 중요한 통치 행위였다.
- 세종은 즉위 초부터 수시력에 대한 이해를 높이려고 애썼고 마침내 수시력에 ㉡통달했다고 자부했다.
- 세종은 오차가 발생하자 *추보의 방법과 내용을 꾸준히 ㉢정비했다.
- 역법의 확립으로 조선은 유교적 이념을 만족스럽게 ㉣실현할 수 있는 체계를 갖추었다.
- 〈칠정산 내편〉, 〈정향력〉 등은 자국의 고유한 역법을 ㉤확립하고자 했던 열망의 소산이다.

---

### ㉠~㉤의 사전적 의미가 바르지 않은 것은?

① ㉠: 무엇을 움직이게 하거나 부리어 씀.

② ㉡: 예리한 관찰력으로 사물을 꿰뚫어 봄.

③ ㉢: 흐트러진 체계를 정리하여 제대로 갖춤.

④ ㉣: 꿈, 기대 따위를 실제로 이룸.

⑤ ㉤: 체계나 견해, 조직 따위가 굳게 섬. 또는 그렇게 함.

---

- 모더니즘 예술가들은 예술의 순수성과 독자성을 강조하여 서로 다른 문화 간의 양식이나 이미지 ㉠차용을 거부했다.
- 이데오그램은 사회가 공유하는 사진의 ㉡전형적 스타일을 의미한다.
- 볼탕스키는 아마추어 사진을 오브제로 활용하여 감상자로 하여금 오랫동안 ㉢고착화된 사회적 규범체제나 공동체의 특징과 같은 일종의 문화적 코드를 읽게 하였다.
- 볼탕스키는 드러내 놓고 제목이나 설명과 같은 텍스트를 사진과 엉터리로 ㉣조합하여 감상자가 이를 쉽게 알아챌 수 있도록 하였다.
- 볼탕스키는 이미지의 홍수 속에서 감상자의 의식적인 이미지 읽기를 ㉤권고하고 있다.

---

### ㉠~㉤의 사전적 의미로 적절하지 않은 것은?

① ㉠: 돈이나 물건 따위를 빌려서 씀.

② ㉡: 어떤 부류의 특징을 가장 잘 나타내는

③ ㉢: 어떤 상황이나 현상이 굳어져 변하지 않는 상태가 된

④ ㉣: 어떤 기준이나 실정에 맞게 정돈하여

⑤ ㉤: 어떤 일을 하도록 권하고

- ㉠저명한 현대 조각가 로댕의 '생각하는 사람'은 조각이 시각적인 예술이라는 통념을 거스른다.
- 시각적인 조각 작품을 대한 감상자가 거친 표면에 반응한다는 것은 조각이 오직 '눈'을 위한 예술이 아닌 '몸'을 위한 예술로 바뀌었음을 ㉡시사한다.
- 방에서 TV를 보고 있을 때, 부엌에서 '쨍그랑' 소리가 들렸다고 하자. 일반적으로는 이 사건을 '쨍그랑' 소리와 그 소리가 난 원인에 ㉢주목해 어떤 현상으로 설명한다.
- 메를로퐁티는 이러한 지향성 개념을 ㉣수용하였다.
- 서양 철학은 근대에 이르기까지 인간의 몸을 ㉤폄하고 지성을 최고의 가치로 여겨왔다.

**㉠~㉤의 사전적 의미로 적절하지 않은 것은?**

① ㉠: 세상에 이름이 널리 드러나 있음.
② ㉡: 어떤 것을 미리 간접적으로 표현해 줌.
③ ㉢: 관심을 가지고 주의 깊게 살핌.
④ ㉣: 옳다고 인정함.
⑤ ㉤: 가치를 깎아내림.

- 예술 분야에서는 과학 기술을 이용하여 새로운 장르를 ㉠개척하려는 시도가 이루어지고 있다.
- 닉 베세이는 엑스레이를 활용하여 *오브제 내부에 ㉡주목한 작품을 만들었다.
- 엑스레이 아트의 창작 의도를 ㉢구현하기 위해서는 오브제의 특성을 고려해야 한다.
- 오브제가 겹쳐 있을 경우, 창작 의도와 다른 사진이 나올 수 있으므로 이를 고려하여 오브제를 적절하게 ㉣배치하고 촬영 각도를 결정한다.
- 엑스레이 아트는 발상의 전환을 통해 감상자들에게 기존의 예술 작품과는 다른 미적 감수성을 불러일으킨다는 점에서 현대 예술의 외연을 넓히는 데 ㉤기여하였다는 평가를 받고 있다.

**㉠~㉤의 사전적 의미로 적절하지 않은 것은?**

① ㉠: 새로운 물건을 만들거나 새로운 생각을 내어놓음.
② ㉡: 관심을 가지고 주의 깊게 살핌.
③ ㉢: 어떤 내용이 구체적인 사실로 나타나게 함.
④ ㉣: 사람이나 물자 따위를 일정한 자리에 알맞게 나누어 둠.
⑤ ㉤: 도움이 되도록 이바지함.

제 **19** 회 • • • • • • • • •

우주의 팽창은 별까지의 거리 측정을 통해서도 입증될 수 있다. 거리 측정에는 맥동 변광성이 많이 활용된다. 맥동 변광성은 별의 내부 구조가 불안정하여 팽창과 수축이 주기적으로 일어나는 별을 가리킨다. 별은 팽창하면 밝아지고, 수축하면 어두워지므로 맥동 변광성의 밝기는 주기적으로 ㉠증감하게 된다.

**㉠은 대립되는 두 한자가 결합되어 만들어진 말이다. 이와 같은 구조로 이루어진 단어가 아닌 것은?**

① 강건(剛健)　　② 등락(騰落)　　③ 시비(是非)　　④ 장단(長短)　　⑤ 호오(好惡)

**'따르다'의 의미를 살려 문장을 만든 것으로 적절하지 않은 것은?**

① 다른 사람이나 동물 뒤에서, 그가 가는 대로 같이 가다. ⇒ 누나를 <u>따라</u> 시장 구경을 갔다.

② 앞선 것을 좇아 같은 수준에 이르다. ⇒ 먹성 좋기로는 그를 <u>따를</u> 자가 없다.

③ 좋아하거나 존경하여 가까이 좇다. ⇒ 우리 집 개는 어머니를 유난히 <u>따른다</u>.

④ 관례, 유행이나 명령, 의견 따위를 그대로 실행하다. ⇒ 그가 하는 대로 <u>따라서</u> 했다.

⑤ 나란히 같이 움직이다. ⇒ 선생님의 지시에 <u>따라</u> 대청소를 했다.

소득주도성장의 가설은 서민들의 소비력이 어느 정도 보전되어야 경제도 돌아간다는 상식에 기초를 두고 있다. 예를 들어 최저임금을 ㉠올리면 사용자의 부담이 늘어날 것 같지만, 올려준 임금만큼 소비가 늘어나면 승수효과, 즉 소비가 매출을 늘리고 이로 인해 다시 소득이 늘어나는 선순환이 발생하여 경제가 살아나고 사용자도 이익을 얻게 된다는 가정이다.

**㉠과 문맥적 의미가 가장 유사한 것은?**
① 그는 손을 <u>올려</u> 거부 의사를 밝혔다.
② 명절 아침에 할아버지께 절을 <u>올렸다</u>.
③ 태어난 아기의 이름을 호적에 <u>올려야</u> 한다.
④ 학교 주변에서는 차의 속력을 <u>올려서는</u> 안 된다.
⑤ 내년에 결혼식을 <u>올리려면</u> 준비를 서둘러야 한다.

어떤 상품을 소비할 때 소수만이 소유하기를 바라는 심리가 ㉠깔려 있는 경우, 그 상품을 구입하는 사람들이 많아지면 그 상품을 구입하지 않으려는 사람들도 생기게 된다. 이렇게 소비를 결정하는 과정에서 다른 사람들이 물건을 사는 것에 영향을 받아 그 물건을 구입하지 않게 되는 것을 속물효과라 한다.

**밑줄 친 단어 중, ㉠과 가장 가까운 뜻으로 쓰인 것은?**
① 내 가방에 <u>깔려</u> 납작해진 빵을 발견했다.
② 할머니 집 마루에는 돗자리가 <u>깔려</u> 있었다.
③ 그 사람의 말에는 좋은 의도가 <u>깔려</u> 있었다.
④ 동네에는 그에 대한 소문이 쫙 <u>깔려</u> 있었다.
⑤ 여기저기에 <u>깔려</u> 있는 돈만 해도 상당한 액수였다.

새내기 영업 사원 시절의 일이다. 계약 문제로 고객을 만나기 위해, 많은 차량으로 ( ㉠ )한 회사 부근을 간신히 빠져나와 약속 장소로 갔다. 그러나 고객은 그곳에 없었다. 급히 휴대전화로 연락을 해 보니, 다른 곳에서 기다리고 있다는 것이었다. 큰 실수였다. 약속 장소를 ( ㉡ )하여 고객을 기다리게 한 것이다. 약속을 정할 때 전에 만났던 곳에서 만나자는 말에 별 생각 없이 그렇게 하겠다고 하는 바람에 이런 ( ㉢ )이 빚어졌던 것이다.

**㉠-㉡-㉢에 들어갈 낱말들을 순서대로 바르게 나열한 것은?**

① 혼잡(混雜)-혼란(混亂)-혼돈(混沌)
② 혼란(混亂)-혼돈(混沌)-혼선(混線)
③ 혼잡(混雜)-혼동(混同)-혼선(混線)
④ 혼잡(混雜)-혼선(混線)-혼동(混同)
⑤ 혼란(混亂)-혼돈(混沌)-혼동(混同)

ㄱ. 일정한 기준에 따라 사물의 값이나 등수 따위를 정하다.
ㄴ. 일정한 숫자나 표식을 적어 넣다.

**제시문은 '매기다'의 의미를 정리한 것이다. 용례로 적절하지 않은 것은?**

① ㄱ: 가을에 출하되는 쌀을 등급대로 가격을 <u>매겼다</u>.
② ㄱ: 관세청에서는 그 수입품에 높은 관세를 <u>매겼다</u>.
③ ㄴ: 선생님은 신체검사를 통해 학생들의 신체 등급을 <u>매겼다</u>.
④ ㄴ: 그는 순서대로 일련번호를 <u>매겨</u> 장부를 보관하였다.
⑤ ㄴ: 심사위원장은 응모작에 <u>매긴</u> 점수를 합하여 대상을 결정하였다.

소비자는 상황에 따라 적절한 대안 평가 방식을 사용함으로써 구매할 제품을 합리적으로 선택할 수 있다. 또한 마케터는 소비자들의 대안 평가 방식을 파악함으로써 자사 제품의 효과적인 마케팅 전략을 ㉠세울 수 있다.

**문맥상 ㉠과 바꾸어 쓰기에 가장 적절한 것은?**

① 수립(樹立)할    ② 정립(定立)할    ③ 설립(設立)할    ④ 제정(制定)할    ⑤ 지정(指定)할

수학을 가장 단순하게 그리고 가장 정확하게 묘사한다면 '수학은 양식의 과학'이라고 말할 수 있다. 수학자들은 이 세계의 한 일정한 측면을 들여다보고 그 복잡성을 벗겨내어 그 안에 숨겨져 있는 골격을 드러내 보여준다. 이 과정에서 세상을 보는 관점에 따라 수학은 여러 분야로 ㉠나누어지는데, 이들은 서로 다른 종류의 양식들에 초점을 맞추게 된다. 예를 들어 산술과 수론은 수와 셈의 양식, 기하학은 형태의 양식, 확률론은 우연의 양식 등에 초점을 맞추게 되는 것이다.

**문맥상 ㉠를 대체할 말로 적절하지 않은 것은?**

① 구별(區別)되는데        ② 분기(分岐)되는데        ③ 분리(分離)되는데
④ 세분(細分)되는데        ⑤ 양분(兩分)되는데

**'길'의 관용적 쓰임을 정리한 것이다. 적절하지 않은 용례는?**

① 길이 닿다: 어떤 일을 하기 위한 관계가 맺어지다.

  ⇒ 이제야 서울에서 부산으로 갈 수 있는 <u>길이 닿은</u> 셈이군.

② 길(이) 바쁘다: 목적하는 곳까지 빨리 가야 할 사정.

  ⇒ 돌아갈 <u>길이 바쁘시겠지만</u> 제가 들어가서 옷을 갈아입고 오겠어요.

③ 길을 재촉하다: 길을 갈 때에 빨리 서둘러 가다.

  ⇒ 해 뜨기 전에 산막을 나선 평산과 삼수가 얼마만큼 <u>길을 재촉했을 때</u> 해는 솟기 시작했다.

④ 길(을) 뚫다: 방도를 찾아내다.

  ⇒ 병원에 입원할 <u>길을 뚫어</u> 보고 일찍 들어오마.

⑤ 길이 축나다: 걸어야 할 거리가 줄어들다.

  ⇒ 지칠 대로 지친 그들이어서 좀처럼 <u>길이 축나지</u> 않았다.

---

• 누나는 결혼을 하면서 이불 두 ( ㉠ )(을/를) 준비하였다.

• 질린 듯 상기되어 있는 얼굴 위로 머리카락 몇 ( ㉡ )(이/가) 흘러내려 있었다.

• 한 ( ㉢ ) 한 ( ㉢ ) 뜨면서 아내는 자신이 뜬 목도리를 두른 남편의 모습을 떠올렸다.

---

**㉠~㉢에 들어갈 단위어(單位語)가 순서대로 바르게 나열된 것은?**

① 장, 올, 땀    ② 채, 올, 코    ③ 필, 올, 코    ④ 채, 장, 땀    ⑤ 장, 채, 모

- 바이러스는 자신의 ㉠존속을 위한 최소한의 물질만을 가지고 있다.
- 1915년 영국의 세균학자 트워트는 포도상 구균을 연구하던 중, 세균 덩어리가 녹는 것처럼 투명하게 변하는 현상을 ㉡관찰했다.
- 박테리오파지는 머리와 꼬리, 꼬리 섬유로 ㉢구성되어 있다.
- 박테리오파지가 세균을 만나면 우선 꼬리 섬유가 세균의 세포막 표면에 존재하는 특정한 단백질, 다당류 등을 인식하여 복제를 위해 이용할 수 있는 세균인지의 ㉣여부를 확인한다.
- '용원성 파지'는 세균을 ㉤이용하는 것은 독성 파지와 같지만 세균을 파괴하지는 않는다.

### ㉠~㉤의 사전적 의미로 적절하지 않은 것은?

① ㉠: 더 낫고 좋은 상태나 더 높은 단계로 나아감.
② ㉡: 사물이나 현상을 주의하여 살펴봄.
③ ㉢: 몇 가지 부분이나 요소들을 모아서 전체를 짜 이룸.
④ ㉣: 그러함과 그러하지 아니함.
⑤ ㉤: 대상을 필요에 따라 이롭게 씀.

- 근로자를 채용할 경우에는 근로 조건을 ㉠명시(明示)한 근로 계약서를 작성해야 한다.
- 휴일 근무할 경우 임금의 50%를 ㉡가산(加算)하여 받을 수 있다.
- 사업주가 근로 계약서를 작성하고 근로자에게 이를 ㉢교부(交附)하지 않았을 경우에도 처벌 대상이 된다.
- 일용 근로자로서 3개월 이내의 수습 기간을 정하여 근무 중인 경우에는 해고 수당을 ㉣청구(請求)할 수 없다.
- 일하다가 다쳤을 경우 사업주가 보험에 가입하지 않았거나 근로자 본인의 ㉤과실(過失)을 이유로 치료비 지급을 거부하더라도 치료비를 본인이 부담할 필요는 없다.

### ㉠~㉤의 사전적 의미로 적절하지 않은 것은?

① ㉠: 물체를 환히 꿰뚫어 봄.
② ㉡: 본래의 수에 더하여 셈함.
③ ㉢: 서류나 물건을 내어 줌.
④ ㉣: 상대편에게 일정한 행위를 요구하는 일.
⑤ ㉤: 부주의나 태만 따위에서 비롯된 잘못이나 허물.

- 당시의 철학에서는 신의 존재를 ⊙입증하고자 노력했는데, 고딕 양식은 이러한 흐름에 영향을 받아 신의 존재를 감각적으로 체험할 수 있는 건축물로 탄생하였다. 하늘에서 쏟아지는 빛이 신의 ⓒ현현이라고 생각한 당대의 사람들은 신비한 빛으로 가득 찬 성당을 건설하고자 했다.
- 고딕 양식에서는 둥근 아치형의 천장을 뾰족하게 솟아오른 형태로 ⓒ고안해 냈다.
- 창에는 '스테인드글라스'를 시공했는데, 빛을 굴절 투과시켜 신비감을 ②부각하였다.
- 고딕 시대의 이주민들은, 비례의 법칙을 거스르며 하늘 높이 수직으로 솟아올라 빛으로 가득해진 도시의 성당에서 신의 존재를 체험하며 고통스러운 현실을 ⑩위무 받고자 했다.

### ⊙~⑩의 사전적 의미로 적절하지 않은 것은?

① ⊙: 옳고 그름을 이유를 들어 밝힘.
② ⓒ: 명백하게 나타나거나 나타냄.
③ ⓒ: 연구하여 새로운 안을 생각해 냄.
④ ②: 어떤 사물을 특징지어 두드러지게 함.
⑤ ⑩: 위로하고 어루만져 달램.

- 파력발전의 방식에 대해 ⊙고찰해 보면, 세 가지 정도로 나눌 수 있는데, 먼저 파랑에너지를 활용하여 직접적으로 기계장치를 ⓒ구동시키는 '가동물체형'이 있다. 이것은 수면의 움직임에 따라 매우 민감하게 반응하도록 고안된 여러 형태의 기구를 사용하여 파랑에너지를 기계장치의 운동에너지로 ⓒ변환하는 방식이다.
- 월파형 파력발전은 ②저수 시설을 방파제 등 연안 지역 구조물과 연동하여 설계할 수 있어 기계의 부식 등에 상대적으로 쉽게 대처할 수 있다는 장점이 있다.
- 파력발전의 방식들을 적용하기 위해서는 우리 해안의 파력발전 조건에 대해 ⑩생각해 볼 필요가 있다.

### ⊙~⑩을 바꾸어 쓴 말로 적절하지 않은 것은?

① ⊙: 미리 짐작해보면　　② ⓒ: 움직이게 만드는　　③ ⓒ: 바꾸는
④ ②: 물을 모아 두는　　⑤ ⑩: 살펴 볼

제 **20** 회 • • • • • • • • • • • • •

---

• 신제품을 (　　　)해 내기 위해 그는 밤을 샜다.

• 새로운 시대에 적합한 문화를 (　　　)해 내야 한다.

• 기존 시설을 새것으로 바꾸는 방안이 (　　　)되어야 한다.

• 발전적인 미래를 위한 진지한 (　　　)을/를 시작해야 합니다.

---

**다음 중 사전적 의미를 고려할 때, (　　) 안 어느 곳에도 들어가기 어려운 것은?**

① 강구(講究): 좋은 대책과 방법을 궁리하여 찾아내거나 그런 대책을 세움.

② 고안(考案): 연구하여 새로운 안을 생각해 냄.

③ 규명(糾明): 어떤 사실을 캐고 따져서 밝힘.

④ 모색(摸索): 일이나 사건 따위를 해결할 수 있는 방법이나 실마리를 더듬어 찾음.

⑤ 창출(創出): 전에 없던 것을 처음으로 생각하여 지어내거나 만들어 냄.

---

---

• 동음이의어: 소리는 같으나 뜻이 다른 단어. 국어사전에는 제 각기 다른 표제어로 수록됨.

　**발[1]** 오래 걸었더니 발이 아프다.　　**발[2]** 여름에는 문에 발을 친다.

　**배[1]** 점심을 먹어서 배가 부르다.　　**배[2]** [　　⊙　　]

• 다의어: 두 가지 이상의 의미를 가진 단어. 같은 어원에서 나왔지만 뜻이 분화되면서 여러 가지 의미를 갖게 됨. 국어사전에는 하나의 표제어로 수록됨.

　**다리** 민희가 다리를 다쳤다.　　책상 다리가 부러졌다.

---

**⊙에 들어갈 수 있는 예문으로 적절하지 않은 것은?**

① 저 돌기둥은 배가 불룩하다.

② 이번 달에는 물가가 배로 올랐다.

③ 태풍 때문에 배가 뜨지 못하였다.

④ 할아버지는 달콤한 배를 좋아하신다.

⑤ 우리는 총장 배 야구 대회에서 우승을 하였다.

## 03    어휘의 문맥적 의미

달항아리는 단순한 형태와 단순한 백색으로 이루어졌음에도 불구하고 아무리 보아도 질리지 않는 매력이 있다. 또한 달항아리에서는 비대칭의 미를 엿볼 수 있다. 이 그릇도 포도문양 백자처럼 두 개의 사발을 옆으로 붙인 다음 윗부분만 처리해서 만든 것이다. 그래서 그런지 양쪽은 정확히 대칭을 이루지 않는다. 묘한 불균형의 모습, 이것이 이 도자기의 참맛이다. 중국이나 일본에서는 볼 수 없는 한국적인 정서가 한 몸에 ㉠배어 있는 최고의 명품이 바로 달항아리이다.

**㉠의 의미와 가장 가까운 것은?**

① 논에 모를 <u>배게</u> 심었다.
② 그 사람은 욕설이 입에 <u>배어 있다</u>.
③ 이제 일이 손에 <u>배어 있는</u> 것 같다.
④ 민요에는 우리 민족의 한이 <u>배어 있다</u>.
⑤ 계단을 오르내렸더니 다리에 알이 <u>배었다</u>.


## 04    어휘의 문맥적 의미

정치학자와 선거 전문가들은 선거와 관련하여 유권자들의 투표 행위에 대해 연구해 왔다. 이 연구는 일반적으로 유권자들의 투표 성향, 즉 투표 참여 태도나 동기 등을 조사하여, 이것이 투표 결과와 어떤 상관관계가 있는가를 ㉠밝힌다.

**㉠과 문맥적 의미가 가장 유사한 것은?**

① 그는 돈과 지위를 지나치게 <u>밝힌다</u>.
② 그녀는 경찰에게 이름과 신분을 <u>밝혔다</u>.
③ 동생이 불을 <u>밝혔는지</u> 장지문이 환해졌다.
④ 학계에서는 사태의 진상을 <u>밝히기</u> 위해 애썼다.
⑤ 할머니를 간호하느라 가족 모두 뜬눈으로 밤을 <u>밝혔다</u>.

청신한 5월의 새벽, 우리는 오랜만에 뒷산에 올랐다. 고요한 오솔길을 따라 ( ㉠ ) 풀꽃들이 한들거리고 새벽 공기는 신선한 꽃냄새로 가득 차 있었다. 나란히 걷던 언니가 문득 내 손을 꼭 잡는다. 병치레가 잦아 자신의 시집갈 밑천까지 ( ㉡ ) 다 써버리게 했던 못난 동생에게 유난히 ( ㉢ ) 구는 우리 큰언니. 착하디 착한 언니의 두 볼 위에 새벽 별빛이 내려 앉는다.

**제시문의 ( )에 들어갈 수 있는 적절한 어휘를 ㉠-㉡-㉢의 순서대로 나열한 것은?**

① 시나브로-살갑다-잔다랗다

② 잔다랗다-시나브로-살갑다

③ 시나브로-잔다랗다-살갑다

④ 살갑다-잔다랗다-시나브로

⑤ 살갑다-시나브로-잔다랗다

**표현이 바르게 된 문장은?**

① 이렇게 도와 줘서 <u>고마와요</u>.

② 자유와 방종은 서로 <u>틀린</u> 거야.

③ 건강을 위하여 흡연을 <u>삼갑시다</u>.

④ 방학을 맞이하니 마음이 <u>설레인다</u>.

⑤ 비행기가 멀리 <u>날라가고</u> 있습니다.

일반적으로 적은 지식은 위험하다고 말하곤 한다. 그러나 커다란 지식을 얻기 위해서는 적은 양에서 시작하지 않으면 안 된다. 비록 커다란 지식을 갖추었다고 하더라도 위험이 완전히 배제되는 것은 아니다. 예를 들면, 원자 에너지의 파괴적인 위력에 대해 지대한 관심을 가진 사람들이 원자의 비밀을 ㉠꿰뚫어 보려고 막대한 노력을 기울였다. 그러나 원자에 대한 지식의 획득에도 불구하고 사람들이 느끼는 위험은 줄어들지 않고 오히려 늘어났다.

**㉠과 바꾸어 쓸 수 있는 것은?**

① 관찰(觀察)하려고　　② 주시(注視)하려고　　③ 예측(豫測)하려고

④ 규명(糾明)하려고　　⑤ 추출(抽出)하려고

• 형광관은 원통형 유리관으로, 양쪽 끝에 전극이 ㉠붙어 있다. 전극은 텅스텐 필라멘트로, 이미터라는 전자 방사 물질이 칠해져 있다.

• 전극에서 튀어나온 열전자가 수은 원자와 충돌하면 아크 방전이 일어나 자외선이 발생한다. 이 자외선이 형광관 안쪽 형광 물질에 닿으면 가시광선으로 바뀌어 형광관 밖으로 ㉡나오게 된다. 그 결과 형광등에 빛이 들어오는 것이다.

**㉠-㉡과 바꾸어 쓸 수 있는 말을 순서대로 알맞게 짝지은 것은?**

① 부착(附着)되어-방출(放出)된다.

② 부착(附着)되어-배출(排出)된다.

③ 정착(定着)되어-방출(放出)된다.

④ 정착(定着)되어-배출(排出)된다.

⑤ 유착(癒着)되어-유출(流出)된다.

대량생산, 대량소비 시대에는 '규모의 경제'가 극단적으로 확장되면서 규모의 비경제성이 나타났다. 작업 공정이 연속적으로 이루어지는 컨베이어벨트 시스템이 보편화됨에 따라 일부 공정에서 생긴 사소한 실수로 공장 전체의 생산 공정이 멎는 경우가 생겼다. 또 경제 규모가 커짐에 따라 분업화와 전문화가 ㉠지나치게 진행되었고, 인간들이 대체 가능한 부품처럼 취급되면서 인간소외 현상이 심각해지는 ㉡폐해가 발생했다.

### ㉠과 ㉡을 인과적으로 이해한 반응으로 가장 적절한 것은?

① 이런 상황이 바로 조족지혈(鳥足之血)에 딱 들어맞는 경우로군.
② 소탐대실(小貪大失)의 교훈을 보여 주는 사례로 사용할 수 있을 거야.
③ 과유불급(過猶不及)이라는 말이 이런 상황에도 적용될 수 있을 것 같아.
④ 초기 자본주의 시대 사람들의 희망은 화중지병(畵中之餠)으로 끝난 거로군.
⑤ 일어날 결과를 충분히 고려하지 않아서 교각살우(矯角殺牛)가 되고 만 경우야.

ㄱ. 제 엄친께서는 출타 중이십니다.
ㄴ. 오늘 제 선친의 제사가 있어서 일찍 들어가야 해요.
ㄷ. 자네 춘부장께서는 안녕하신가?
ㄹ. 어머님, 돌이 아범이 늦겠다고 전화 했어요.

### ㄱ~ㄹ에 표시된 호칭어에 대해 설명한 내용으로 적절하지 않은 것은?

① ㄱ~ㄹ의 '엄친, 선친, 춘부장, 아범'은 모두 '자녀를 둔 남자'를 뜻한다.
② ㄱ의 '엄친'은 '제'라는 표현으로 보아 화자의 아버지를 높여 부르는 말이다.
③ ㄴ의 '선친'은 '제사'라는 표현으로 보아 화자의 돌아가신 아버지를 부르는 말이다.
④ ㄷ의 '춘부장'은 '자네'라는 표현으로 보아 청자의 아버지를 높여 부르는 말이다.
⑤ ㄹ의 '아범'은 '어머님'이라는 표현으로 보아 화자의 아버지를 낮추어 부르는 말이다.

- 고전주의 범죄학의 대표자인 베카리아는 형벌은 법으로 ㉠규정해야 하고, 그 법은 누구나 이해할 수 있도록 문서로 만들어야 한다고 강조했다.
- 실증주의 범죄학의 창시자인 롬브로소는 범죄자만의 특성과 행위 원인을 연구하여 범죄자들의 유형을 ㉡구분하고 그 유형에 따라 형벌을 달리할 것을 주장했다.
- 셉테드는 건축 설계나 도시 계획 등을 통해 대상 지역의 방어적 공간 특성을 높여, 범죄 발생 가능성을 줄이고 지역 주민들이 안전감을 느끼도록 하여 궁극적으로 삶의 질을 ㉢향상시키는 종합적인 범죄 예방 전략을 의미한다.
- '접근 통제의 원리'는 보행로, 조경, 문 등을 통해 사람들의 통행을 일정한 경로로 ㉣유도하여 허가받지 않은 사람들의 출입을 통제하거나 차단하는 것을 말한다.
- '영역성의 원리'는 안과 밖이라는 공간 영역을 조성하여 외부인의 침범 기준을 명확히 ㉤확립하는 것을 말한다.

**문맥상 ㉠~㉤과 바꿔 쓰기에 적절하지 않은 것은?**

① ㉠: 고쳐야    ② ㉡: 나누고    ③ ㉢: 높이는    ④ ㉣: 이끌어    ⑤ ㉤: 세우는

- 관여도란 특정 제품에 대해 개인이 자신과의 관련성을 ㉠지각하는 정도를 의미한다.
- 소비자는 개인에게 국한되는 성향이나 자아 정체성 등을 통해 의미를 ㉡부여한 특정 제품에 지속적으로 높은 관여도를 가지게 된다.
- 실용성을 ㉢추구하는 대다수의 소비자들은 실용성을 극대화하여 제작된 제품에 높은 관여도를 가지게 된다.
- 'FCB Grid 모델'은 소비자 관여도를 두 가지 차원으로 구분한다. 소비자가 제품에 대해 반응하는 ㉣경향에 따라 이성적 관여와 감성적 관여로 구분하는 것이 그 중 하나이다.
- 제품 판매자들은 제반 여건을 ㉤반영하여 판매 전략을 세울 필요가 있다.

**㉠~㉤의 사전적 의미로 적절하지 않은 것은?**

① ㉠: 그러하다고 생각하여 옳다고 인정함.
② ㉡: 사물이나 일에 가치, 의의 따위를 붙여 줌.
③ ㉢: 목적을 이룰 때까지 뒤좇아 구함.
④ ㉣: 현상이나 사상, 행동 따위가 어떤 방향으로 기울어짐.
⑤ ㉤: 다른 것에 영향을 받아 어떤 현상을 나타냄.

- 근대 철학은 근대 과학의 양적인 크기를 중시하는 사고를 ㉠수용하며 발달했다.
- 데카르트는 의심할 수 없는 것을 찾기 위해 대상을 직관으로 분절하여 더 나눌 수 없는 단순 본성을 찾고, 이 단순 본성들을 복합한 개념을 통해 세계에 대한 이해를 ㉡확장하려 했다.
- 인상주의자들은 색을 ㉢혼합하는 방법을 즐겨 사용하였다.
- 고전주의자들은 인물화 속에 지성을 통해 ㉣포착된 인물의 위대함이나 교훈을 담으려 했다.
- 인상주의자들은 대상에 어떤 의미나 교훈을 담는 것이 아니라 받은 인상을 그대로 전달하려고 노력하였다. 이는 근대 철학이 가져온 지성에 의한 분절로부터의 회복과, 이질적인 것의 연속 안에서 공감을 통한 통합으로 전체성을 느끼는 것과 ㉤유사한 의미를 갖는다.

**문맥상 ㉠~㉤과 바꿔 쓰기에 적절하지 않은 것은?**

① ㉠: 받아들이며       ② ㉡: 넓히려       ③ ㉢: 섞는
④ ㉣: 모아진          ⑤ ㉤: 비슷한

- 금리가 같다면, ㉠기간이 길어질수록 단리와 복리에 따른 금액의 차이는 커진다.
- 기준 금리는 한국은행이 시중의 통화량을 ㉡조절하기 위해 매달 인위적으로 결정한다.
- 금융 거래에서의 갈등을 예방하기 위해 민법은 돈을 빌려주는 것을 내용으로 하는 계약을 금전소비대차로 규정하고 관련 내용을 ㉢명시하고 있다. 금전소비대차 계약은 돈을 빌려주는 채권자와 돈을 빌리는 채무자의 합의를 우선시하는데, 이때의 계약은 몇 가지 ㉣유의할 점이 있다.
- 공탁을 할 경우 돈을 갚는 것과 같은 효과를 가져 ㉤상환 시기에 따른 분쟁을 피할 수 있다.

**㉠~㉤을 사용하여 만든 문장으로 적절하지 않은 것은?**

① ㉠: 조선은 유교가 <u>기간</u>이 되는 도덕을 정치 이념으로 삼았다.
② ㉡: 체중 관리를 위해 식사량 <u>조절</u>이 필요하다.
③ ㉢: 회의를 개최하는 이유를 신청서에 <u>명시</u>해야 한다.
④ ㉣: 장마 때에는 농작물 관리에 <u>유의</u>해야 한다.
⑤ ㉤: 그 나라는 외채를 <u>상환</u>할 능력이 없다.

---

- 동음이의어 : 발음은 동일하나 의미가 다른 두 개 이상의 단어. 의미상 연관성이 없는 것.
- 다의어 : 두 가지 이상의 뜻을 가진 단어. 의미상 연관성은 있지만 의미가 분명히 다른 것.

---

### 제시문을 바탕으로 단어를 구분했을 때, 적절하지 않은 것은?

① '배를 타다', '배를 먹다', '배가 부르다'에서 '배'는 동음이의어군.

② '감다'라는 단어는 '머리를 감다'와 '눈을 감다'에서 발음은 같지만 의미가 다르기 때문에 동음이의어겠군.

③ '먹다'는 '밥을 먹다'와 '솜이 물을 먹다'의 경우에서 보면, 관련성이 있으면서 의미의 차이가 있으니 다의어겠군.

④ '가볍다'는 '가볍고 단단한 그릇'에서는 무게가 적다는 뜻이고, '가벼운 생각을 하지 마라'에서는 경솔하다는 뜻이므로 동음이의어로 보아야겠군.

⑤ '귀'는 '사람의 귀'를 지칭할 때와 '거울의 한 귀가 깨지다'에서 '모가 난 물건의 모서리'를 의미하는 '귀'가 있으니 이 경우에는 다의어로 보아야겠군.

---

- 헌걸찬 : 풍채가 좋고 의기가 당당한
- 성마른 : 참을성이 없고, 성질이 조급한
- 추레한 : 겉모습이 보잘것없고 궁상스러운
- 객쩍은 : 행동이나 말, 생각이 쓸데없고 싱거운
- 심드렁한 : 마음에 탐탁하지 아니하여 관심이 거의 없는

---

### 제시문의 어휘를 사용해 빈칸을 채울 수 없는 문장은?

① 달수의 그런 (          ) 꼴을 본 사람들은 경멸에 앞서 동정을 보냈다.

② (          ) 소리 그만두어요. 그 따위 실없는 소리를 할 때가 아니에요.

③ 어디서나 그 (          ) 허우대 때문에 그것만으로도 한결 돋보였다.

④ 정씨까지도 완전히 맥이 탁 풀려 그 전처럼 애타하지도 않고 (          ) 낯색이었다.

⑤ 꽃이 피고 나비가 넘노는 (          ) 봄날이었다. 태후는 잔치를 열고 왕을 청했다.

『일본서기』에는 신라를 '눈부신 황금의 나라'로 표현하고 있다. 이 표현에 딱 맞는 유물이 바로 금으로 만든 허리띠이다. 이 허리띠는 금관보다도 두세 배나 많은 금을 ㉠들여 만들었는데, 풀잎무늬를 새겨 넣고 그 아래로 여러 줄의 드리개를 길게 늘어뜨렸다.

**㉠의 문맥적 의미와 가장 유사한 것은?**

① 누님은 손톱에 봉숭아 물을 곱게 <u>들였다</u>.
② 나는 정원에 있던 화분을 거실로 <u>들여</u> 놓았다.
③ 고모님께서는 많은 비용을 <u>들여</u> 집을 수리하셨다.
④ 집 안에 볕을 잘 <u>들이기</u> 위해 정원의 나무들을 잘라 냈다.
⑤ 선배들은 신입생을 자기 동아리에 <u>들이려고</u> 홍보를 하고 다녔다.

도덕적 규범은 어떤 상황에서도 지켜야 한다는 의무론적 관점에 따르면 두 개의 옳은 도덕 법칙이 충돌할 때 결정을 ㉠내릴 수 없다. 예를 들어 1번 철로에는 3명의 인부가, 2번 철로에는 5명의 인부가 일을 하고 있을 때 브레이크가 고장 난 기차의 기관사는 어떤 길을 선택해야 할까? 의무론적 관점은 이 상황에서 어떤 철로를 선택해야 할지 결정을 내릴 수 없다.

**㉠과 문맥적 의미가 가장 유사한 것은?**

① 그는 회의에 참석하기 위해 서울역에서 <u>내렸다</u>.
② 심사 위원들이 노래에 대한 평가를 <u>내렸다</u>.
③ 어머니가 밀가루를 체에 <u>내렸다</u>.
④ 저녁이 되자 어둠이 <u>내렸다</u>.
⑤ 하루 종일 비가 <u>내렸다</u>.

교육은 어느 정도의 강제성을 띠면서 개인의 행동을 (통제, 억제)하여 바람직한 방향으로 유도하며, 사회적 통합을 (지양, 지향)하는 태도를 길러준다. 그러나 다양하고 복잡한 현대 사회에서 사회적 통합을 교육의 힘만으로 달성하기는 어렵다. 그래서 현대 사회에서는 다양하게 (분리, 분화)된 조직·기능과 이질적인 요소들의 통합을 위하여 법과 공권력을 발동하기도 한다.

**제시문의 괄호 속 단어 중, 문맥에 적절한 것을 찾아 순서대로 바르게 짝지은 것은?**

① 통제-지양-분리　　② 통제-지향-분화　　③통제-지향-분리
④ 억제-지양-분화　　⑤ 억제-지향-분화

## 06　어휘의 바른 사용

'-든'과 '-던'은 혼동해서 쓰기 쉬운데, '-든'은 선택의 상황에서, '-던'은 회상할 때 사용하는 것이 올바른 표현이다.

**제시문을 참고했을 때 밑줄 친 단어의 쓰임이 바르지 않은 것은?**

① 어떻게 <u>되든지</u> 상관없어.
② 그 사람이 그렇게 <u>좋든가</u>?
③ 뭘 <u>하든</u> 네 마음대로 하도록 해.
④ <u>언제든지</u> 너 오고 싶을 때 오렴.
⑤ <u>어쨌든</u> 넌 여기에 남아 있어야 해.

한국 초상화에서는 얼굴 각도와 동일한 각도에서 시선이 처리되며, 그 형상도 ㉠실제 그대로를 옮긴 듯 과장되지 않게 나타난다. 하지만 중국 초상화의 경우에는 그 인물이 지닌 풍격(風格)이나 성격적 특성을 강조하게끔 어떤 표정을 강하게 띤다.

**㉠과 바꾸어 쓸 수 있는 말로 가장 적절한 것은?**

① 묘사(描寫)한 듯        ② 모방(模倣)한 듯        ③ 모사(模寫)한 듯

④ 답습(踏襲)한 듯        ⑤ 전사(轉寫)한 듯

동물들의 경우에는 자연계에 존재하는 사물의 소리와 의사소통 수단이 분리되어 있지 않다. 그러나 인간의 언어는 자연계에 존재하는 실재 사물과는 별개로 존재하는 하나의 상징적인 기호 체계이다. 우리들은 어떤 어휘가 있으면 그 어휘를 누가 말하든지 같은 어휘로 ㉠받아들일 수 있는 능력이 있다. 그것은 동물들이 인지하는 자연계의 소리와는 다르게 언어 음성을 각각 분절된 고유한 음운 단위로 생각하기 때문이다.

**㉠과 바꾸어 쓰기에 적절한 것은?**

① 인식(認識)할        ② 수긍(首肯)할        ③ 접수(接受)할

④ 용인(容認)할        ⑤ 허용(許容)할

> • 그는 갖고 싶던 시계를 <u>손에 넣었다</u>. (→ 소유하다)
> • 문이 고장나서 <u>손을 보아</u> 달라고 부탁했다. (→ 수리하다)

**제시문을 참조하여 밑줄 친 두 단어의 의미를 한 단어에 담아 표현한 것으로 적절하지 않은 것은?**

① 너는 참 <u>입이 무겁구나</u>. (→ 과묵하다)
② 어쩜 그렇게 <u>시치미를 떼니</u>. (→ 얄밉다)
③ 참, <u>낯을 들기</u>가 어렵습니다. (→ 떳떳하다)
④ 그 일은 이미 <u>엎질러진 물</u>이야. (→ 소용없다)
⑤ 이 골목길은 나에게 <u>발에 익은</u> 곳이야. (→ 익숙하다)

> • 장언원에게 대상을 똑같이 그리는 일이나 화려하게 채색하는 것 ㉠<u>따위</u>는 작품의 본질적 요소가 될 수 없었다.
> • '따위'는 사람이나 사물을 얕잡거나 부정적으로 일컫는 말이다. 글쓴이가 굳이 '따위'라는 부정적인 의미를 지닌 어휘를 사용한 것은 사물에 대한 정밀한 모사나 화려한 채색이 중요하지 않음을 드러내기 위해서이다.

**제시문의 설명을 고려할 때, 단어의 쓰임이 ㉠과 다른 것은?**

① 형제간의 우애보다 집문서와 같은 종이 <u>나부랭이</u>가 중요하니?
② 공연한 <u>심술</u>로 함께 여행하는 사람들의 마음을 불편하게 했다.
③ 그렇게 심하게 <u>호들갑</u>을 떨면 잘 되어가던 일도 그르치기 십상이야.
④ 실패를 남의 <u>탓</u>으로만 돌리는 것은 바람직한 행동이라고 볼 수 없어!
⑤ 고슴도치도 제 <u>새끼</u>는 함함하다고 한다더니 자네를 두고 이르는 말이군.

- 우리 민법에는 의사 능력의 판단 여부를 파악할 수 있도록 하기 위해서 일정한 조건에 해당하는 경우에 의사 능력이 없다고 일률적으로 ㉠취급(取扱)하는 '행위 무능력자 제도'를 두고 있다.
- 미성년자가 법률 행위를 할 때에는 반드시 법정 대리인의 동의를 얻어야 한다. 이것은 국가가 미성년자를 특별히 보호해야 할 대상, 즉 사회적 약자로 ㉡인식(認識)하고 있기 때문이다.
- 계약이 취소되면 미성년자는 계약으로 얻은 이익이 현재까지 남아 있는 상태 그대로 ㉢반환(返還)해야 한다.
- 대금의 일부를 ㉣지급(支給)하면 계약을 추인(追認)한 것으로 간주하여 계약을 취소할 수 없다.
- 민법에는 미성년자와 정상적으로 거래한 상대방에 최고권(催告權)을 ㉤부여(附與)하고 있다.

### ㉠~㉤의 사전적 의미로 적절하지 않은 것은?

① ㉠: 사람이나 사건을 어떤 태도로 대하거나 처리함.
② ㉡: 사물을 분별하고 판단하여 앎.
③ ㉢: 빌리거나 차지했던 것을 되돌려 줌.
④ ㉣: 돈이나 물품 따위를 정하여진 몫만큼 내줌.
⑤ ㉤: 떨어지지 아니하게 붙음.

- 도덕적 원칙주의는 인간의 합리적인 이성을 신뢰하고 이를 통해 윤리적으로 올바른 삶이란 무엇인가를 ㉠규명하려고 했다는 점에서 의의가 있다.
- 도덕적 자유주의자는 법과 같은 현실적인 규범이나 지침을 만들면 사람들이 이를 ㉡준수함으로써 도덕적 갈등이 해결된다고 본다. 도덕적 자유주의는 인간의 자율성을 ㉢보장하면서 갈등 상황을 해결할 수 있는 현실적인 방법을 만들어 냈다는 데 의의가 있다.
- 도덕적 다원주의자는 중재를 통해 타협점을 ㉣모색하는 방식을 제안한다. 도덕적 다원주의자는 도덕적 갈등 상황에서 갈등 당사자 간의 인간관계가 ㉤훼손되지 않는 것을 중시한다.

### ㉠~㉤의 사전적 의미로 적절하지 않은 것은?

① ㉠: 어떤 사실을 자세히 따져서 바로 밝힘.
② ㉡: 전례나 규칙, 명령 따위를 그대로 좇아서 지킴.
③ ㉢: 잘 보호하여 기름.
④ ㉣: 일이나 사건 따위를 해결할 수 있는 방법이나 실마리를 더듬어 찾음.
⑤ ㉤: 헐거나 깨뜨려 못 쓰게 만듦.

- 은행은 돈의 여유가 있는 사람으로부터 자금을 ㉠조성하여 이를 필요로하는 사람에게 융통해 준다. 또 조성된 자금이 한층 더 건전하고 수익성 높은 곳으로 투자되도록 ㉡유도하기도 한다.
- 금세공업자가 맡아 놓은 금 전체를 그냥 가지고만 있다면 그 경제의 통화량은 변하지 않는다. 그러나 맡아 놓은 금의 일부만 지급 준비용으로 ㉢보유하고 나머지를 다른 사람에게 대출해 줄 경우 사정은 달라진다.
- 자금의 ㉣조달 원천을 나타내는 자본 및 부채의 내역은 대차대조표의 오른편에 기록되며, 자금의 운영 상태를 나타내는 자산의 내역은 왼편에 기록된다.
- 은행의 입장에서 예금은 언제든 ㉤요구가 있으면 지급해야 하는 부채의 성격을 갖는다.

**㉠~㉤의 사전적 의미로 적절하지 않은 것은?**

① ㉠: 어떤 기준이나 실정에 맞게 정돈함.
② ㉡: 사람이나 물건을 목적한 장소나 방향으로 이끎.
③ ㉢: 가지고 있거나 간직하고 있음.
④ ㉣: 자금이나 물자 따위를 대어 줌.
⑤ ㉤: 받아야 할 것을 필요에 의하여 달라고 청함.

- 20세기 초 산업화에 뒤처진 이탈리아는 산업화에 대한 열망과 민족적 자존감을 ㉠고양시킬 수 있는 새로운 예술을 필요로 하였다.
- 미래주의 화가들은 대상의 움직임의 ㉡추이를 화폭에 담아냄으로써 대상을 생동감 있게 형상화하려 하였다. '질주하고 있는 말의 다리는 4개가 아니라 20개다.'라는 미래주의 선언의 내용은, 대상의 역동성을 ㉢지향하고자 했던 미래주의 화가들의 생각을 잘 드러내고 있다.
- 역선(力線)을 사용하여 대상의 모습을 나타내면 대상이 다른 대상이나 배경과 구분이 모호해지는 상호 침투가 발생해 대상이 사실적인 형태보다는 ㉣왜곡된 형태로 표현된다.
- 기존의 전통적인 서양 회화가 대상의 고정적인 모습에 ㉤주목하여 비례, 통일, 조화 등을 아름다움의 요소로 보았다면, 미래주의 회화는 움직이는 대상의 속도와 운동이라는 미적 가치에 주목하여 새로운 미의식을 제시했다는 점에서 의의를 찾을 수 있다.

**㉠~㉤의 사전적 의미로 적절하지 않은 것은?**

① ㉠: 정신이나 기분 따위를 북돋워서 높임.
② ㉡: 시간의 경과에 따라 변하여 나감.
③ ㉢: 어떤 목표로 뜻이 쏠리어 향함.
④ ㉣: 사실과 다르게 해석하거나 그릇되게 함.
⑤ ㉤: 자신의 의견이나 주의를 굳게 내세움.

정답 · 해설

| | | | | |
|---|---|---|---|---|
| 01.⑤ | 02.① | 03.⑤ | 04.② | 05.② |
| 06.① | 07.① | 08.⑤ | 09.① | 10.② |
| 11.④ | 12.③ | 13.③ | 14.① | |

## 01 어휘의 사전적 의미와 함축적 의미

⑤에서 '이슬'은 '물체의 표면에 붙어 있는 작은 물방울'을 가리키는 말로 쓰였다. 사전적 의미이다. 따라서 정답은 ⑤이다.

**오답 피하기** ①에서 '꽃'은 웃음을 비유적으로 표현한 말이므로 함축적 의미의 예이다.

②에서 '불'은 '사랑'의 보조관념으로 쓰였으므로 함축적 의미의 예이다.

③에서 '물들다'는 '사상·행실·버릇이 그와 같이 닮아 가다'라는 의미이다. 함축적 의미의 예이다.

④에서 '바람'은 '한꺼번에 밀어닥치는 어수선한 분위기나 소용돌이'를 뜻하므로 함축적 의미의 예이다.

## 02 어휘의 의미 변화

①의 '양반'은 '높은 신분'의 특정 사람을 가리키는 말에서 '점잖고 예의바른 사람'의 뜻으로 일반 사람을 가리키게 되었다. 의미 확대에 해당한다. 따라서 정답은 ①이다.

**오답 피하기** ②의 '얼굴'은 옛날에는 '몸 전체'의 의미로 사용되다가 지금은 '안면'을 의미하므로 의미의 사용 범위가 좁아진 의미 축소에 해당한다.

③의 '왕'은 '한 나라의 우두머리'라는 뜻에서 '한 분야의 최고'를 의미로 바뀌었으므로 사용 범위가 넓어진 의미 확대에 해당한다.

④에서 '어리다'는 옛날에는 '어리석다'에서 지금은 '나이가 어리다'로 전혀 다른 의미 영역으로 바뀌었으므로 의미 이동에 해당한다.

⑤의 '어여쁜'은 '불쌍하다'에서 '예쁘다'로 의미 영역이 바뀌었으므로 의미 이동에 해당한다.

## 03 어휘의 문맥적 의미

문맥으로 볼 때, '소원(疏遠)'의 의미는 '소식이나 왕래가 오래 끊긴 상태에 있다'가 적절하다. 따라서 정답은 ⑤이다.

## 04 어휘의 문맥적 의미

문항 ②의 '맞네'는 제시문의 ㉠과 마찬가지로 '크기, 규격 따위가 다른 것에 합치하다'는 의미로 쓰이고 있다. 따라서 정답은 ②이다.

**오답 피하기** ①은 '(…을) 가족의 일원으로 예를 갖추어 데려오다'는 의미로 쓰이고 있다.

③은 '어떤 말이나 예측이 틀림이 없다'는 의미로 쓰이고 있다.

④는 '육감이 틀림이 없다'는 의미로 쓰이고 있다.

⑤는 '어떤 대상의 내용, 정체 따위의 무엇임이 틀림이 없다'는 의미로 쓰이고 있다.

## 05 적절한 어휘 선택

전후 문맥을 고려할 때 제시문의 ㉠에는 '에너지를 내보냄'이라는 의미의 '방출(放出)'이 가장 적절하다. 따라서 정답은 ②이다.

**오답 피하기** ①유출(流出): 중요한 내용이나 사물이 외부로 새어 나감.

③도출(導出): 어떤 방안이나 결론을 이끌어 냄.

④갹출(醵出): 같은 목적을 위하여 여러 사람이 각기 얼마간의 돈이나 물건을 냄.

⑤표출(表出): 속에 있던 것을 겉으로 드러냄.

## 06 적절한 어휘 선택

뜻이 유사한 단어의 쓰임을 통해 의미의 차이점을 파악해 보는 문제이다. '확충'은 '넓혀 보충함'을, '확장'은 '범위, 규모, 세력 따위를 늘려서 넓힘'을, '확대'는 '모양이나 규모 따위를 더 크게 함'을 뜻한다. 부족한 인원은 '확충해야 하는 것'이고, 좁은 도로를 넓히는 것은 '확장하는 것'이고, 사건의 영향 범위가 넓어지는 것은 '확대되는 것'이다. 따라서 정답은 ①이다.

## 07 적절한 어휘 대체

제시문의 ㉠은 '정하여 세우다'의 의미로 쓰였다. 따라서 정답은 ①이다.

**오답 피하기** ②성립(成立)하다: 일이나 관계 따위가 제대로 이루어지다.

③설립(設立)하다': 기관이나 조직체 따위를 만들어 일으키다.

④수립(樹立)하다: 국가나 정부, 제도, 계획 따위를 이룩하여 세우다.

⑤건립(建立)하다: 기관, 조직체 따위를 새로 조직하다.

## 08 적절한 어휘 대체

제시문에서 ㉠'소비하는'은 문맥을 통해 볼 때, '좌우하다, 조종하다, 지배하다, 통제하다'의 의미로 쓰이고 있다. 따라서 정답은 ⑤이다.

## 09 관용적 표현의 이해

①의 '등을 돌리다'는 신체 행위를 언급한 내용으로 관용적 표현이 아니다. '등을 돌리다'가 관용적으로 쓰이는 경우는 '뜻을 같이하던 사람이나 단체와 관계를 끊고 돌아서다'의 의미로 풀이될 때이다. 따라서 정답은 ①이다.

**오답 피하기** ②동일한 말을 반복해서 들을 때 쓰는 관용적 표현이다.

③씀씀이가 클 때 쓰는 관용적 표현이다.

④힘들여 노력하는 모습에 쓰는 관용적 표현이다.

⑤어떤 대상이 잊히지 아니하고 자꾸 눈에 떠오를 때 쓰는 관용적 표현이다.

## 10 혼동하기 쉬운 어휘 구별

문항 ②의 '꽁지'는 '새의 꽁무니에 붙은 기다란 깃'을 의미하고, '꽁무니'는 '짐승이나 새의 등마루뼈의 끝이 되는 부분, 엉덩이를 중심으로 한 몸의 뒷부분' 등을 말한다. 따라서 ②는 '꽁무니를 빼다'와 '꽁지 빠진 수탉'으로 바꾸어야 한다. 정답은 ②이다.

## 11 수능국어 제시문 속 어휘 탐구

문항 ④의 '구별(區別)하는'은 '종류에 따라 갈라놓는'의 의미이다. 제시문의 ㉣'가려내는'은 '분간하여 추리다'의 의미이므로 '선별(選別)하는'이 바꿔 쓸 말로 적합하다. 따라서 정답은 ④이다.

## 12 수능국어 제시문 속 어휘 탐구

제시문의 ㉢'호도(糊塗)'는 '어물쩍하게 넘겨버리다'를 의미한다. 이것은 문맥에서도 '특정 정파의 정치적 견해만을 대변하여' 결과적으로 민주 정치 질서에 혼란을 초래했다는 것으로 보아 부정적인 의미를 지니고 있음을 알 수 있다. 문항 ③의 '소식을 널리 알리다'는 '보도(報道)'의 의미이다. 따라서 정답은 ③이다.

## 13 수능국어 제시문 속 어휘 탐구

제시문 속 ㉢의 '추출하다'는 '용매(溶媒)를 써서 고체·액체에서 어떤 물질을 뽑아내는 일'을 가리키고, 또 조개 껍데기를 구운 석회를 통해 색소를 얻어낸다는 의미이므로, '이끌어내는'으로 바꿔 쓰는 것은 적절하지 않다. ㉢은 '뽑아내는'으로 바꿔 쓰는 것이 가장 적절하다. 따라서 정답은 ③이다.

**오답 피하기** ①㉠'생산했다'에서 '생산'은 '재화를 만들어 내는 일'의 뜻이므로, '만들어냈다'로 바꾸는 것이 적절하다.

②㉡'애용했다'에서 '애용'은 '사랑하여 쓰다.'의 뜻이므로, '즐겨 썼다'로 바꾸는 것이 적절하다.

④㉣'혼합하면'에서 '혼합'은 '이것저것 뒤섞다'는 뜻이므로 '섞으면'으로 바꾸는 것이 적절하다.

⑤㉤'유발하지'에서 '유발'이 '어떤 일이 원인이 되어 다른 일이 일어남'을 뜻하므로, '일으키지'로 바꾸는 것이 적절하다.

## 14 수능국어 제시문 속 어휘 탐구

제시문의 ㉠'측량하다'는 '물건의 높이, 깊이, 넓이, 방향 따위를 재다'의 뜻이다. 따라서 정답은 ①이다.

# 제 02 회

## 01 어휘의 사전적 의미

제시문의 ㉠'도외시(度外視)'는 '상관하지 아니하거나 무시한다'는 뜻이다. 따라서 정답은 ②이다.

**오답 피하기** ①'백안시(白眼視)', ③'청안시(靑眼視)', ④ '중시(重視)', ⑤'방관(傍觀)'의 뜻이다.

## 02 어휘의 확장된 의미

①의 '가볍다'는 '무게가 적다'는 뜻의 사전적 의미를 그대로 나타내므로 ㉠의 정서적 유사성과 관련된 비유적 표현으로 보기 어렵다. 따라서 정답은 ①이다.

## 03 어휘의 문맥적 의미

㉠은 '어떤 사물이나 사실, 현상에 대하여 일정한 줄거리를 가지고 있는 말'의 의미이다. 문항 ①의 '이야기'도 일정한 줄거리를 가지고 있는 말에 해당한다. 따라서 정답은 ①이다.

**오답 피하기** ②'사람들이 서로 나누는 대화나 말', ③'마음속에 품고 있는 생각을 남에게 일러주는 말', ④'다른 사람과 주고받는 말', ⑤'자신의 주장이나 견해를 남에게 일러주는 말'의 의미이다.

## 04 어휘의 문맥적 의미

제시문의 '윗면과 아랫면이 똑같이 생겼다'의 '생겼다'는 '사람이나 사물의 생김새가 어떠한 모양으로 되어 있다'는 사전적 의미이다. 따라서 정답은 ④이다.

**오답 피하기** ①'없던 것이 새로 있게 되다'의 의미이다. ②'일의 상태가 부정적인 어떤 지경에 이르게 됨을 나타내는 말'이다. ③'어떤 일이 일어나다'의 의미이다. ⑤'자기의 소유가 아니던 것이 자기의 소유가 되다'의

의미이다.

## 05 적절한 어휘 선택

제시문은 과학적 패러다임의 변화를 말하고 있다. 우리가 기준으로 삼는 논리적, 이성적인 사고의 틀에서 벗어나 불규칙하고 어지러운 상태에서 고차원적인 사고 능력을 가지도록 하는 물질의 제어 기술을 개발해야 한다는 것이다. 이는 현재 우리가 가진 사고 방식에서 벗어나 새로운 창의적인 사고를 할 수 있는 발상의 전환, 즉 패러다임의 변화를 의미한다. 따라서 정답은 ①이다.

## 06 적절한 어휘 선택

'경신'과 '갱신'은 한자가 '更新'으로 동일하나 그 의미는 다르다. '경신'은 '종전의 기록을 깨뜨림'의 의미이나 '갱신'은 '법률 관계의 존속 기간이 끝났을 때 그 기간을 연장하는 일'에 주로 사용되어 '비자 갱신, 면허 갱신' 등에 주로 사용된다. '남용(濫用)'은 '일정한 기준이나 한도를 넘어서 함부로 쓰다'의 의미이고 '오용(誤用)'은 '잘못 사용하다'의 뜻이다. '개정(改正)'은 '주로 문서의 내용 따위를 고쳐 바르게 함'의 뜻으로 '헌법 개정, 회칙 개정, 악법의 개정' 등에 쓰인다. 이에 비해 '개선(改善)'은 '잘못된 것이나 부족한 것, 나쁜 것 따위를 고쳐 더 좋거나 착하게 만듦'의 의미이므로 '입시 제도 개선, 유통 구조 개선, 관계 개선' 등에 주로 쓰인다. 따라서 정답은 ②이다.

## 07 적절한 어휘 대체

제시문 속 ㉠'불러일으키는'의 문맥상 의미를 추리하면 '다른 대상으로 말미암아 머릿속에 떠올리다'는 뜻의 '연상(聯想)'이나 '밖으로 드러나거나 일어나게 하다'는 의미의 '환기(喚起)'이다. 따라서 정답은 ①이다.

**오답 피하기** ②유도(誘導)하다: 의도하는 방향으로 이끌다.

③강조(強調)하다: 특히 강하게 주장하거나 두드러지게 하다.

④선양(宣揚)하다: 널리 떨치다.

⑤유인(誘引)하다: 주의나 흥미를 유발시켜 꾀어 이끌다.

## 08 적절한 어휘 대체

'배양하다'는 '미생물을 인공적으로 기르거나 동식물 조직의 한 부분을 떼내어 기른다'는 뜻을 가지고 있다. 그리고 '적응'은 '동식물이 환경에 적합하도록 자기의 형태·습성을 변화시키는 일'이란 뜻을 가지고 있다. 따라서 ㉠의 '길러내며'는 '배양하며'로 ㉡의 '안정화되는지'는 '적응되는지'로 바꾸어 적을 수 있다. 따라서 정답은 ④이다.

**오답 피하기** ①육성(育成)하다: 가르쳐서 키우다. / 변용(變容)되다: 모습이나 형태가 바뀌다.
②양성(養成)하다: 가르쳐서 키워 내다. / 변천(變遷)되다: 시간의 변화에 따라 변하여 바뀌게 되다.
③적용(適用)되다: 맞추어지거나 해당되어 쓰이다.
⑤조화(調和)되다: 어긋나거나 부딪침이 없이 서로 고르게 잘 어울리게 되다.

## 09 속담의 이해

말조심을 실감할 수 있는 속담은 '낮말은 새가 듣고 밤말은 쥐가 듣는다'이다. 따라서 정답은 ④이다.

**오답 피하기** ①말만 귀양 보낸다: 말을 하여도 상대편의 반응이 없으므로, 기껏 한 말이 소용없게 되는 경우를 이르는 말.
②말로 온 동네 다 겪는다: 음식으로나 물건으로는 벅차서 많은 사람을 다 대접하지 못하므로 언변으로나마 잘 대우한다는 말.
③말 안 하면 귀신도 모른다: 하고 싶은 말은 마음속으로만 애태울 것이 아니라 시원스럽게 해야 함을 비유적으로 이르는 말.
⑤말은 해야 맛이고 고기는 씹어야 맛이다: 마땅히 할 말은 해야 한다는 말.

## 10 혼동하기 쉬운 어휘 구별

'걷잡다'는 주로 '없다', '못하다'와 함께 쓰여, '…을 한 방향으로 치우쳐 흘러가는 형세 따위를 붙들어 잡다.'를 '겉잡다'는 '…을 겉으로 보고 대강 짐작하여 헤아리다.'의 의미로 쓰인다. 따라서 정답은 ④이다.

**오답 피하기** ①'기한(期限)'은 '미리 한정하여 놓은 시기', '기일(期日)'은 '정해진 날짜'의 뜻이다.
②'조종(操縱)'은 '비행기나 선박, 자동차 따위의 기계를 다루어 부림'이나 '다른 사람을 자기 마음대로 다루어 부림', '조정(調停)'은 '분쟁을 중간에서 화해하게 하거나 서로 타협점을 찾아 합의하도록 함'의 의미이다.
⑤'충돌(衝突)'은 '서로 맞부딪치거나 맞섬', '추돌(追突)'은 '자동차나 기차 따위가 뒤에서 들이받음'의 뜻이다.

## 11 수능국어 제시문 속 어휘 탐구

㉤'주도'의 의미는 '주동적인 처지가 되어 이끎.'이고, '어떤 일을 책임을 지고 맡아 관리함.'이란 의미를 지닌 단어는 '주관'이다. 따라서 정답은 ⑤이다.

## 12 수능국어 제시문 속 어휘 탐구

㉡'집약'은 '한데 모아져서 요약됨.'이라는 뜻이다. '이미 있는 것에 덧붙이거나 보탬'은 '첨가'의 뜻이므로 적절하지 않다. 따라서 정답은 ②이다.

## 13 수능국어 제시문 속 어휘 탐구

㉣'기대하는'의 사전적 의미는 '기다리다', '바라다', '원하다'의 뜻으로 사용된다. 제시문에서는 문맥적으로 '바라는'으로 사용하는 것이 적절하다. 따라서 정답은 ④이다.

## 14 수능국어 제시문 속 어휘 탐구

문맥적으로 볼 때 ㉤'신장(伸張)'은 '길이나 힘, 권리 따위를 길게 늘임'의 의미로 사용된 어휘이다. '시설이나 외관 따위를 새로 장치함'의 의미는 '신장(新裝) 개업'이라고 할 때 나타나는 의미이다. 따라서 정답은 ⑤이다.

# 제 03 회

```
01. ③   02. ⑤   03. ①   04. ④   05. ①
06. ①   07. ③   08. ③   09. ①   10. ①
11. ③   12. ④   13. ④   14. ①
```

## 01 어휘의 사전적 의미

'형평(衡平)'의 사전적 의미는 '한쪽으로 치우치지 않고 균형이 맞음', '낮고 못함이 없이 균형을 이룸'이다. 따라서 정답은 ③이다.

**오답 피하기** ①은 '대치(對峙)', ②는 '균질(均質)', ④는 '평행(平行)', 그리고 ⑤는 '평형(平衡)'의 의미이다.

## 02 어휘의 확장된 의미

ⓜ '거품'의 일차적 의미는 '액체가 기체를 머금고 부풀어서 생긴, 속이 빈 방울'이다. 하지만 문항 ⑤에서 '거품'은 '현상 따위가 일시적으로 생겨 껍데기만 있고 실질적인 내용이 없는 상태를 비유적으로 이르는 말'로 쓰였다. 따라서 정답은 ⑤이다.

## 03 어휘의 문맥적 의미

제시문의 ㉠은 '일정한 형식이나 격식'이라는 의미이다. 따라서 정답은 ①이다.

**오답 피하기** ②, ⑤'어떤 물건의 테두리나 얼개가 되는 물건'이라는 뜻으로 사용되었다.
③'만들고자 하는 물건의 일정한 모양을 잡는 데 쓰는 물건'의 의미로 사용되었다.
④'사람 몸이 외적으로 갖추고 있는 생김새나 균형'이라는 뜻으로 사용되었다.

## 04 어휘의 문맥적 의미

제시문에서 ㉠의 문맥적 의미는 '어떤 것이 나타나다'이다. 이런 의미로 쓰인 것은 ④이다. 정답은 ④이다.

**오답 피하기** ①'짜거나 엮다'의 의미이다.
②'경혈에 놓고 태우다'의 의미이다.
③'인기를 얻다'의 의미이다.

⑤'(자리를) 비우다'의 의미이다.

## 05 적절한 어휘 선택

제시문의 ㉠에 들어갈 말은 문맥상 '배워서 자기 것으로 하다'의 뜻이므로 '습득(習得)'이 맞는 말이다. 따라서 정답은 ①이다.

**오답 피하기** ②획득(獲得): 손에 넣음, 얻음.
③납득(納得): 남의 말이나 행동을 잘 이해함.
④수득(收得): 거두어들여 제 것으로 함.
⑤생득(生得): 타고나다.

## 06 적절한 어휘 선택

'실연을 당한'에서 '감상적'이란 단어가, '사태를 악화시키는 대응'에서 '감정적'이란 단어가, '이지적'과 상대어라는 점에서 '감성적'이란 단어가 적합하다. 따라서 정답은 ①이다.

**오답 피하기** '감상'이란 단어는 한자가 다름에 따라 여러 가지 뜻을 가지고 있지만, '감상-적'은 '하찮은 일에도 쉽게 감동하고 슬퍼하는 경향인…'이라는 뜻이다.

## 07 적절한 어휘 대체

효소의 유전자를 다른 생물에 넣는다는 것은 '주입(注入)하다: 액체 등을 물체 안에 흘려 넣음'의 의미이다. 따라서 정답은 ③이다.

**오답 피하기** ①도입(導入): 이끌어 들임.
②유입(流入): 흘러 들어옴.
④반입(搬入): 물건을 들여옴.
⑤대입(代入): 다른 것을 대신 넣음.

## 08 적절한 어휘 대체

제시문의 ㉠은 하부 맨틀의 물질이 상승류를 형성하며 위로 올라가는 상태를 표현한 말이므로, 이와 유사한 의미의 어휘로는 '움직여 옮기다'라는 뜻의 '이동(移動)하다'가 있다. 따라서 정답은 ③이다.

**오답 피하기** ①가동(可動)하다: 사람이나 기계 등이 움직여 일하다.
②약동(躍動)하다: 생기 있고 활발하게 움직이다.

④작동(作動)하다: 기계 등이 작용을 받아 움직이다.
⑤진동(振動)하다: 흔들려 움직이다.

## 09 관용적 표현의 이해

문항 ①은 차가운 공기를 쏘인 결과 실제로 머리가 아픈 현상에 대한 진술이므로 관용적 표현이라 할 수 없다. 따라서 정답은 ①이다.

**오답 피하기** ②'대인관계가 넓다'는 뜻을 나타낸다.
③'콧대가 높다'는 뜻을 나타낸다.
④'씀씀이가 크다'는 뜻을 나타낸다.
⑤'명심하다'는 뜻을 나타낸다.

## 10 혼동하기 쉬운 어휘 구별

문항 ①의 경우 '반드시'의 뜻은 '틀림없이 꼭'이고, '반듯이'는 '비뚤어지거나 기울거나 굽지 아니하고 바르다'이다. 둘 다 문맥에 맞게 올바로 사용되었다. 따라서 정답은 ①이다.

**오답 피하기** ②'바치다'의 뜻은 '모든 것을 아낌없이 내놓거나 쓰다'이고, '받치다'는 '비나 햇빛과 같은 것이 통하지 못하도록 펴 들다'이다.
③'넓이'의 뜻은 '일정한 평면에 걸쳐 있는 공간이나 범위의 크기'이고, '너비'는 '면이나 넓은 물체의 가로로 건너지른 거리'이다.
④'너머'의 뜻은 '높이나 경계로 가로막은 사물의 저쪽'이고, '넘어'는 '높은 부분의 위를 지나가다'이다.
⑤'띄다'의 뜻은 '남보다 훨씬 두드러지다'이고, '띠다'는 '빛깔이나 색채 따위를 가지다'이다.

## 11 수능국어 제시문 속 어휘 탐구

'억제'의 사전적 의미는 '정도나 한도를 넘어서 나아가려는 것을 억눌러 그치게 함.'이다. '조건을 붙여 내용을 제한함.'은 '제약'의 사전적 의미이다. 따라서 정답은 ③이다.

## 12 수능국어 제시문 속 어휘 탐구

ㄹ'막론하고'는 '대상을 특성에 따라 가리거나 구별하여 논하지 않고'를 의미하므로 '가리지 않고' 정도로 바꾸어 쓰는 것이 적절하다. 따라서 정답은 ④이다.

## 13 수능국어 제시문 속 어휘 탐구

ㄱ'지평'은 '사물의 전망이나 가능성 따위'를, ㄴ'무방하다'는 '거리낄 것이 없다', '지장이 없다', '괜찮다' 등을, ㄷ'집약시키다'는 '한데 모아 요약하다'를, ㅁ'절감하다'는 '절실히 느낌', '깊이 느낌' 등의 뜻을 가지고 있다. 그리고 ㄹ'감안하다'는 '참작하여 생각하다', '헤아려 살피다' 등의 뜻을 지니고 있다. 따라서 정답은 ④이다.

## 14 수능국어 제시문 속 어휘 탐구

제시문의 ㄱ'기발'은 '생각할 수 없을 만큼 유달리 재치 있게 뛰어나다'는 뜻이다. 문항 ①의 '수준이나 실력이 훨씬 뛰어남'은 '월등'의 의미이다. 따라서 정답은 ①이다.

# 제 04 회

## 01 어휘의 사전적 의미

농약을 사용함에 따라 그 약효가 점차 줄어들지 않는다면, 해충의 저항성에 대한 고민이 필요없을 것이라 추리할 수 있다. 따라서 정답은 ⑤이다.

**오답 피하기** ①주로 내열성(耐熱性), 내한성(耐寒性) 등의 단어에 사용된다.
②'내성이 생기다'라고 할 때 사용된다.
③'생분해'라는 용어에 대한 뜻풀이에 해당한다.
④'생물학적 동등성'이라는 용어가 갖는 의미이다.

## 02 어휘의 의미 변화

제시문의 ㉠은 속담이 구수하다는 것이므로 '구수하다'의 원래 의미가 전이되어 '말이나 이야기 따위가 마음을 끄는 은근한 맛이 있다'는 의미로 사용되었다. 이렇게 전의적(轉義的) 의미로 사용되지 않은 것은 '햇볕이 따가워'에서 '따갑다'를 본래 의미대로 사용한 ④이다. 이 단어가 전의적으로 사용된 예는 '따가운 시선', '따가운 질책' 등이다. 따라서 정답은 ④이다.

## 03 어휘의 문맥적 의미

제시문에서 ㉠의 '맛'은 '제격으로 느껴지는 만족스러운 기분'이란 의미로 사용되었다. 문항 ⑤에서의 '맛'은 '음식 따위를 혀에 댈 때에 느끼는 감각'의 의미이다. 따라서 정답은 ⑤이다.

## 04 어휘의 문맥적 의미

제시문에서 ㉠의 문맥적 의미는 '생리적인 현상이 생겨나게 하다'이다. 이와 유사한 의미로 쓰인 경우는 문항 ⑤이다. 따라서 정답은 ⑤이다.

**오답 피하기** ①'물리적이거나 자연적인 현상을 만들어

내다'의 의미이다.
②'어떤 사태나 일을 벌이거나 터뜨리다'의 의미이다.
③'무엇을 시작하거나 흥성하게 만들다'의 의미이다.
④'심리적인 현상이 생겨나게 하다'의 의미이다.

## 05 적절한 어휘 선택

'원서를 대학에 내다'의 의미이므로 '제출하다'가 적절하다. 따라서 정답은 ②이다.

**오답 피하기** ①제기(提起)하다: 논의의 대상으로 내어놓다.
③제안(提案)하다: 안건으로 내어놓다.
④제의(提議)하다: 의견이나 안건 따위를 내어놓다.
⑤제시(提示)하다: 글이나 말로 드러내 보이거나 가리키다. 어떤 목적을 위해 내어 보이다.

## 06 적절한 어휘 선택

'보조(補助)'는 '보태어 도움'을, '보완(補完)'은 '모자라거나 부족한 것을 보충하여 완전하게 함'을, '보충(補充)'은 '부족한 것을 보태어 채움'을 뜻하는 어휘이다. 따라서 정답은 ④이다.

## 07 적절한 어휘 대체

제시문의 ㉠은 '끝까지 따지어 밝히다'는 의미의 '추궁(追窮)하다'와 바꾸어 쓰는 것이 적합하다. 따라서 정답은 ②이다.

**오답 피하기** ①조사(調査)하다: 명확하게 알기 위하여 자세히 살펴보거나 밝히다.
③전가(轉嫁)하다: 책임을 남에게 넘겨씌우다.
④부과(賦課)하다: 세금, 일, 책임 따위를 부담하게 하다.
⑤문의(問議)하다 : 물어서 의논하다.

## 08 적절한 어휘 대체

'내포(內包)하다'는 '어떤 성질이나 뜻 따위를 속에 품고 있음'을 가리키는 말로, '대의제 민주주의'가 '취약성'이라는 성질을 안에 지니고 있음을 의미하는 ㉠의 경우와 의미가 일치한다. 따라서 정답은 ①이다.

②수용(受容)하다: 어떤 것을 받아들이다.

③용인(容認)하다: 용납하여 인정하다.

④포용(包容)하다: 남을 너그럽게 감싸 주거나 받아들이다.

⑤함축(含蓄)하다: 겉으로 드러내지 아니하고 속에 간직하다.

## 09 한자 성어의 이해

이자 몇 푼을 욕심내다가 더 큰 돈을 떼이게 되었다. 이는 작은 것을 탐하다가 큰 것을 잃는다는 의미의 '소탐대실(小貪大失)'의 상황이라고 할 수 있다. 따라서 정답은 ②이다.

**오답 피하기** ①금상첨화(錦上添花): 비단 위에 꽃을 더한다는 의미이다.

③점입가경(漸入佳境): 들어갈수록 점점 재미가 있거나 시간이 지날수록 하는 짓이나 몰골이 더욱 꼴불견임을 비유적으로 이르는 말이다.

④진퇴양난(進退兩難): 이러지도 저러지도 못하는 어려운 처지를 가리킨다.

⑤풍전등화(風前燈火): 바람 앞의 등불이라는 뜻으로 사물이 매우 위태로운 처지에 놓여 있음을 비유적으로 이르는 말이다.

## 10 혼동하기 쉬운 어휘 구별

'들어내다'는 '물건을 들어서 밖으로 옮기다', 혹은 '사람을 있는 자리에서 쫓아내다'를 뜻하는 단어이고, '드러내다'는 '가려 있거나 보이지 않던 것을 보이게 하다', 또는 '알려지지 않은 사실을 널리 밝히다'는 뜻을 지닌 단어이다. 문항 ③은 서로 맞바꾸어 사용해야 된다. 따라서 정답은 ③이다.

## 11 수능국어 제시문 속 어휘 탐구

제시문 속 ⓒ '소재(所在)'는 '어떤 곳에 있음, 또는 있는 곳'을 말한다. 문항 ③의 '어떤 것을 만드는 데 바탕이 되는 재료'를 뜻하는 어휘는 '소재(素材)'이다. 따라서 정답은 ③이다.

## 12 수능국어 제시문 속 어휘 탐구

제시문에서 ⓜ은 '정도나 경지가 점점 깊어짐'의 의미로 쓰였으므로 '늘어나는'으로는 바꾸어 쓸 수 없다. 따라서 정답은 ⑤이다.

**오답 피하기** ①㉠은 '어떤 한 방향으로 치우쳐 쏠리다'의 의미로 쓰였으므로 '치우치는'으로 바꿀 수 있다.

②ⓛ은 '어떤 일이나 생물이 생겨남'의 뜻으로 쓰였으므로 '일어나는'으로 바꿀 수 있다.

③ⓒ은 '어떠한 의사를 말이나 글로 나타내어 보임'의 의미로 쓰였으므로 '들어'로 바꿀 수 있다.

④ⓔ은 '어떤 방향이나 상태로 바뀌거나 바꿈'의 의미로 쓰였으므로 '바뀐다'로 바꾸어 쓸 수 있다.

## 13 수능국어 제시문 속 어휘 탐구

제시문에서 ⓔ은 '사용하다'의 의미이므로 '생산자로부터 소비자에 도달하기까지 여러 단계에서 교환되고 분배되다'는 의미의 '유통되고'로 바꿀 수 없다. 따라서 정답은 ④이다.

**오답 피하기** ①추출(抽出)하다: 전체 속에서 빼 내다.

②완료(完了)되다: 완전히 끝나다.

③발생(發生)하다: 새로 생겨나거나 일어나다.

⑤흡수(吸收)하다: 안으로 빨아들이다.

## 14 수능국어 제시문 속 어휘 탐구

제시문 속 ⓛ의 '지니고'는 '정치적 이념'이라는 목적어와 호응한다. 그런데 '소지(所持)'는 '가지고 있는 일. 또는 그런 물건'을 뜻하는 말이므로 문맥상 '지니고'와 바꾸어 쓰기에 적절하지 않다. 바꾸어 쓴다면 '어떤 견해나 입장 따위를 굳게 지니거나 지킴'을 의미하는 '견지(堅持)하고'가 적절하다. 따라서 정답은 ②이다.

**오답 피하기** ①진출(進出)하다: 나아가 활동하기 시작하다.

③분열(分裂)되다: 갈라져 나뉘게 되다.

④봉착(逢着)하다: 대하여 맞닥뜨리다.

⑤첩경(捷徑): 가깝게 질러서 가는 빠른 길.

# 제 05 회

## 01 어휘의 사전적 의미

㉠은 '(어떤 일을) 재촉하여 빨리 진행하도록 함'의 뜻이다. 따라서 정답은 ③이다.

**오답 피하기** ①은 전진(前進), ②는 증가(增加), ④는 성장(成長), ⑤는 증진(增進)의 사전적 의미이다.

## 02 어휘의 의미 파악

'언저리'는 '둘레의 가 부분'을, '가장자리'는 '둘레나 끝에 해당하는 부분'을, '테두리'는 '둘레의 가장자리'를 각각 의미한다. 모두 가장자리나 끝을 의미하는 '주변'의 의미 요소를 담고 있다고 할 수 있다. 따라서 정답은 ①이다.

## 03 어휘의 문맥적 의미

제시문의 ㉠에 사용된 '길'은 '수단이나 방법'을 의미한다. 주로 '(-은/는/을) 길'이라는 형태로 쓰인다. 정답은 ③이다.

**오답 피하기** ①'걷거나 탈것을 타고 어느 곳으로 가는 노정(路程)'의 의미로 사용되었다.
②'어떤 행동이 끝나자마자 즉시'의 뜻으로 사용되었다.
④'어떠한 일을 하는 도중이나 기회'의 의미로 사용되었다.
⑤'사람이 삶을 살아가거나 사회가 발전해 가는 데에 지향하는 방향, 지침, 목적이나 전문 분야'의 의미로 사용되었다.

## 04 어휘의 문맥적 의미

문항 ④의 '그린'은 ㉠과 같이 '생각, 현상 따위를 말이나 글 등으로 나타낸다'는 의미이다. 따라서 정답은 ④이다.

**오답 피하기** ①'연필, 붓 따위로 어떤 사물의 모양을 선이나 색으로 나타내다'의 의미로 사용되었다.
②'어떤 모양을 일정하게 나타내다'의 의미로 사용되었다.
③'상상하거나 회상하다'의 의미로 사용되었다.
⑤'어떤 표정을 짓다'의 의미로 사용되었다.

## 05 적절한 어휘 선택

'부르다'는 제시문의 첫 번째 문장에서는 '무엇이라고 가리켜 말하거나 이름을 붙이다'의 의미로, 두 번째 문장에서는 '어떤 행동이나 말이 관련된 다른 일이나 상황을 초래하다'의 의미로, 세 번째 문장은 '구호나 만세 따위를 소리 내어 외치다'의 의미로 사용되었다. 따라서 정답은 ②이다.

## 06 적절한 어휘 선택

제시문의 ㉠에는 '둘 이상의 사물이나 사람이 서로 관계를 맺어 하나가 됨'의 의미로 쓰이는 '결합(結合)'이 적절하며, ㉡에는 '둘 이상의 조직이나 기구 따위를 하나로 합침'의 뜻인 '통합(統合)'이, 그리고 ㉢에는 '두 가지 이상의 사물이 서로 합동하여 하나의 조직체를 만듦. 또는 그렇게 만든 조직체'의 의미로 쓰이는 '연합(聯合)'이 적절하다. 따라서 정답은 ⑤이다.

## 07 적절한 어휘 대체

제시문의 ㉠은 화가들이 당시 자신들이 느꼈던 위기를 극복하기 위한 '방법'을 말한다. 이와 같은 의미로 쓰인 것은 '돌파구(突破口)'이다. 이 말은 곤란한 문제 따위를 해결하는 실마리를 뜻하는데, 그 의미는 ㉠과 비슷하다. 따라서 정답은 ①이다.

**오답 피하기** ⑤해방구: 혁명 세력이 중앙 권력의 지배를 배제하고 그 세력을 확립한 지구.

## 08 적절한 어휘 대체

도착(到着)은 '이르다', 전달(傳達)은 '보내다', 발생(發生)은 '생기다'를 뜻한다. 그리고 앞의 모든 의미를 포함하고 있는 다의어는 '가다'이다. 따라서 정답은 ②이다.

## 09 관용적 표현의 이해

문항 ①의 '눈이 커서'는 직접적으로 그 의미를 파악할 수 있는 말로 관용적 표현과는 거리가 멀다. 따라서 정답은 ①이다.

**오답 피하기** ②'손을 끊겠다'는 '관계를 끊다'의 의미로 사용되는 관용적 표현이다.

③'발이 넓어서'는 '인간 관계가 넓다'의 의미로 사용되는 관용적 표현이다.

④'코가 높아서'는 '잘난 체 하는 기세가 있다'의 의미로 사용되는 관용적 표현이다.

⑤'덜미를 잡혔다'는 '발각되다'의 의미로 사용되는 관용적 표현이다. '덜미'는 '목'에 해당하는 우리말이다.

## 10 혼동하기 쉬운 어휘 구별

'갑절'은 어떤 수량의 두 배를, '곱절'은 어떤 수량의 세 배 이상일 경우 쓰인다. 따라서 정답은 ③이다.

**오답 피하기** ①'탓'은 부정적 의미에, '덕분'은 긍정적인 의미에 쓰인다.

②'너비'는 (평면이나 넓게 된 물체의 길이를 전제로 하여) 가로 퍼진 길이를 가리키는 말이다. 즉, 폭(가로 길이)을 가리킬 때 쓰는 말이다. '넓이'는 '넓은 정도, 일정하게 차지하는 평면의 크기'를 가리키는 말이다. 즉, 면적을 가리킬 때 쓰인다.

④'경신(更新)'은 이제까지 있던 것을 고쳐 새롭게 함을 의미하는데, 법적인 효력 관계에 있을 경우에 쓰일 때에는 '갱신'이다.

⑤'밭뙈기'는 얼마 안 되는 밭을 얕잡아 일컫는 말이고, '밭떼기'는 밭을 단위로 농산물을 일괄 거래하는 것이다.

## 11 수능국어 제시문 속 어휘 탐구

제시문의 ⓒ '제압(制壓)'의 사전적 의미는 '위력이나 위엄으로 세력이나 기세 따위를 억눌러서 통제함'으로 '제어하여 누르다'라는 의미이다. 따라서 정답은

②이다.

## 12 수능국어 제시문 속 어휘 탐구

문맥상 ⓒ의 의미는 '경시(輕視)'가 적합하다. '경도(傾倒)'는 '한 쪽으로 기울여 쏟음. 넘어서 엎어짐'의 의미를 지닌 단어이다. 따라서 정답은 ③이다.

**오답 피하기** ①각인(刻印)되다: (마음 속이나 머릿속에 뚜렷하게 기억되어) 오래 잊혀지지 않게 됨.

②선호(選好)하다: 여럿 중에서 가려서 좋아함.

④포착(捕捉)하다: 문제 · 의미 · 단서 따위를 발견하다.

⑤분리(分離)하다: 서로 나뉘어 떨어짐. 또는 그리 되게 함.

## 13 수능국어 제시문 속 어휘 탐구

ⓜ '체계화'의 사전적 의미는 '일정한 원리에 따라서 낱낱의 부분이 짜임새 있게 조직되어 통일된 전체로 됨. 또는 그렇게 되게 함.'이라는 뜻이다. 따라서 정답은 ⑤이다.

## 14 수능국어 제시문 속 어휘 탐구

문항 ③의 '피력하다'는 '생각하는 것을 털어놓고 말한다'는 의미이다. 따라서 정답은 ③이다.

**오답 피하기** ①상등(相等)하다: 등급이나 정도 따위가 서로 비슷하거나 같다.

②분포(分布)되다: 여기저기 흩어져 퍼지게 되다.

④승계(承繼)하다: 뒤이어 물려받다.

⑤소급(遡及)되다: 그 영향이나 효력이 지난날에까지 거슬러 올라가서 미치게 되다.

# 제 06 회

01.① 02.③ 03.⑤ 04.③ 05.①
06.② 07.① 08.① 09.③ 10.①
11.② 12.③ 13.③ 14.④

## 01 어휘의 사전적 의미

'들이마시고'의 의미를 갖는 것은 '흡입(吸入)'이다. '흡입'은 '기체나 액체 따위를 빨아들임'을 의미한다. 정답은 ①이다.

**오답 피하기** ②흡수(吸水): 물을 안으로 빨아들임.
③흡착(吸着): 어떤 것이 달라붙음.
④투입(投入): 물자, 자금, 설비, 인원 등을 필요한 곳에 들여다 넣음.
⑤주입(注入): 어떠한 사상이나 지식 따위를 능동적으로 깨우칠 수 있도록 계발시켜 주는 대신에 남에게 일방적으로 불어넣거나 기계적으로 외우게 함.

## 02 어휘의 의미 관계

제시문에서 ㉠ '만족하다'는 '마음에 흡족하다, 흡족하게 생각하다'의 의미이다. 선지에 들어있는 단어가 다의 관계를 형성할 때 '만족하다'의 의미로 쓰이느냐를 묻는 문제이다. 문항 ③의 '상당'은 '걸맞는'의 의미로 쓰였기 때문에 ㉠과는 거리가 멀다. 따라서 정답은 ③이다.

## 03 어휘의 문맥적 의미

제시문에서 ㉠ '윤활유'는 기계가 맞닿는 부분의 마찰을 줄여 원활한 작동을 돕는 기능을 한다. 사회적 자본에서는 신뢰가 경제 주체 간의 갈등을 줄여 협력을 촉진하는 기능을 한다. 따라서 정답은 ⑤이다.

## 04 어휘의 문맥적 의미

제시문에서 ㉠의 '주다'는 '좋지 않은 영향을 미치게 하다'의 의미이다. 따라서 정답은 ③이다.

**오답 피하기** ①'속력이나 힘을 가하다'의 의미이다.

②'물건을 남에게 건네다'의 의미이다.
④'다른 사람에게 정을 베풀거나 터놓다'의 의미이다.
⑤'남에게 어떤 자격이나 권리, 점수 따위를 가지게 하다'의 의미이다.

## 05 적절한 어휘 선택

문맥에 적절한 어휘를 사용할 수 있는지를 묻는 문제이다. 여기저기서 조금씩 복사하여 책을 만드는 경우, 이는 여럿을 한데 모아 한 덩어리로 짠다는 의미를 갖는 '조합(組合)'이 가장 적절하다. 정답은 ①이다.

**오답 피하기** ②담합(談合): 서로 의논하여 합의함.
③병합(併合): 둘 이상의 기구나 단체, 나라 따위를 하나로 합침.
④규합(糾合): 어떤 일을 꾸미려고 세력이나 사람을 모음.
⑤접합(接合): 한데 대어 붙임. 또는 한데 닿아 붙임.

## 06 적절한 어휘 선택

'해명(解明)'은 '까닭이나 내용을 풀어서 밝힘'의 의미이며, '발언(發言)'은 '말을 꺼내어 의견을 나타냄 또는 그 말'의 의미이다. '진술(陳述)'은 '일이나 상황에 대하여 자세하게 이야기함', 또는 법률 용어로서, 구체적인 법률 상황이나 사실에 관한 지식, 관련되는 상황을 알리는 일을 의미한다. 따라서 정답은 ②이다.

## 07 적절한 어휘 대체

'한쪽'으로 치우침의 의미를 가지는 한자어는 '편향(偏向)'이다. 정답은 ①이다.

**오답 피하기** ②편애(偏愛): 어느 한 사람이나 한쪽만을 유달리 사랑함.
③편재(偏在): 한곳에 치우쳐 있음.
④편식(偏食): 음식을 가려서 특정한 음식만 즐겨 먹음.
⑤편협(偏狹)하다: 좁고 한쪽에 치우쳐 있다.

## 08 적절한 어휘 대체

㉠의 '밝히다'는 '어떤 사실을 자세히 따져서 바로 알

다'는 의미인 '규명(糾明)하다'로 바꿀 수 있고, ㉡의 '끄집어내다'는 '전체 속에서 어떤 물건, 생각, 요소 따위를 뽑아냄'의 의미인 '추출(抽出)하다'로 대체할 수 있다. 따라서 정답은 ①이다.

**오답 피하기** ②규정(規定)하다: 하기로 정하여 두다. / 추인(追認)하다: 과거로 소급하여 인정하다.
③표명(表明)하다: 드러내어 명백히 밝히다. / 선별(選別)하다: 여럿 중에서 가려서 따로 나누거나 골라서 추려내다.
④표방(標榜)하다: 어떤 명목을 붙여 앞에 내세우다. / 색출(索出)하다: 뒤져서 찾아내다.
⑤명명(命名)하다: 이름을 붙이다. / 발췌(拔萃)하다: 가려 뽑다.

## 09 속담의 이해

문항 ③의 '암탉이 울면 집안이 망한다'는 속담은 남녀 차별적인 전근대적 의미를 지닌 속담인데, 이를 현대적으로 바꾼 '암탉이 울면 알을 낳는다'는 말은 여성의 능력을 강조하는 긍정적인 표현이므로, 이 경우에는 속담을 현대적으로 패러디하는 과정에서 의미가 전혀 다르게 변화하였음을 알 수 있다. 정답은 ③이다.

**오답 피하기** ①,②,④,⑤는 모두 기존의 속담에 약간의 변형을 가해서 표현 효과를 높이고 있는데, 의미 변화는 거의 일어나지 않았다.

## 10 혼동하기 쉬운 어휘 구별

문항 ①에서 '채'는 '일정한 정도에 아직 이르지 못한 모양. 미처. 제대로.'라는 뜻의 부사이고, '체'는 어미 '-ㄴ' '-은', '-는' 뒤에 쓰이며 '~하는 척'이란 뜻의 명사이다. 따라서 정답은 ①이다.

## 11 수능국어 제시문 속 어휘 탐구

㉡'배가시켜 주는'의 사전적 의미는 '배로 늘려 준다'는 것으로, 여기서는 '크게 하는' 정도의 의미로 사용되었다. 따라서 '만드는'으로 바꿔 쓰는 것은 적절하지 않다. 정답은 ②이다.

**오답 피하기** ①'소모되었을'은 '시간이'라는 주어와의 호

응을 생각하면 '걸렸을'로 바꾸는 것이 적절하다.
③'파손되어'는 사전적 의미로 '깨뜨려 못 쓰게 되어'로, 문맥상 이와 유사한 '부수어져'로 바꿔 쓰는 것이 적절하다.
④'반발하는'은 '같은 극끼리' '밀어내는' 자석의 성질을 이야기한 것으로 '밀어내는'으로 바꿔 쓰는 것이 적절하다.
⑤'초래'는 사전적 의미가 '불러서 오게 함'이므로 '불러올'로 바꿔 쓰는 것이 적절하다.

## 12 수능국어 제시문 속 어휘 탐구

㉢'주목'은 '관심을 가지고 주의 깊게 살핌'의 의미이다. '경고나 훈계의 뜻으로 일깨움'의 의미를 지닌 단어는 '주의(注意)'이다. 따라서 정답은 ③이다.

## 13 수능국어 제시문 속 어휘 탐구

㉢'규합(糾合)'의 뜻은 '어떤 일을 꾸미려고 세력이나 사람을 모음'이다. '남을 깨치어 이끌어 줌'이란 뜻을 가진 단어는 '계도(啓導)'이다. 따라서 정답은 ③이다.

## 14 수능국어 제시문 속 어휘 탐구

문맥상 ㉣은 '정렬(整列)'이 아니다. '정렬(整列)'은 가지런하게 줄지어 늘어서 있는 것을 가리키는 단어이다. ㉣의 앞말이 '무작위'이므로 정렬(整列)로 바꿔 쓸 수가 없다. 따라서 정답은 ④이다.

# 제 07 회

01. ①　02. ②　03. ③　04. ⑤　05. ④
06. ②　07. ①　08. ①　09. ①　10. ⑤
11. ③　12. ⑤　13. ②　14. ①

## 01 어휘의 사전적 의미

'불세출'은 '좀처럼 세상에 나타나지 아니할 만큼 뛰어남', '테두리'는 '죽 둘러서 친 줄이나 금 또는 장식' 또는 '일정한 범위나 한계'를 의미하는 말이다. 따라서 정답은 ①이다.

**오답 피하기** '팔불출'은 '몹시 어리석은 사람', '변두리'는 '어떤 지역의 가장자리가 되는 곳', '밀반출'은 '물건 따위를 몰래 국외로 내감', '넋두리'는 '불만을 길게 늘어놓으며 하소연함'을 뜻한다.

## 02 고유어와 한자어의 대응

'돌려주다(반환하다)', '손실을 물어주다(변상하다)', '은혜를 갚다(보답하다)', '앙갚음하다(보복하다)' 등의 의미를 모두 포괄할 수 있는 고유어는 '꾸거나 빌리거나 받은 것을 도로 돌려주다, 은혜, 원한 등을 그에 맞게 보답하다'의 뜻을 가진 '갚다'이다. 정답 ②이다.

## 03 어휘의 문맥적 의미

제시문의 ㉠은 시나위의 본래의 특성이 사라져 드러나지 않는다는 비유적 의미로 사용되고 있다. 문항 ③ 역시 음식 재료 본래의 맛이 사라져 나타나지 않는다는 의미로 사용되고 있다. 따라서 정답은 ③이다.

**오답 피하기** ①마음이나 의식 속에서 잊혀지다.
②성질이나 기운 따위가 꺾이다.
④불이 꺼지다.
⑤제 기능을 하지 못하다.

## 04 어휘의 문맥적 의미

제시문의 ㉠은 '형세나 수준 등이 낮아지다'는 의미인데 이와 같은 의미로 쓰이고 있는 것은 문항 ⑤이다.

정답은 ⑤이다.

**오답 피하기** ①'시험에 뽑히지 못하다'의 의미이다.
②'헤어지다'의 의미이다.
③'수준이나 정도가 못하다'의 의미이다.
④'이익이 남다'의 의미로 문맥상 '몫으로 돌아오다'의 의미이다.

## 05 적절한 어휘 선택

제시문은 곤충이 특정 약품에 대해 저항력을 갖는 내성을 설명하고 있다. 따라서 정답은 ④이다.

## 06 적절한 어휘 선택

비슷한 의미를 가진 어휘를 문맥에 맞게 사용할 줄 아는가를 확인하는 문제이다. '빌미'는 부정적 결과를 초래한 일에, '계기'는 긍정적 결과를 유발한 경우에 사용한다. '구실'은 '핑계'의 의미이다. 따라서 정답은 ②이다.

## 07 적절한 어휘 대체

제시문의 ㉠은 '판단이나 결론 따위를 이끌어 냄'을 의미하는 '도출(導出)'로 바꾸어 쓸 수 있다. 정답은 ① 이다.

**오답 피하기** ②'창출'은 '그전에 없던 것을 처음으로 생각하여 만들어 내거나 지어 내는 것'을 의미한다.
③'색출'은 '문제가 되는 대상을 뒤져서 찾아내는 것'을 의미한다.
④'인출'은 '예금 등을 찾는 것'을 의미한다.
⑤'표출'은 '겉으로 나타내는 것'을 의미한다.

## 08 적절한 어휘 대체

㉠은 '함께 쓰임'이나 '아울러 쓰임'을, ㉡은 '사용된다'를 뜻하는 쓰임이다. 따라서 ㉠은 '병용(竝用/倂用)'이나 혼용(混用), ㉡은 '사용(使用)'의 뜻으로 쓰였다. 병용(竝用/倂用)은 '아울러 같이 씀'을, 사용(使用)은 '일정한 목적이나 기능에 맞게 씀'을 뜻하는 어휘이다. 정답은 ①이다.

**오답 피하기** '적용(適用)'은 알맞게 이용하거나 '맞추어 씀'을, '범용(汎用)'은 '여러 분야나 용도로 널리 쓰는 것'을, '통용(通用)'은 '일반적으로 두루 쓰임'을, '활용(活用)'은 '충분히 잘 이용함'을, '겸용(兼用)'은 '한 가지를 여러 가지 목적으로 씀'을, '소용(所用)'은 '쓸 곳. 또는 쓰이는 바'를, '응용(應用)'은 '어떤 이론이나 이미 얻은 지식을 구체적인 개개의 사례나 다른 분야의 일에 적용시켜 이용함'을 뜻하는 어휘이다.

## 09 관용어의 활용
①의 '손이 닿다'는, '손'과 '닿다(어떤 물체가 다른 물체에 맞붙어 사이에 빈틈이 없게 되다)'의 사전적 의미가 그대로 유지되고 있기 때문에 관용어의 조건인 '제 3의 새로운 뜻을 나타내는 의미 단위'에 해당하지 않는다. 따라서 정답은 ①이다.

## 10 혼동하기 쉬운 어휘 구별
문항 ⑤의 '일체'는 '모든 것'의 뜻이고, '일절'은 부인하거나 금지하는 말과 어울려, '아주', '도무지', '전혀', '절대로'의 뜻으로 쓰는 말이다. 정답은 ⑤이다.
**오답 피하기** ①'늘리다'는 '본디보다 부피를 크게 하거나 수를 많게 하다', '늘이다'는 '본디보다 더 길게 하다'의 뜻이다.
②'담다'는 '그릇 속에 물건을 넣다', '담그다'는 '김치 간장 술 따위를 만들 때 그 원료에 물을 부어 익도록 하다'의 뜻이다.
③'머지 않다'는 시간적 개념이고, '멀지 않다'는 공간적 개념을 의미한다.
④'껍질'은 '거죽을 싸고 있는 단단하지 않으나 질긴 물질', '껍데기'는 '겉을 싸고 있는 단단한 물질'을 의미한다.

## 11 수능국어 제시문 속 어휘 탐구
ⓒ'진부하다'의 의미는 '묵어서 낡다, 낡아서 새롭지 못하다, 케케묵고 낡다'의 뜻을 지니고 있으므로 '느슨하다'와는 거리가 멀다. 정답은 ③이다.

## 12 수능국어 제시문 속 어휘 탐구
ⓓ'유발(誘發)'은 '어떤 것에 이끌려 다른 일이 일어난다'는 뜻을 가지고 있다. 정답은 ⑤이다.

## 13 수능국어 제시문 속 어휘 탐구
ⓑ'병렬식으로'의 경우 문맥적으로 '옆으로 나란히'라는 의미로 사용되었으므로 '번갈아가며'의 의미와는 다르다. 따라서 정답은 ②이다.

## 14 수능국어 제시문 속 어휘 탐구
문맥상 ㉠'살펴보면서'라는 구절은 자기 반성의 뜻을 내포하고 있는 '성찰(省察)'이라는 단어보다는 사물을 뚜렷이 밝히기 위하여 깊이 생각하여 살핀다는 의미를 지닌 '고찰(考察)'이 적절하다. 정답은 ①이다.

# 제 08 회

01.③  02.②  03.⑤  04.③  05.①
06.⑤  07.④  08.④  09.②  10.⑤
11.⑤  12.⑤  13.④  14.①

## 01 어휘의 사전적 의미

제시문의 '두어야'는 'ⓐ일정한 곳에 놓다', '두지'는 'ⓑ생각 따위를 가지다', '두다'는 'ⓒ중요성이나 가치 따위를 부여하다'의 의미로 분류할 수 있다. 정답은 ③이다.

## 02 어휘의 주변적 의미

어휘의 주변적 의미를 예문에 적용하는 문제이다. 문항 ②의 '나누었다'는 '대상을 구분하여 분류하다'는 의미로, '함께 하다'의 의미로 볼 수 없다. 따라서 정답은 ②이다.

## 03 어휘의 문맥적 의미

제시문 속 ㉠의 '품'은 '동작이나 모양 따위'의 의미이다. 정답 ⑤이다.
**오답 피하기** ①'어떤 일을 하는 데 드는 노력이나 수고'의 의미이다.
②'윗옷의 왼쪽 겨드랑이 밑에서 오른쪽 겨드랑이 밑까지의 넓이'를 말한다.
③'따뜻이 감싸 주거나 위안을 받을 수 있는 환경'을 비유하여 이르는 말이다.
④'두 팔을 벌려 안아 주는 가슴'이란 뜻이다.

## 04 어휘의 문맥적 의미

제시문의 ㉠은 '어떤 생각이 바탕이 되어 있다'는 의미로 쓰였다. 정답은 ③이다.
**오답 피하기** ①'무거운 것에 눌림을 당했다'는 의미이다.
②'표면에 널리 퍼져 있다'는 의미이다.
④'여러 군데에 값을 치르지 않아 빚을 지고 있다'는 의미이다.

⑤'바닥에 반반히 퍼져있다'는 의미이다.

## 05 적절한 어휘 선택

문항 ①의 '발굴'은 '땅 속에 묻혀 있는 유적 따위를 파냄' 또는 '알려지지 않거나 뛰어난 것을 찾아 냄'의 의미를 갖고 있는 단어이다. 제시문에는 '발굴'이 사용될 수 있는 문장의 용례가 나타나 있지 않다. 따라서 정답은 ①이다.
**오답 피하기** ②'발각'은 '숨겼던 일이 드러남'의 의미로, 두 번째 문장의 '비밀 조직'과 연관을 지어 사용할 수 있다.
③'발달'은 '진보하여 완전한 지경에 이름'의 의미로, 세 번째 문장 '과학 기술'과 연관을 지어 사용할 수 있다.
④'발족'은 '어떤 기관이나 단체 따위가 새로 만들어져 활동을 시작함'의 의미로, 네 번째 문장의 '감시단'과 연관을 지어 사용할 수 있다.
⑤'발명'은 '전에 없던 것을 새로 생각해 내거나 만들어 냄'의 의미로, 첫 문장의 '나침반과 종이'와 연관을 지어 사용할 수 있다.

## 06 적절한 어휘 선택

• 한창: 어떤 일이 왕성한 때, 아주 무르익은 때.
• 한참: 시간이 상당히 지나는 동안.
• 앉히다: '앉다'의 사동사로 '앉게 하다'.
• 안치다: 떡, 구이 등 음식을 만들기 위해 재료를 솥이나 냄비 따위에 넣고 음식이 되게 하다.
• 담그다: 김치, 술, 장, 젓갈 따위를 만드는 재료를 버무리거나 물을 부어서, 익거나 삭도록 그릇에 넣어 두다.
• 담다: 어떤 물건을 그릇 따위에 넣다.
정답은 ⑤이다.

## 07 적절한 어휘 대체

㉠의 문맥적인 의미는 '없애 버리다'이다. 그러므로 바꾸어 쓰기에는 '제거(除去)하다'가 적절하다. 정답은 ④이다.

**오답 피하기** ①감면(減免): 매겨야 할 부담 따위를 덜어 주거나 면제함.
②감축(減縮): 덜어서 줄임.
③약화(弱化): 세력이나 힘이 약해짐.
⑤축출(逐出): 쫓아내거나 몰아냄.

## 08 적절한 어휘 대체
㉠의 '바뀌기도'의 '바뀌다'는 본래의 상태나 성질을 버리고 다른 것으로 되는 것을 말하므로 '변화(變化)'의 의미이고, ㉡의 '바뀌기도'의 '바뀌다'는 원래 있는 것을 없애고 다른 것으로 바꾼다는 '대체(代替)'의 뜻이다. 따라서 정답은 ④이다.

## 09 한자 성어의 이해
우리 문화의 근원과 우리 문화의 바탕에 관심을 가져야 한다는 전후 진술로 미루어 보아, 근본이나 바탕에 대한 관심을 강조하는 표현을 찾아야 할 것이다. '사상누각(沙上樓閣)'은 '모래 위에 지은 집'이라는 의미로 기반이나 바탕이 튼튼해야 함을 강조하는 표현이다. 정답은 ②이다.
**오답 피하기** ①용두사미(龍頭蛇尾): '용의 머리와 뱀의 꼬리', 시작은 좋으나 끝이 좋지 않음을 비유적으로 나타내는 말.
③대기만성(大器晚成): '큰 그릇은 늦게 만들어진다', 크게 될 사람은 오랜동안 공적을 쌓은 후 능력을 인정받게 됨을 비유적으로 나타내는 말.
④설상가상(雪上加霜): '눈 위의 서리', '엎친 데 덮친 격'.
⑤발본색원(拔本塞源): '(식물의) 뿌리를 뽑고 (샘의) 근원을 막아 버림', 폐단의 가능성을 막아 버린다는 의미.

## 10 혼동하기 쉬운 어휘 구별
문항 ⑤에서 '벗겨지다'는 '덮이거나 씌어진 물건이, 외부의 힘에 의해 떼어지거나 떨어지다'의 뜻이고, '벗어지다'는 '머리카락이나 몸의 털 따위가 빠지다'의 뜻이다. 정답 ⑤.

## 11 수능국어 제시문 속 어휘 탐구
문항 ⑤에서 '다른 사람을 자기 마음대로 다루어 부림'이라는 뜻을 가진 단어는 '조종(操縱)'이다. 제시문의 ㉤'조정'은 '분쟁을 중간에 서서 화해시킴'이란 뜻을 갖고 있다. 정답은 ⑤이다.

## 12 수능국어 제시문 속 어휘 탐구
㉤'구성(構成)'의 사전적 의미는 '색채와 형태 따위의 요소를 조화롭게 조합하는 일'이다. 따라서 정답은 ⑤이다.

## 13 수능국어 제시문 속 어휘 탐구
제시문의 ㉣ '직면하다'는 '어떤 일이나 사물을 직접 당하거나 접함'이라는 의미로, '서로 부딪칠 정도로 마주 대하여 닥치다'의 의미인 '맞닥뜨린'과 바꾸어 쓸 수 있다. 정답은 ④이다.
**오답 피하기** ①㉠은 '막기' 정도로 바꿀 수 있다.
②㉡은 '자랑하면서', '내세우면서'로 바꿀 수 있다.
③㉢은 '생각하게'로 바꿀 수 있다.
⑤㉤은 '자신의 뜻을 힘써 말함'의 뜻이므로 '힘주어 말하는' 정도로 바꿀 수 있다.

## 14 수능국어 제시문 속 어휘 탐구
제시문의 ㉠'상정(想定)'은 '어떤 정황을 가정하여 단정함'을 의미한다. 문항 ①의 '토의할 안건을 내 놓음'을 뜻하는 낱말은 '상정(上程)'이다. 정답은 ①이다.

## 01 어휘의 사전적 의미

'요동(搖動)치다'의 사전적 의미는 '심하게 흔들리거나 움직이다'이다. 정답은 ⑤이다.

**오답 피하기** ①변동(變動)하다

②이동(移動)하다

③혼동(混同)하다

④유동(流動)하다

## 02 어휘의 의미 파악

문항 ①은 제시문의 용례에서 확인할 수 없는 의미이다. 이 의미가 드러나는 용례는 '감동을 표현할 길이 없었다.'와 같은 것이 된다. 정답은 ①이다.

## 03 어휘의 문맥적 의미

문항 ①의 '고치다'는 '잘못된 것이나 부족한 것, 나쁜 것 따위를 고쳐 더 좋거나 착하게 만듦'의 뜻으로 쓰였기 때문에 '수선'이 아니라 '개선'이 되어야 한다. 따라서 정답은 ①이다.

**오답 피하기** ②'이름, 제도 따위를 바꾸다'로 '개정'의 뜻으로 쓰였다.

③'잘못되거나 틀린 것을 바로잡다'로 '정정'의 뜻으로 쓰였다.

④'고장이 나거나 못 쓰게 된 물건을 손질하여 제대로 되게 하다'로 '수리'의 뜻으로 쓰였다.

⑤'병 따위를 낫게 하다'로 '치료'의 뜻으로 쓰였다.

## 04 어휘의 문맥적 의미

제시문의 ㉠은 '품었던 생각이나 버릇 따위를 스스로 잊다.'의 뜻이다. 정답은 ②이다.

**오답 피하기** ①더럽혀서 쓰지 못하게 망치다.

③사용하지 않고 묵혀 두다.

④성품이 나빠지다.

⑤사람과의 사이를 끊고 돌보지 아니하다.

## 05 적절한 어휘 선택

문항 ④의 '배척하다'의 뜻은 '반대하여 물리치다'이다. 정답은 ④이다.

**오답 피하기** ①배치(配置): 사람이나 물건을 적당한 자리나 위치에 나누어 둠.

②불평(不平): 마음에 들거나 차지 않아 못마땅하게 여김.

③박탈(剝奪): 남의 재물이나 권리, 자격 따위를 빼앗음.

⑤불신(不信): 어떤 대상을 믿지 아니함.

## 06 적절한 어휘 선택

문항 ①의 '지음(知音)'은 자기를 알아주는 참다운 벗을 비유하여 이르는 말이다. 정답은 ①이다.

**오답 피하기** ②쓸데없는 군걱정.

③온갖 사물의 맨 처음으로 됨의 비유.

④여럿 중에 가장 뛰어난 사람이나 물건.

⑤그다지 가치는 없으나 버리기가 아까운 사물을 일컫는 말.

## 07 적절한 어휘 대체

제시문의 ㉠은 '사물을 공통되는 성질에 따라 종류별로 가르다'는 의미를 지닌 '분류(分類)'가 들어간 '분류(分類)된다'로 바꿔 쓸 수 있다. 정답은 ①이다.

**오답 피하기** ②'분석(分析)'은 '얽혀 있거나 복잡한 것을 풀어 그 요소나 성분·측면 등을 밝힌다'는 의미이다.

③'대체(代替)'는 '다른 것으로 바꾼다'는 의미이다.

④'정의(定義)'는 '어떤 말이나 사물의 뜻을 명백히 밝혀 규정한다'는 의미이다.

⑤'판단(判斷)'은 '사물을 인식해서 논리나 기준 등에 따라 판정을 내린다'는 의미이다.

## 08 적절한 어휘 대체

제시문의 ㉠ '주어야'의 문맥상 의미는 '사물에 자격이나 가치를 붙여 주어야'이다. 이는 '부여하다'의 의미인 '사람에게 권리, 명예, 임무 따위를 지니도록 해 주거나 사물이나 일에 가치, 의의 따위를 붙여 줌'과 의미가 통한다. 그러므로 '주어야'는 '부여해야'로 바꾸어 쓸 수 있다. 정답은 ①이다.

**오답 피하기** ② 수여(授與)하다: 가지도록 건네거나 베풀다.
③ 위임(委任)하다: 다른 사람에게 지워 맡기다.
④ 전가(轉嫁)하다: 떠넘겨 덮어씌우다.
⑤ 제시(提示)하다: 1. 글이나 말로 드러내어 보이거나 가리키다. 2. 어떤 목적을 위해 내어 보이다.

## 09 관용적 표현의 이해

문항 ①의 '손을 씻다'는 말 그대로 손을 씻는 행위를 말한다. 만약 '도박에서 손을 씻었다.'라 한다면 '그만두다'라는 새로운 의미를 만들어낸 관용어라고 할 수 있다. 따라서 정답은 ①이다.

## 10 혼동하기 쉬운 어휘 구별

뜻의 차이를 혼동하기 쉬운 낱말을 규범에 맞게 활용할 수 있는가를 묻는 문제다. 문항 ④의 '늘이다'는 '본디보다 더 길게 하다'의 뜻이며, '늘리다'는 '물체의 수량이나 넓이, 부피 따위를 본디보다 커지게 하다(많게 하다)'의 뜻이다. 정답은 ④이다.

## 11 수능국어 제시문 속 어휘 탐구

'방사(放射)'란 '중심에서 사방으로 내뻗침'이라는 의미를 갖는다. '압력을 가하여 세차게 뿜어 내보냄'은 '분사(噴射)'의 사전적 의미에 해당한다. 따라서 정답은 ②이다.

## 12 수능국어 제시문 속 어휘 탐구

제시문의 ㉡ '근거(根據)'의 사전적 의미는 '의논, 의견 등에 그 근본이 되는 사실' 또는 '어떤 의견이나 의론(議論) 따위의 이유나 바탕이 됨, 또는 그런 것'이다.

따라서 정답은 ②이다.

## 13 수능국어 제시문 속 어휘 탐구

㉣ '담보되어야'는 '맡아서 보증되어야'의 의미인데, 문맥상 '대표성과 중립성이 보증되어야 한다'는 의미로 쓰이지 않았으므로 '갖추어져야'로 바꾸는 것이 더 적절하다. 정답은 ④이다.

## 14 수능국어 제시문 속 어휘 탐구

문항 ⑤의 '전환(轉換)'은 '다른 방향이나 상태로 바뀌거나 바꿈.'의 뜻을 지닌 말이다. 따라서 ㉤과 바꿔 쓰기에 적절하지 않다. 정답은 ⑤이다.

**오답 피하기** ① '부각(浮刻)시키다'는 '어떤 사물을 특징지어 두드러지게 함'의 뜻이므로 ㉠과 바꿔 쓰기에 적절하다.
② '치부(置簿)'는 '마음속으로 그러하다고 보거나 여김'의 뜻을 지닌 말이므로 ㉡과 바꿔 쓰기에 적절하다.
③ '의거(依據)'는 '어떤 사실이나 원리 따위에 근거함'의 뜻을 지닌 말이다. 따라서 ㉢과 바꿔 쓰기에 적절하다.
④ '초래(招來)'는 '어떤 결과를 가져오게 함'의 뜻을 지닌 말이므로 ㉣과 바꿔 쓰기에 적절하다.

# 제 10 회

```
01.③   02.①   03.⑤   04.②   05.③
06.①   07.①   08.⑤   09.⑤   10.④
11.⑤   12.③   13.⑤   14.③
```

## 01 어휘의 사전적 의미
'설정'의 사전적 의미는 '새로 만들어 정해 둠'이다. 정답은 ③이다.

## 02 어휘의 의미 관계
'-가량'은 '수량을 대강 어림쳐서 나타내는 말'을 의미하는 것으로 이 속에는 일정한 정도라는 의미가 담겨 있다. '-쯤'도 정도를 나타내는 말이므로 '-가량'과 유사한 의미를 담고 있다고 할 수 있다. 정답은 ①이다.

## 03 어휘의 문맥적 의미
일반적으로 보조사 '-까지'는 '1.동작이나 상태 따위의 범위의 한계를 나타냄, 2.시간 또는 공간의 한도를 나타냄, 3.다시 그 위에 더함을 나타냄, 4.앞의 내용이 극단적인 경우임을 나타냄'의 의미를 가지고 있다. ㉠의 '-까지'는 극히 낮은 농도라는 의미를 강조하는 4의 의미를 가지고 있다. 문항 ⑤의 '티끌만한 것'은 매우 작고 극단적인 것을 나타내고 있다. 따라서 정답은 ⑤이다.

## 04 어휘의 문맥적 의미
전후 문맥상 제시문의 ㉠은 '여럿 가운데서 어떤 것을 골라내거나 뽑다'는 의미로 쓰였음을 알 수 있다. 문항 ②에서 '가려서'는 불량품을 가려 뽑는다는 의미하므로 '가리다'의 의미가 ㉠과 가장 유사하다. 따라서 정답은 ②이다.
**오답 피하기** ①'보이지 않게 또는 바로 통하지 않게 가로막다'의 뜻이다.
③'음식을 편벽되게 골라 먹다'의 뜻이다.
④'분별·구별하다'의 뜻이다.

⑤ '낯선 사람을 싫어하다'의 뜻이다.

## 05 적절한 어휘 선택
제시문에서 ㉠이 들어 있는 문장은 '새로운 기술을 선택함으로써 드는 추가 비용보다 더 많은 이익이 있어야만 이용자들은 새로운 기술을 선택하게 된다.'는 내용을 담고 있다. 그러므로 ㉠에는 새롭게 추가된 비용에 대한 부담을 다 없앴다는 내용을 담아낼 수 있는 단어가 들어가야 하므로 '상반되는 것이 서로 영향을 주어 효과가 없어지는 일'이라는 의미의 '상쇄'가 가장 적합하다. 정답은 ③이다.
**오답 피하기** ①강화(强化): 힘이나 세력 따위를 더 튼튼하고 강하게 함.
②보완(補完): 부족한 것을 보충하여 완전하게 함.
④초과(超過): 일정한 한도를 넘음.
⑤충만(充滿): 어떤 감정이 마음에 가득하게 차 있음.

## 06 적절한 어휘 선택
제시문을 알맞은 문장으로 만들면 다음과 같다. •밤새 추위와 두려움에 떨면서 먼동이 (트기를) 기다렸다. •가지 많은 나무에 바람 (잘) 날 없다더니 자식이 많은 사람도 마찬가지다. •하루의 일이 끝나자, 그 사람은 잠시 허리를 펴고 노을이 (지는) 서쪽 하늘을 바라보았다. •달이 (차서) 아이가 나올 때까지는 잘 먹고 잘 쉬어야 한다. 따라서 정답은 ①이다.

## 07 적절한 어휘 대체
제시문의 ㉠은 '불과(不過)하다'로 바꾸어 쓸 수 있다. 정답은 ①이다.
**오답 피하기** ②편입(編入): 어떤 모임이나 조직 따위에 중간 혹은 나중에 들어감.
③집착(執着): 어떤 일이나 사물에 마음을 쏟아, 버리지 못하고 매달림.
④합세(合勢): 흩어져 있던 세력을 한데 모음.
⑤동참(同參)하다: 함께 참가하다.

## 08 적절한 어휘 대체

제시문에 사용된 ㉠'초석'은 어떤 사물의 기초를 뜻하는 말로 비유적으로 사용되었다. 따라서 바꿔 쓸 수 있는 단어는 '초석'과 의미가 같은 '주춧돌'이다. 정답은 ⑤이다.

## 09 속담의 이해

환경 호르몬은 인간을 위한 산업 활동 중에 의도하지 않게 나타난 것이다. 이것이 인간의 생존을 위협할 수도 있게 되었다고 하였으므로 문항 ⑤가 적절하다. ⑤는 자신이 한 일이 자기에게 피해가 되었을 때에 쓰는 속담이다. 정답은 ⑤이다.

**오답 피하기** ①보잘것 없는 것도 마음에 들면 좋아 보인다는 뜻.
②자기에게만 좋게 하려고 꾀하는 사람을 두고 이르는 말. 아전인수(我田引水).
③나쁜 버릇은 쉽게 고치기 어렵다는 뜻.
④남에게 잘 해 주고도 오히려 해를 당하였을 때 하는 말.

## 10 어휘 고쳐 쓰기

문항 ④의 '붙이다'는 '서로 꽉 맞닿아서 떨어지지 않게 하다', '부치다'는 '인편이나 체신, 운송 수단을 통하여 보내다'의 의미이다. 정답은 ④이다.

**오답 피하기** ②"종결형에서 사용되는 어미 '-오'는 '요'로 소리나는 경우가 있더라도 그 원형을 밝혀 '오'로 적는다"는 한글 맞춤법 조항을 참고하면 '오십시요'는 잘못 쓰인 어휘이다.

## 11 수능국어 제시문 속 어휘 탐구

㉣의 어떤 말이 사전에 '실려' 있다는 말은 한자어 '수록(收錄)되어'나 '등재(登載)되어' 정도로 바꿀 수 있다. 따라서 정답은 ⑤이다.

## 12 수능국어 제시문 속 어휘 탐구

㉢의 '대비'는 '앞으로 일어날지도 모르는 어떠한 일에 대응하기 위하여 미리 준비한다'는 의미이다. 정답은 ③이다.

## 13 수능국어 제시문 속 어휘 탐구

㉤'분사'는 '액체나 기체 따위에 압력을 가하여 세차게 뿜어 내보냄.'의 뜻을 지녔다. 정답은 ⑤이다.

## 14 수능국어 제시문 속 어휘 탐구

㉢'동인(動因)'은 '어떤 사태를 일으키거나 변화시키는 데 작용하는 직접적인 원인'이라는 뜻이다. 예를 들자면, '컴퓨터의 발달은 산업 사회에서 정보 통신 사회로 이행하는 결정적 동인이 되고 있다.'와 같이 쓰인다. '연관성이 먼, 간접적인 원인'이라는 뜻을 가진 단어는 '원인(遠因)'이다. 정답은 ③이다.

# 제 11 회

01.③  02.①  03.④  04.②  05.②
06.①  07.①  08.①  09.⑤  10.①
11.⑤  12.②  13.③  14.⑤

## 01 어휘의 사전적 의미

'넉넉하여 모자람이 없다'는 의미를 가진 '충분'과 관련된 어휘 가운데 가장 가까운 것은 '조금도 모자람이 없을 정도로 넉넉하여 만족함'의 의미를 가진 '흡족'이다. 정답은 ③이다.

**오답 피하기** ①부족(不足): 필요한 양이나 기준에 미치지 못함.

②미흡(未洽): 아직 흡족하지 못하거나 만족스럽지 않음.

④결여(缺如): 마땅히 있어야 할 것이 빠져서 없거나 모자람.

⑤여분(餘分): 어떤 한도에 차고 남은 부분=나머지.

①,②,④는 '충분'과 상대적 의미를 가졌고, ⑤는 의미상의 거리가 있다.

## 02 동의어 탐구

용법이 제한되는 예가 들어가야 한다. '—정확성이 목숨이다.'는 여기에 대치해서 사용할 수 없다. 따라서 정답은 ①이다.

## 03 어휘의 문맥적 의미

㉠의 문맥적 의미는 '몸에 배어 버릇이 되다.'이다. 정답은 ④이다.

**오답 피하기** ①'표정이나 태도 따위가 부드럽지 못하고 딱딱하여 지다.'의 뜻이다.

②'무른 물질이 단단하게 되다.'의 뜻이다.

③'돈 같은 것이 헤프게 없어지지 아니하고 자기의 것으로 계속 남게 되다.'의 뜻이다.

⑤'근육이나 뼈마디가 뻣뻣하게 되다.'의 뜻이다.

## 04 어휘의 문맥적 의미

제시문의 ㉠은 '어떤 상태를 유지하다'는 의미로 사용된 것으로 문항 ②의 예와 유사하다. 정답은 ②이다.

**오답 피하기** ①은 '(일자리나 소득원을) 확보하다. 장만하다.'는 뜻으로 사용된 예이고, ③은 '일, 기회 따위를 얻다.'는 뜻으로 사용된 예이다.

## 05 적절한 어휘 선택

②'혼동'은 '구별하지 못하고 뒤섞어서 생각함', 혹은 '서로 뒤섞이어 하나가 됨'을 뜻하는 말이고, ①혼돈(混沌)은, '마구 뒤섞여 있어 갈피를 잡을 수 없음. 또는 그런 상태'를 가리킨다. 제시문에서는, 같은 범주에서 혹은 비슷한 범주 사이에서 대상을 제대로 구분하지 못하는 '혼동'이 적합하다. 정답은 ②이다.

**오답 피하기** ③'혼재'는 '뒤섞여 있음'을 뜻한다.

④'혼합'은 '뒤섞어서 한데 합함'을 뜻한다.

⑤'혼잡'은 '여럿이 한데 뒤섞이어 어수선함'을 뜻한다.

## 06 어휘의 바른 사용

문항 ①과 관련하여 '결재(決裁)'는 결정할 권한이 있는 상관이 부하가 제출한 안건을 검토해 허가하거나 승인하는 것이고, '결제(決濟)'는 증권 또는 대금을 주고받아 매매 당사자 사이의 거래 관계를 끝맺는 일이다. 정답은 ①이다.

**오답 피하기** ②'한 번 했던 일을 되풀이하다'의 의미이므로 '재연(再演)'으로 써야한다.

③'어떤 일을 하기 위해 기회를 얻다'는 '빌리다'의 의미이므로 '빌려'라고 써야 맞는 표현이다.

④긍정적인 영향을 미친 것이므로 '덕분'을 써야 한다.

⑤'문화·예술·학술 분야 등에서 정해진 기준에 따라 분류해 놓은 것'이므로 '부분'이 아니라 '부문'이라고 해야 한다.

## 07 적절한 어휘 대체

제시문의 ㉠'꾸려졌다'는 문맥상 '형성(形成)되었다'로 바꾸어 쓸 수 있다. 형성(形成)은 '어떤 형상을 이룸'을 뜻한다. 정답은 ①이다.

**오답 피하기** ②양성(養成): 가르쳐서 유능한 사람을 키워 냄.

③달성(達成): 뜻한 바를 이루어 목적에 다다름.

④작성(作成): 서류나 원고 따위를 만듦.

⑤완성(完成): 어떤 일을 다 이루어 완전한 것으로 만듦.

## 08 적절한 어휘 대체

제시문에서 ㉠은 오브제의 개념이 단순한 사물에만 그치는 것이 아니라 무제한적으로 확대된다는 맥락에서 쓰이고 있으므로 범위를 일정한 부분에 한정한다는 의미의 '국한(局限)되지'로 바꾸어 쓸 수 있다. 정답은 ①이다.

## 09 적절한 관용 표현

제시문의 ㉠은 몹시 가난한 처지를 나타내 주는 상황이다. 정답은 ⑤이다.

**오답 피하기** ①아무리 재미있는 일이라도 배가 불러야 흥이 난다는 말.

②아무리 애써 하더라도 보람이 없는 경우를 이르는 말.

③아주 흔하던 것도 정작 필요해서 찾으려니까 구하기가 어려움을 이르는 말.

④적은 힘으로 될 일을, 기회를 놓쳐 큰 힘을 들이게 된다는 말.

## 10 한글 맞춤법 파악

문항 ②는 '-든지'가, ③은 '어떡해'가, ④는 '바라'나 '바란다'가, ⑤는 '넉넉지'가 올바른 표기이다. 정답은 ①이다.

## 11 수능국어 제시문 속 어휘 탐구

제시문의 ㉤'투여(投與)'는 '약 따위를 남에게 준다'는 의미이다. 문항 ⑤는 적절하지 않다. 정답은 ⑤이다.

## 12 수능국어 제시문 속 어휘 탐구

㉡과 관련하여 '깃들어 있다'는 '어떤 것을 받아들임'의 의미인 '수용'이 아닌, '풍부한 내용이나 깊은 뜻이 들어 있음'인 '함축'이나 '어떤 사물이나 현상 가운데 함께 들어 있거나 함께 넣음'인 '포함'으로 바꾸는 것이 적절하다. 정답은 ②이다.

## 13 수능국어 제시문 속 어휘 탐구

㉢'이루어진'이라는 말은, 문맥적 의미를 고려할 때 '몇 가지 부분이나 요소들이 모여 일정한 전체가 짜여 이루어진'이라는 뜻의 '구성(構成)된'과 바꾸어 쓰는 것이 적절하다. '형성(形成)되다'는 '어떤 형상이 이루어지다.'의 뜻으로 '도시가 형성되다.', '공감대가 형성되다.'와 같이 쓰인다. 정답은 ③이다.

**오답 피하기** ①㉠'없다면'은 '마땅히 있어야 할 것이 빠져서 없거나 모자란다면'의 뜻으로, '결여(缺如)된다면'으로 바꾸어 쓸 수 있다.

②㉡'본다'는 '상태, 모양, 성질 따위가 그와 같다고 본다. 또는 그렇다고 여긴다.'는 뜻으로 '간주(看做)한다'와 바꾸어 쓸 수 있다.

④㉣'나타날'은 '나타나거나 또는 나타나서 보일'의 뜻을 지닌 '출현(出現)할'과 바꾸어 쓸 수 있다.

⑤㉤'바뀌기도'는 '사물의 성질, 모양, 상태 따위가 바뀌어 달라지기도'라는 뜻으로, '변화(變化)하기도'와 바꾸어 쓸 수 있다.

## 14 수능국어 제시문 속 어휘 탐구

제시문의 ㉤에서 '벌이다'는 '일을 계획하여 시작하거나 펼쳐 놓다.'의 뜻으로 쓰인 말인데, 문항 ⑤에서는 '전쟁이나 말다툼 따위를 하다.'의 뜻으로 쓰였으므로 적절하지 않다. 정답은 ⑤이다.

**오답 피하기** ①유치하다: 행사나 사업 따위를 이끌어 들이다.

②희박하다: 감정이나 정신 상태 따위가 부족하거나 약하다.

③떨어지다: 다른 것보다 수준이 처지거나 못하다.

④거두다: 좋은 결과나 성과 따위를 얻다.

# 제 12 회

```
01. ③   02. ③   03. ①   04. ⑤   05. ①
06. ⑤   07. ③   08. ④   09. ①   10. ③
11. ③   12. ①   13. ③   14. ③
```

## 01 어휘의 사전적 의미
제시문의 ㉠은 '살림의 근거지가 되는 곳'의 의미이다. 정답은 ③이다.

## 02 유의어 탐구
제시문에서 ㉢은 문맥상 '어떠한 일을 이루고자 하는 마음'을 의미하므로 '의지'로 바꾸어야 한다. 정답은 ③이다.

## 03 어휘의 문맥적 의미
제시문에서 ㉠의 의미는 '어떤 대상이 일정한 상태나 결과를 생기게 하거나 일으키거나 만들다'이다. 따라서 정답은 ①이다.
**오답 피하기** ②와 ③은 몇 가지 부분이나 요소들을 모아 일정한 성질이나 모양을 가진 존재가 되게 하다.
④예식이나 계약 따위를 진행되게 하다.
⑤뜻한 대로 되게 하다.

## 04 어휘의 문맥적 의미
제시문에서 ㉠은 '그런 부류에 속한다'는 뜻이다. 정답은 ⑤이다.
**오답 피하기** ①추측, 불확실한 단정을 나타내는 말이다.
②'기준이 될 만한'의 뜻을 나타내는 말이다.
③'크기, 생김새 따위가 서로 다르지 않고 동일한 모양'이라는 뜻의 말이다.
④다른 것과 비교하여 그것과 다르지 않음을 나타내는 말이다.

## 05 적절한 어휘 선택
문항 ①의 경우 '조망(眺望)'은 '먼 곳을 바라본다.'는 뜻의 단어로 '조망이 좋다.', '조망이 탁 트이다.' 등으로 사용한다. 그러나 문항 ①은 문맥상 일이 어떻게 되어 가는지를 지켜보겠다는 의미의 어휘를 사용해야 하므로 '한발 물러나서 어떤 일이 되어 가는 형편을 바라본다.'는 뜻의 '관망(觀望)'을 선택해야 한다. 따라서 정답은 ①이다.
**오답 피하기** ②행각(行脚): 어떤 목적을 가지고 여기저기 돌아다님. / 행색(行色): 겉에 드러나는 차림새나 겉모습.
③전파(傳播): 널리 전하여 퍼뜨림. / 전승(傳承): 문화, 풍속, 제도 등을 이어받아 계승함.
④전락(轉落): 타락하거나 나쁜 상태에 빠지게 됨. / 타락(墮落): 올바른 길에서 벗어나 나쁜 길로 빠짐.
⑤수리(修理): 건물이나 물건 따위의 고장나거나 허름한 데를 손보아 고침. / 수선(修繕): 고장이 났거나 낡은 물건을 손보아 고침.

## 06 어휘의 바른 사용
문항 ⑤에서 '와중에도'의 '와중(渦中)'은 '일이나 사건 따위가 시끄럽고 복잡하게 벌어지는 가운데'를 가리키는 말이다. '모두들 평안하게 잠든 와중에도~'는 시끄럽고 복잡한 상황과는 거리가 먼 표현이므로 적절한 쓰임이 아니다. 정답은 ⑤이다.
**오답 피하기** ③'구구절절(句句節節)'은 '모든 구절'을 뜻하는 말로, 사연이나 내용이 매우 상세하고 간곡할 때 사용하는 어휘이다.
④'곤혹(困惑)스럽다'는 곤란한 일을 당하여 어찌할 바를 모를 때 사용하는 어휘로, 문항 ④의 상황과 부합한다.

## 07 적절한 어휘 대체
제시문의 ㉠은 '물체와 물체 또는 사람이 서로 바짝 가까이하다'의 뜻이다. 문항 ③은 '서로 맞닿음'의 뜻이다. 정답은 ③이다.
**오답 피하기** ④'두 물체의 표면이 접촉하여 떨어지지 아니하게 됨'을 뜻한다.
⑤'한데 대어 붙임'의 뜻을 가지므로 바꾸어 쓰기에 적

절하지 않다.

## 08 적절한 어휘 대체
문맥을 고려할 때 ㉠과 바꾸어 쓸 수 있는 말은 '둘 이상의 사물이나 현상 또는 말과 글의 앞뒤 따위가 서로 일치하게 대응하는'의 뜻을 가진 '조응하는'이 적절하다. 정답은 ④이다.

**오답 피하기** ①반응: 생체가 자극이나 작용을 받아 일으키는 변화나 움직임.
②부응: (어떤 일에) 좇아서 따름.
③적응: 어떠한 상황이나 조건에 잘 어울림.
⑤감응: 마음에 느끼어 반응함.

## 09 한자 성어의 이해
제시문은 우리의 무관심한 태도와 외세로 인한 굴절된 문화 의식에 의해 민요는 어려운 상황에 처해졌고, 해방 후와 산업 사회에서 민요에 대한 관심을 다시 불러일으키기는커녕 오히려 악화되어졌음을 말하고 있다. '설상가상(雪上加霜)'은 '눈이 내리는 위에 서리까지 더한다는 뜻으로, 어려운 일이나 불행이 겹쳐서 일어남을 비유적으로 이르는 말'이다. 정답은 ①이다.

**오답 피하기** ②점입가경(漸入佳境): 갈수록 점점 더 좋거나 재미가 있음을 이르는 말.
③사면초가(四面楚歌): 아무에게도 도움이나 지지를 받을 수 없는 고립된 상태에 처하게 됨을 이르는 말.
④백년하청(百年河淸): 어떤 일이 아무리 오랜 시간이 흘러도 이루어지기 어려움을 이르는 말.
⑤진퇴양난(進退兩難): 이러지도 못하고 저러지도 못하는 매우 곤란한 상태를 이르는 말.

## 10 한글 맞춤법 파악
문항 ③의 경우 '추스리고'가 아니라, '추스르고'라고 해야 맞다. 정답은 ③이다.

## 11 수능국어 제시문 속 어휘 탐구
㉢'알려'는 '가리켜 보이다'의 의미를 지닌 '지시하다'로 바꾸어 쓸 수 있다. 정답은 ③이다.

**오답 피하기** ①성숙(成熟): 누구 또는 무엇에서, 어떤 특성이 단계를 거쳐 일반적으로 기대되는 정도에 다다름.
②호명(呼名): 공식적으로 이름을 부름.
④변천(變遷): 시간의 변화에 따라 변하여 바뀜.
⑤발발(勃發): 전쟁이나 큰 사건 등이 갑자기 일어남.

## 12 수능국어 제시문 속 어휘 탐구
제시문의 ㉠'여부'는 '그러함과 그렇지 않음.'을 의미하므로 적절하지 않다. 정답은 ①이다.

## 13 수능국어 제시문 속 어휘 탐구
제시문의 ㉢'지불'의 사전적 의미는 '돈을 내어줌, 또는 값을 치름'이다. 정답은 ③이다.

## 14 수능국어 제시문 속 어휘 탐구
㉢'출현하는'은 '나타나는'으로 바꾸어 쓸 수 있는 어휘이다. 문항 ③의 '드러나는'은 '겉으로 나타나는', '(알려지지 않은 사실이) 밝혀지는'의 뜻을 가진 어휘이므로 '출현하는'과 바꾸어 쓰기에 적절하지 않다. 정답은 ③이다.

**오답 피하기** ①'퇴색하다'는 '희미해지다'와 의미가 유사하다.
②'상실하다'는 '잃어버리다'와 의미가 유사하다.
④'구속되다'는 '얽매이다'와 의미가 유사하다.
⑤'간파하다'는 '알아차리다'와 의미가 유사하다.

# 제 13 회

## 01 어휘의 사전적 의미

제시문의 ㉠은, 외래어 유입 과정에서 새로운 문물이 들어올 때, 그것을 나타내는 말까지 더불어 함께 들어오게 된다는 말이므로, 문항 ④의 쓰임에 해당한다. 정답은 ④이다.

## 02 유의어 탐구

제시된 어휘가 쓰인 다양한 문장을 통해 바꾸어 쓸 수 있는 유의어를 파악하는 문제이다. 문항 ③ '물건을 고르게 배치하다'에서 '고르게'는 '여럿이 다 양의 차이가 없이 한결같다.'의 뜻이므로 '평등'이 아니라 '균일'이 적합하다. 정답은 ③이다.

**오답 피하기**  ①균등(均等): 고르고 가지런하여 차별이 없음.
②균일(均一): 한결같이 고름.
③평등(平等): 권리, 의무, 자격 등이 차별 없이 고르고 한결같음.
④동등(同等): 등급이나 정도가 같음.
⑤평평(平平): 바닥이 고르고 판판하다.

## 03 어휘의 문맥적 의미

제시문에서 ㉠의 '들다'는 '~을 ~으로 설명하거나 증명하기 위하여 사실을 가져다 대다.'란 의미를 갖고 있다. 이와 유사한 의미로 사용된 것은 문항 ①이다. 정답은 ①이다.

**오답 피하기**  ②'물감, 색깔, 물기, 소금기가 스미거나 배다'는 의미이다.
③'안에 담기거나 그 일부를 이루다'는 뜻이다.
④'먹다'의 높임말이다.
⑤'밖에서 속이나 안으로 향해 가거나 오거나 하다'는 의미이다.

## 04 어휘의 문맥적 의미

㉠은 문맥적으로 '들어 있어야 할 것이 없다'의 뜻을 지니고 있다. 문항 ①도 마찬가지다. 정답은 ①이다.

**오답 피하기**  ②'못된 곳으로 마음이 팔려 넘어가다'의 의미이다.
③'모자라다'의 의미이다.
④'그럴 듯한 말이나 짓에 넘어가다'의 의미이다.
⑤'박혀 있는 것이 제자리에서 나오다'의 의미이다.

## 05 적절한 어휘 선택

제시문에 따르면 철학은 살아 움직이는 인간, 인간의 이론적·실천적 활동이 없이는 성립되지 않는다. 즉 인간의 삶을 기반으로 하여 그 위해 철학이라는 학문이 세워지는 것이다. 따라서 철학은 인간의 삶을 전제로 하는 학문임을 알 수 있다. 전제라는 단어는 '어떤 사물이나 현상을 이루기 위해 먼저 내세우는 것'이라는 뜻이다. 정답은 ①이다.

**오답 피하기**  ④본령(本領): 근본이 되는 강령이나 요점.

## 06 어휘의 바른 사용

문항 ②의 '불문(不問)'은 '묻지 아니함 또는 가리지 아니함'을 뜻하는 말이다. 따라서 이 문장에서는, '불문하고' 대신에 '얽매여 거리끼지 아니하다'의 뜻을 가진 '불구(不拘)하고'를 써야 한다. 정답은 ②이다.

## 07 적절한 어휘 대체

한자어를 고유어로 적절하게 대체할 수 있는가를 묻는 문제이다. '유리(遊離)'란 '다른 것과 멀리 떨어져 존재함'이라는 의미를 갖고 있다. 따라서 대중과 유리된 상황이라는 것은 문맥상 대중들이 대량생산된 공예품을 좋아하게 되면서 대중과 예술가들의 심리적 거리가 멀어진 상황을 의미한다고 할 수 있다. 정답은 ①이다.

## 08 유의어 탐구

제시문에 쓰인 '간섭'의 문맥적 의미는 '부정적인 영향'으로 이해할 수 있다. 문항 ③의 '참여'는 '긍정적이거나 부정적인 것과는 무관하게 어떤 일에 관계하는 것'을 뜻하므로 '간섭'과는 다소 거리가 멀다고 할 수 있다. 따라서 정답은 ③이다.

## 09 관용적 표현의 이해

제시문의 ㉠은 '자리'와 '잡다'라는 서로 다른 어휘가 결합하여 본래의 뜻과 다른 새로운 의미를 나타내는 관용구이다. 그런데 문항 ②의 '문을 닫았다'는 '문'이라는 어휘와 '닫다'라는 어휘의 본래 의미를 그대로 가지고 있는 표현이므로, 관용구로 볼 수 없다. 따라서 정답은 ②이다.

**오답 피하기** ①'둘 사이를 연결하다'의 의미로 사용되었다.
③'가지 않다'의 의미로 사용되었다.
④'실제 가격보다 비싸게 지불하여 억울한 손해를 보다'의 의미로 사용되었다.
⑤'굴복하다'의 의미로 사용되었다.

## 10 한글 맞춤법 파악

문항 ④의 '등굣길'은 한자어 '등교(登校)'와 우리말 '길'의 합성어이다. 발음이 [등교길]이 아닌, [등교낄]로 일어난다. 사잇소리 현상이 일어난 것이다. 따라서 중간에 'ㅅ'을 적어주어야 한다. 정답은 ④이다.

**오답 피하기** ①'도착했을걸'이 맞는 표기이다.
②'가려고'가 맞는 표기이다.
③'울었던지'가 맞는 표기이다.
⑤'설거지'가 맞는 표기이다.

## 11 수능국어 제시문 속 어휘 탐구

㉠'내재'의 사전적 의미는 '어떤 것의 내부에 들어 있음'이다. '내부적으로 미리 정함'은 '내정(內定)'이다. 정답은 ①이다.

## 12 수능국어 제시문 속 어휘 탐구

문항 ⑤의 경우 '나는 그와 오래전부터 친분을 맺고 있다'의 '맺다'는 '관계나 인연 따위를 이루거나 만들다'의 '맺다'로 ㉤의 '맺다'와 같은 의미이다. 정답은 ⑤이다.

**오답 피하기** ①'이 글은 세 개의 문단으로 나눌 수 있다'의 '나누다'는 '하나를 둘 이상으로 가르다'의 의미로, '여러 가지가 섞인 것을 구분하여 분류하다'의 의미를 지닌 ㉠의 '나누다'와는 다른 의미이다.
③'그는 친구들과 동아리를 이루어 발표 대회에 나갔다.'의 '이루다'는 '몇 가지 부분이나 요소들을 모아 일정한 성질이나 모양을 가진 존재가 되게 하다'의 의미로, '어떤 대상이 일정한 상태나 결과를 생기게 하거나 일으키거나 만들다'의 의미를 지닌 ㉢의 '이루다'와는 다른 의미이다.

## 13 수능국어 제시문 속 어휘 탐구

제시문의 ㉠'보유'는 '가지고 있거나 간직하고 있음'을 뜻한다. 따라서 '전자가 보유하는 에너지'는 '전자가 갖고 있는 에너지' 정도로 바꾸는 것이 적절하다. 문항 ①의 '이끌어내다'에 대응하는 한자어는 '유도하다', '유인하다' 등이다. 정답은 ①이다.

## 14 수능국어 제시문 속 어휘 탐구

제시문 ㉤의 '알다'는 '생각하여 판단하고 분별하다'는 의미로 쓰였다. 반면, 문항 ⑤의 '직시(直視)'는 '사물의 진실한 모습을 바로 봄'을 의미하므로 ㉤의 '알다'와는 의미가 다르다. 정답은 ⑤이다.

**오답 피하기** ①'어떤 생각이나 결론, 반응 따위를 이끌어내다.'의 의미로 사용되었다.
②'어떤 일에 대해 말하다.'의 의미로 사용되었다.
③'받아들이다.'의 의미로 사용되었다.
④'주저하지 않고 딱 잘라 말하다.'의 의미로 사용되었다.

# 제 14 회

| | | | | |
|---|---|---|---|---|
| 01.③ | 02.⑤ | 03.① | 04.③ | 05.① |
| 06.① | 07.② | 08.⑤ | 09.⑤ | 10.② |
| 11.② | 12.④ | 13.③ | 14.① | |

## 01 어휘의 사전적 의미

제시문의 ㉠은 '차례를 거르거나 일정하게 들어 있어야 할 곳에 들어 있지 아니하다.'를 의미한다. 정답은 ③이다.

## 02 유의어 탐구

문항 ⑤에서의 '보존하다'는 '잘 보호하고 간수하여 남긴다'는 의미이다. 따라서 '절개를 지키다'에서의 '지키다'는 '보존하다'의 유의어라 할 수 없다. 정답은 ⑤이다.

**오답 피하기** ①준수(遵守)하다: 규정대로 따르거나 좇아서 지키다.
②유지(維持)하다: 지탱하여 나가거나 이어 가다.
③수호(守護)하다: 침범이나 침해로부터 지키고 보호하다.
④경계(警戒)하다: 미리 마음을 가다듬어 조심하다.

## 03 어휘의 문맥적 의미

제시문의 ㉠에서 '놓다'는 '잡거나 쥐고 있던 물체를 일정한 곳에 두다.'라는 의미로 쓰였다. 따라서 정답은 ①이다.

**오답 피하기** ②'계속해 오던 일을 그만두고 하지 아니하다.'라는 의미로 쓰였다.
③'집이나 돈, 쌀 따위를 세나 이자를 받고 빌려 주다.'라는 의미로 쓰였다.
④'치료를 위하여 주사나 침을 찌르다.'라는 의미로 쓰였다.
⑤'논의의 대상으로 삼다.'라는 의미로 쓰였다.

## 04 어휘의 문맥적 의미

제시문에서 ㉠의 '통하다'는 '무엇을 매개로 하거나 중개하게 하다.'는 의미로 사용되었다. 정답은 ③이다.

**오답 피하기** ①'말이나 문장 따위의 논리가 이상하지 아니하고 의미의 흐름이 적절하게 이어져 나가다.'는 의미로 사용되었다.
②'막힘이 없이 흐르다.'는 의미로 사용되었다.
④'마음 또는 의사나 말 따위가 다른 사람과 소통되다.'는 의미로 사용되었다.
⑤'어떤 길이나 공간 따위를 거쳐서 지나가다.'는 의미로 사용되었다.

## 05 적절한 어휘 선택

풍력발전기의 단점은 다른 전력 생산 장치와 함께 사용할 때 극복된다고 제시문에서 설명하고 있다. '함께 사용'을 대체할 수 있는 적절한 단어는 '병용(竝用)'이다. 따라서 정답은 ①이다.

**오답 피하기** ②합병(合倂): 둘 이상의 국가나 단체, 기업 따위를 하나로 합침.
③전용(專用): 남과 같이 쓰지 않고 혼자서만 쓰거나 한 가지 목적으로만 씀.
④결속(結束): 뜻이 같은 사람끼리 굳게 뭉침.
⑤결탁(結託): 주로 나쁜 일을 꾸미려고 서로 짜고 한 통속이 됨.

## 06 어휘의 바른 사용

문항 ①에서 '응시(凝視)하다'는 '눈길을 모아 한 곳을 똑바로 바라봄'이라는 뜻이고, '직시(直視)하다'는 '정신을 집중하여 어떤 대상을 똑바로 봄. 사물의 진실을 바로 봄'이라는 뜻이다. 정치가는 국민들의 바람이 무엇인지를 바로 보아야 한다는 뜻의 '직시(直視)하다'로 써야 한다. 정답은 ①이다.

## 07 적절한 어휘 대체

단어의 의미를 비유적인 말로 이해할 수 있는지 묻는 문제이다. 문항 ②의 '잣대'는 '어떤 현상이나 문제를 판단하는 데 의거하는 기준을 비유적으로 이르는 말'

이므로 '기준'과 바꾸어 쓸 수 있다. 정답은 ②이다.

**오답 피하기** ①동량(棟樑): '기둥과 들보'를 아울러 이르는 말.

③기폭제: '큰일이 일어나는 계기가 된 일'을 비유적으로 이르는 말.

④버팀목: 물건이 쓰러지지 않게 받치어 세우는 나무.

⑤견인차: '선두에 서서 여러 사람을 이끌어 가는 사람'을 비유적으로 이르는 말.

## 08 적절한 어휘 대체

제시문에서 문맥상 ㉠은 '(부분이나 요소가) 전체를 이루는 것. 또는 그렇게 이루어진 얼개'를 의미하므로 이와 같은 의미인 '구조'가 적절하다. 그리고 ㉡은 '(역사적 사실이나 사물, 현상 등을 관찰할 때), 그 사람이 보고 생각하는 태도나 방향 또는 처지'를 의미하므로 '관점'이 적절하다. 정답은 ⑤이다.

## 09 속담의 이해

역사의 의미 변화에 일정한 기준이 없으면 역사의 해석은 일관성을 잃을 수 있으므로, ㉠에는 '이렇게도 저렇게도 둘러대기에 달렸다.'는 뜻으로 쓰이는 '귀에 걸면 귀걸이, 코에 걸면 코걸이'란 속담이 적절하다. 정답은 ⑤이다.

**오답 피하기** ①결국은 자기 자신에게 피해가 돌아온다는 말.

②근본적인 대책이 아닌 임시방편이라는 뜻.

③얕은 꾀를 써서 속이려고 한다는 뜻.

④아무리 숨기려고 해도 소용없음을 이르는 말.

## 10 한글 맞춤법 파악

문항 ②의 '지꺼리는'은 동사 '지껄이다'에 관형사형 어미가 결합된 것으로, '지껄이는'이 맞는 표기이다. 정답은 ②이다.

**오답 피하기** ①'잠가야'는 동사 '잠그다'의 어간에 어미 '-아야'가 결합된 것으로, 이 경우에 '잠그다'가 활용할 때에는 '으'가 탈락하는 현상이 나타난다. 따라서

'잠궈야'가 아니라 '잠가야'가 맞는 표기가 된다.

## 11 수능국어 제시문 속 어휘 탐구

㉡'좌우하다'의 사전적 의미는 '어떤 일에 영향을 주어 지배하다.'라는 뜻으로, 제시문에서는 문맥상 '결정하다.'의 의미로 사용되고 있다. 따라서 정답은 ②이다.

## 12 수능국어 제시문 속 어휘 탐구

문항 ④의 경우 '첨가(添加)'는 덧붙인다는 의미이므로 제시문 ㉣의 '겹쳐지게'의 의미와 맞지 않다. ㉣은 문맥상 '중첩(重疊)되게', '연결(連結)되게' 정도로 고칠 수 있다. 정답은 ④이다.

## 13 수능국어 제시문 속 어휘 탐구

제시문의 ㉢'뽐내고 자랑하는'은 '과시하는'으로 바꿔 쓰는 것이 적절하다. 정답은 ③이다.

## 14 수능국어 제시문 속 어휘 탐구

제시문에서 ㉠의 '나누다'는 '여러 가지가 섞인 것을 구분하여 분류하다.'라는 뜻이며, '구분하다'는 '일정한 기준에 따라 전체를 몇 개로 갈라 나누다'라는 뜻이므로 문맥상 '구분할'로 바꿔 쓰는 것이 적절하다. 따라서 정답은 ①이다.

# 제 15 회

| | | | | |
|---|---|---|---|---|
| 01.④ | 02.③ | 03.② | 04.④ | 05.⑤ |
| 06.⑤ | 07.① | 08.① | 09.③ | 10.⑤ |
| 11.① | 12.④ | 13.③ | 14.② | |

## 01 어휘의 사전적 의미

제시문에서 '사고 과정을 거치다'라는 의미는 '어떤 단계를 밟다'라는 뜻에 해당한다. 정답은 ④이다.

## 02 유의어 탐구

어휘의 사전적 의미를 파악하고, 각 용례와 관련된 유의어를 찾을 수 있는가를 묻는 문제이다. 문항 ③에서 '호의'는 '사양하다'나 '거절하다'와 잘 어울리므로 '막아서 그치게 하다'라는 의미의 '저지하다'는 적절하지 않다. 정답은 ③이다.

**오답 피하기** ①통제하다: 일정한 방침이나 목적에 따라 행위를 제한하거나 제약하다.

②제지하다: 말려서 못하게 하다.

④방지하다: 어떤 일이나 현상이 일어나지 못하게 막다.

⑤방어하다: 상대편의 공격을 막다.

## 03 어휘의 문맥적 의미

제시문의 ㉠은 '어떤 특별한 뜻을 가지는 상태에 놓이다'라는 의미를 지니고 있다. 정답은 ②이다.

**오답 피하기** ①일이 잘 이루어지다.

③어떤 재료나 성분으로 이루어지다.

④수량에 차거나 이르다.

⑤'않다'와 결합하여 전혀 이치에 닿지 아니한 말이나 전혀 실현 가능성이 없는 의견을 나타내는 관용어이다.

## 04 어휘의 문맥적 의미

제시문에서 ㉠의 '맡다'는 '책임지고 담당하다'는 의미이다. 따라서 '작은 일이라도 맡은 일에 최선을 다한

다.'는 문항 ④가 유사한 의미이다. 정답은 ④이다.

**오답 피하기** ①사물 자리 따위를 차지하다.

②부탁·주문·위임 따위를 받다.

③무엇을 받아 보관하다.

⑤낌새를 눈치채다.

## 05 적절한 어휘 선택

문항 ⑤의 '청결(清潔)'은 '맑고 깨끗함'의 뜻이고, '고결(高潔)'은 '성품이 고상하고 순결함'의 의미이다. 그런 점에서 '마음 속에서 내솟는 눈물'은 '고결(高潔)하다'의 뜻이므로 '청결'을 선택한 것은 잘못이다. 정답은 ⑤이다.

## 06 어휘의 바른 사용

문항 ⑤에서 '양하다'는 활용 가능하나 '척하다'는 활용 불가능하다. '양하다'는 동사나 형용사, 또는 '이다' 뒤에서 '~은 양하다' 구성으로 쓰여 앞말이 뜻하는 모양을 하고 있음을 나타내는 말이다. 이에 비해 '척하다'는 동사나 형용사 뒤에서 '~은 척하다', '~는 척하다' 구성으로 쓰여 앞말이 뜻하는 상태나 행동을 거짓으로 그럴듯하게 꾸밈을 나타내는 말이다. 따라서 '물건인' 뒤에는 '양하다'만 올 수 있다. 정답은 ⑤이다.

## 07 적절한 어휘 대체

제시문의 ㉠은 '음식에 물리거나', 또는 '같은 사물이 되풀이되어 싫증이 나는'의 뜻이므로 '물려'로 바꾸어 쓸 수 있다. 정답은 ①이다.

## 08 적절한 어휘 대체

㉠의 기본형 '얽매이다'는 '얽매다'의 피동형으로 '얽매다'는 '마음대로 행동할 수 없도록 몹시 구속하다'는 뜻을 지닌 단어이나, 제시문에서는 '집착하다'라는 문맥적 의미로 쓰였다. '집착(執着)'은 '어떤 것에 늘 마음이 쏠려 잊지 못하고 매달림'을 뜻한다. ㉡(흩어진)의 기본형 '흩어지다'는 '한데 모였던 것이 따로따로 떨어지거나 사방으로 퍼지다'의 뜻을 지닌 단어이다. 이 '흩어진'과 바꾸어 쓸 수 있는 표현은 '산재(散在)

한'이다. '산재하다'는 '흩어져 있다, 널려 있다'의 뜻을 지닌 어휘이다. 따라서 정답은 ①이다.

**오답 피하기** '구애(拘碍)'는 '거리끼거나 얽매임', '속박(束縛)'은 '어떤 행위나 권리의 행사를 자유로이 하지 못하도록 강압적으로 얽어매거나 제한함', '확산(擴散)'은 '흩어져 널리 퍼짐', '산적(山積)'은 '물건이나 일이 산더미같이 쌓임', '산발(散發)'은 '때때로 일어남', '분산(分散)'은 '갈라져 흩어짐 또는 그렇게 되게 함'을 뜻하는 어휘이다.

## 09 적절한 관용 표현

'초점을 때리지 않고'라는 표현의 의미는 핵심적인 것을 피한다는 의미이므로 '바로 말하지 않고 둘러서 말하다'의 뜻인 '변죽을 울려서'가 (㉠)에 적절하다. (㉡)에는 '오리발만 내밀던'의 구절을 생각할 때, 자기가 하고도 하지 아니한 체 하거나 알고 있으면서도 모르는 체하다'의 뜻인 '시치미를 떼다'가 적절하다. 정답은 ③이다.

## 10 어휘의 바른 사용

어휘가 모두 바르게 쓰인 것은 문항 ⑤이다. 정답은 ⑤이다.

**오답 피하기** ①'몇 일'은 '며칠'로 써야 한다.
②'오랜동안'은 '오랫동안'으로, '오랫만에'는 '오랜만에'로 써야 한다.
③'부비며'는 '비비며'로 써야 한다.
④'밀어부쳐'는 '밀어붙여'로 써야 한다.

## 11 수능국어 제시문 속 어휘 탐구

문항 ①의 '공유(共有)하다'는 '두 사람 이상이 한 물건을 공동으로 소유하다'는 뜻이므로 제시문의 ㉠'누리는'과 바꿔 쓸 수 있는 한자어로 적절하지 않다. ㉠은 '향유(享有)하다'가 적절하다. 정답은 ①이다.

## 12 수능국어 제시문 속 어휘 탐구

문항 ④의 '전가(轉嫁)할'은 '잘못이나 책임을 다른 사람에게 넘겨씌울'이라는 의미이다. 제시문의 ㉣'물을'

은 문맥상 '어떠한 일에 대한 책임을 따지거나 추궁할'의 의미이므로 이에 해당하는 어휘는 '부과(賦課)할'이 적절하다. 정답은 ④이다.

## 13 수능국어 제시문 속 어휘 탐구

제시문의 ㉢'비교(比較)'는 '둘 이상의 사물을 견주어 서로 간의 유사점, 차이점, 일반 법칙 따위를 고찰하는 일'을 의미하고, 문항 ③의 '빗대다'는 '곧바로 말하지 아니하고 빙 둘러서 말하다'는 의미이므로 '비교해서'를 '빗대어서'로 바꿔 쓰는 것은 적절하지 않다. '비교해서'와 바꿔 쓰기에 적절한 단어는 '견주어서'이다. 정답은 ③이다.

**오답 피하기** ①'대기(待機)'는 '때나 기회를 기다림'의 의미이므로, '대기하고'는 '기다리고'로 바꿔 쓰는 것이 적절하다.
②'지불(支拂)'은 '돈을 내어 줌. 또는 값을 치름'의 의미이므로, '지불할'은 '치를'로 바꿔 쓰는 것이 적절하다.
④'상승(上昇)'은 '낮은 데서 위로 올라감'의 의미이므로, '상승하면'은 '오르면'으로 바꿔 쓰는 것이 적절하다.
⑤'증대(增大)'는 '양을 늘리거나 규모를 크게 함'의 의미이므로, '증대시키고자'는 '늘리고자'로 바꿔 쓰는 것이 적절하다.

## 14 수능국어 제시문 속 어휘 탐구

문항 ②의 '변모'는 '모양이나 모습이 달라지거나 바뀜. 또는 그 모양이나 모습.'이라는 의미이다. 그러므로 제시문의 ㉡과 바꿔 쓰는 것은 적절하지 않다. 정답은 ②이다.

# 제 16 회

01. ②　02. ①　03. ③　04. ⑤　05. ⑤
06. ②　07. ①　08. ①　09. ③　10. ①
11. ⑤　12. ④　13. ①　14. ④

## 01 어휘의 문맥적 의미
'실제 행동에 옮기도록'에서 '옮기다'는 들은 내용을 행동이라는 다음 단계로 진행시킨다는 문맥적 의미를 가진 것으로, 사전 풀이 중 '어떠한 일을 다음 단계로 진행시키다'와 관련된다. 따라서 정답은 ②이다.

## 02 동음이의어와 반의어
동음이의어는 문장에서 반의어를 통해 오히려 그 의미가 더 명확해진다. '김장독을 묻다'에서의 '묻다'는 '물건을 흙 속에 덮어 감추다'는 뜻이므로, 그 반의어는 '파내다'이다. '때가 묻었다'에서 '묻다'는 '다른 물건에 들러붙다'는 뜻이므로, 그 반의어는 '지다'이다. '안경을 꼈더니'에서 '끼다'는 '착용하다', '김이 잔뜩 끼었다'에서 '끼다'는 '서리다'의 뜻이므로 반의어는 각각 '벗다'와 '걷히다'이다. 정답은 ①이다.

## 03 어휘의 문맥적 의미
제시문의 ㉠에서 '늘다'는 '수나 분량이 본디보다 많아지다.'의 뜻이다. 이와 유사한 문맥적 의미로 사용된 것은 문항 ③이다. 정답은 ③이다.
**오답 피하기** ①,⑤'재주나 능력 따위가 나아지다.'의 의미이다.
②'힘이나 기운, 세력 따위가 이전보다 큰 상태가 되다.'의 의미이다.
④'살림이 넉넉해지다.'의 의미이다.

## 04 어휘의 문맥적 의미
제시문에서 ㉠은 '남의 관심 따위를 쏠리게 하다.'는 의미로 사용되었다. 문항 ⑤도 ㉠과 같은 의미로 사용되었다. 정답은 ⑤이다.

**오답 피하기** ①'바퀴 달린 것을 움직이게 하다.'의 의미로 사용되었다.
②'바닥에 댄 채로 잡아당기다.'의 의미로 사용되었다.
③'목적하는 곳으로 바로 가도록 같이 가면서 따라오게 하다.'의 의미로 사용되었다.
④'시간이나 일을 늦추거나 미루다.'의 의미로 사용되었다.

## 05 적절한 어휘 선택
문항 ⑤의 '독선'은 '자기 혼자만이 옳다고 믿고 행동하는 일', '독단'은 '남과 상의하지도 않고 혼자서 판단하거나 결정함'을 뜻한다. 문맥을 보면 '그는 다른 사람과 상의 없이 혼자서 일을 처리했다'고 했으므로 '독단'이 문맥에 어울린다. 정답은 ⑤이다.
**오답 피하기** ①'변경'은 '다르게 바꾸어 새롭게 고침', '변형'은 '모양이나 형태가 달라지거나 달라지게 함. 또는 그 달라진 형태'의 뜻이다.
②'발견'은 '미처 찾아내지 못하였거나 아직 알려지지 아니한 사물이나 현상, 사실 따위를 찾아냄', '발굴'은 '땅속이나 큰 덩치의 흙, 돌 더미 따위에 묻혀 있는 것을 찾아서 파냄. 또는 세상에 널리 알려지지 않거나 뛰어난 것을 찾아 밝히어 냄'의 뜻이다.
③'부응'은 '어떤 요구나 기대 따위에 좇아서 응함', '호응'은 '부름에 응답한다는 뜻으로, 부름이나 호소 따위에 대답하거나 응함'의 뜻이다.
④'동조'는 '남의 주장에 자기의 의견을 일치시키거나 보조를 맞춤', '방조'는 '남의 범죄 수행에 편의를 주는 모든 행위'를 뜻한다.

## 06 어휘의 바른 사용
문항 ②의 '방조'는 '협조'로 바꿔야 한다. 따라서 정답은 ②이다.

## 07 적절한 어휘 대체
제시문의 ㉠은 '일정한 범위나 한계에서 벗어나다.'는 의미이므로 바꿔 쓰기에 가장 적절한 어휘는 '초월(超

越)한'이다. 정답은 ①이다.

**오답 피하기** ②'세속적인 것에서 벗어난'의 의미이다.
③'어려움 따위를 넘어 극복한'의 의미이다.
④'어떤 현실 속에서 벗어나 그 현실에 아랑곳하지 않고 의젓한'의 의미이다.
⑤'일정한 수의 한도 따위를 넘는'의 의미이다.

## 08 적절한 어휘 대체

문맥으로 볼 때 제시문의 ㉠'잊어 가는'은 자신이 가진 본래의 성질을 '망각하는'의 의미이고, ㉡'잃어 가면서'는 자신이 지켜야할 성질을 '상실해 가면서'라는 뜻이다. 정답은 ①이다.

## 09 속담의 이해

대량 실업의 희생자들이 제때 사회복지의 혜택을 받지 못할 경우 경제 성장의 걸림돌이 되어 이후 막대한 사회 비용의 지출을 요구하게 될 것임을 제시문의 ㉠에서 유추할 수 있다. 정답은 ③이다.

**오답 피하기** ①미숙한 사람이 괜히 설치다가 오히려 일을 그르쳐 놓는다는 말.
②손해를 크게 볼 것은 생각하지 않고 당장의 마땅치 아니한 것을 없애려고 그저 덤비기만 하는 경우를 비유적으로 이르는 말.
④남의 일에 공연히 간섭하고 나섬을 비유적으로 이르는 말.
⑤자기가 맡은 일에는 정성을 들이지 않고 잇속이 있는 데에만 마음을 두는 경우를 비유적으로 이르는 말.

## 10 적절한 어휘 선택

문항 ①의 경우 '되어', '되었다' 등에서 '되'와 '어'가 결합하여 줄면 '돼'가 되어 각각 '돼', '됐다'가 된다. '되'가 '어'로 시작하는 어미와 결합하지 않을 경우에는 '돼'로 줄지 않는다. 정답은 ①이다.

## 11 수능국어 제시문 속 어휘 탐구

㉺'축적'은 '지식, 경험, 자금 따위를 모아서 쌓음'이라는 뜻이다. '보호하고 간수해서 남김'은 '보존'의 의미

에 해당한다. 정답은 ⑤이다.

## 12 수능국어 제시문 속 어휘 탐구

㉣'참작'의 사전적 의미는 '이리저리 비추어 보아서 알맞게 고려함'이다. 정답은 ④이다.

## 13 수능국어 제시문 속 어휘 탐구

제시문의 ㉠'흡착하다'는 '어떤 물질이 달라붙다'는 의미이므로 '스며든다'라는 단어로 바꾸어 사용하는 것은 적절하지 않다. 정답은 ①이다.

## 14 수능국어 제시문 속 어휘 탐구

제시문의 ㉣'이야기 양식'의 문맥에 쓰인 '양식(樣式)'의 올바른 사전적 의미는 '일정한 모양이나 형식'이다. 문항 ④는 "아무 데나 침을 뱉는 것은 양식 있는 행동이 아니다."라는 문맥에서 쓰인 '양식(良識)'의 사전적 의미이다. 정답은 ④이다.

# 제 17 회

## 01 어휘의 사전적 의미

제시문에서 ㉠은 인터넷 쇼핑몰에서 컴퓨터로 입력한 내 신용 카드의 정보를 '몰래 돌려내다'의 의미이다. 정답은 ③이다.

## 02 다의어의 의미 파악

문항 ②에서 '생각하다'는 '전적으로 옳다고 결정을 내린다'는 의미이므로 '사물을 인식하여 논리나 기준 등에 따라 판정을 내리다'의 뜻인 '판단하다'로 해석해야 한다. 정답은 ②이다.

**오답 피하기** ⑤에서의 '생각하다'는 '선생님은 나를 온순한 학생으로 여긴다'의 뜻이므로 '상태나 모양, 성질 따위가 그와 같다고 여기다'의 뜻인 '간주하다'가 적절하다.

## 03 어휘의 문맥적 의미

제시문의 ㉠은 '대상을 평가하다.'는 의미를 지니고 있다. 정답은 ①이다.

**오답 피하기** ②일정한 목적 아래 만나다.
③눈으로 대상을 즐기거나 감상하다.
④물건을 팔거나 사다.
⑤어떤 일을 당하거나 겪거나 얻어 가지다.

## 04 어휘의 문맥적 의미

'근거를 찾으면'에서의 '찾으면'은 '모르는 것을 알아내고 밝혀내려고 애쓰다'. 또는 '그것을 알아내고 밝혀내다'의 의미로 사용되고 있다. 이와 문맥적 의미가 가장 가까운 것은 문항 ① '실마리를 찾다'의 '찾다'이다. 정답은 ①이다.

**오답 피하기** ②'원상태를 회복하다'의 의미로 쓰였다.

③'잃거나 빼앗기거나 맡기거나 빌려 주었던 것을 돌려받아 가지게 되다'의 의미로 쓰였다.
④'현재 주변에 없는 것을 얻거나 사람을 만나려고 여기저기를 뒤지거나 살피다. 또는 그것을 얻거나 그 사람을 만나다'의 의미로 쓰였다.
⑤'어떤 것을 구하다'의 의미로 쓰였다.

## 05 적절한 어휘 선택

'각별하다'는 '어떤 일에 대한 마음가짐이나 자세 따위가 유달리 특별하다.'의 의미로 '각별한 사이/각별한 주의/그는 사진에 대한 관심이 각별하였다.'의 용례로 쓰인다. '재주'가 남들보다 뛰어나다는 의미로는 '특출하다'와 '탁월하다'가 적절하다. 정답은 ②이다.

## 06 어휘의 바른 사용

문항 ⑤에서 '확대'는 '늘여서 크게 함'을 의미하고 '확장'은 '범위나 세력 따위를 늘려서 넓힘'을 의미한다. 그러므로 베란다는 '확장' 공사가, 일은 '확대'로 써야 그 쓰임이 적절하다. 정답은 ⑤이다.

## 07 적절한 어휘 대체

문항 ②의 '귀착(歸着)'은 '의논이나 의견 따위가 여러 경로를 거쳐 어떤 결론에 다다름.'이란 뜻을 지니고 있으므로 제시문 ㉠의 문맥적 의미와 유사하다. 정답은 ②이다.

**오답 피하기** ①귀납(歸納): 개별적인 특수한 사실이나 원리로부터 일반적이고 보편적인 명제 및 법칙을 유도해 내는 일.
③귀환(歸還): 다른 곳으로 떠나 있던 사람이 본래 있던 곳으로 돌아오거나 돌아감.
④반환(返還): 빌리거나 차지했던 것을 되돌려 줌.
⑤환원(還元): 본디의 상태로 다시 돌아감.

## 08 적절한 어휘 대체

문항 ①의 '비견(比肩)'은 '어깨를 나란히 하는 것'의 뜻으로 '병견(竝肩)'이라고도 쓴다. 다른 것과 비교해 볼 때 전혀 뒤지지 않는다는 것은 어깨를 나란히 할 정도로 대등하다는 '비견'과 의미가 통한다. 정답은 ①이다.

**오답 피하기** ②같은 종류의 것 또는 비슷한 것에 기초하여 다른 사물을 미루어 추측하는 일.

③예를 들어 견주어 보는 것.

④사람이나 물건을 목적한 장소나 방향으로 이끎.

⑤둘 이상의 대상의 내용을 맞대어 같고 다름을 검토함. 대조(對照).

## 09 관용적 표현의 이해

문항 ④의 '손이 재다'는 '일처리가 빠르다.'의 의미이다. 정답은 ④이다.

**오답 피하기** ①'손을 끊다'는 '교재나 거래, 맺었던 관계를 중단하다.'의 의미이다.

②'손이 서툴다'는 '어떤 일에 익숙하지 않다.'의 의미이다.

③'손이 여물다'는 '일하는 것이 빈틈없고 매우 꼼꼼하다.'의 의미이다.

⑤'손이 뜨다'는 '일하는 동작이 매우 굼떠서 일을 빨리 처리하지 못한다.'의 의미이다.

## 10 복수 표준어

우리말의 복수 표준어를 이해하고 판단할 수 있는가를 묻는 문제이다. 문항 ⑤의 '풋머슴'은 '선머슴'의 잘못으로 표준어가 아니다. 정답은 ⑤이다.

**오답 피하기** 우리말에서는 단어의 뜻이 거의 일치하고 쓰이는 환경도 비슷하여 그 세력의 우열을 구분하기 어려울 경우 모두 표준어로 인정하고 있는데, 이를 '복수 표준어'라고 한다. ①, ②, ③, ④는 모두 복수 표준어의 예이다.

## 11 수능국어 제시문 속 어휘 탐구

제시문의 ⑩은 '최하위 소득 계층에 소득을 이전해 준다.'는 의미이다. 그런데 '전가(轉嫁)'는 '잘못이나 책임을 다른 사람에게 넘겨씌우는 것'을 의미하므로 적절하지 않다. 정답은 ⑤이다.

## 12 수능국어 제시문 속 어휘 탐구

제시문 ⑩에서 '애쓰다'는 '마음과 힘을 다하여 무엇을 이루려고 힘쓰다'라는 뜻이며, 문항 ⑤의 '피력(披瀝)하다'는 '생각하는 것을 털어놓고 말하다'란 뜻이다. 적절한 단어는 '목적을 이루기 위하여 몸과 마음을 다하여 애를 쓰다'라는 뜻을 가진 '노력(努力)'이다. 정답은 ⑤이다.

**오답 피하기** ①표명(表明)하다: 드러내어 명백히 밝히다.

②의미(意味)하다: 지시하여 나타내다.

③간주(看做)되다: 여겨지거나 생각되다.

④변화(變化)하다: 모양이나 성질이 바뀌어 달라지다.

## 13 수능국어 제시문 속 어휘 탐구

제시문의 ⑩'정진(精進)'의 의미는 '힘써 나아감.'이다. 문항 ⑤에서의 '여럿 가운데서 앞서 나아감.'은 '정진(挺進)'의 의미이다. 정답은 ⑤이다.

## 14 수능국어 제시문 속 어휘 탐구

제시문의 ⓛ'침해'는 '침범을 하여 손해를 끼침'을 뜻한다. 문항 ②의 경우, '침해' 대신에 '남의 일에 헤살을 놓아 못하게 함'을 뜻하는 '방해'를 써야 의미가 통한다. 정답은 ②이다.

# 제 18 회

| | | | | |
|---|---|---|---|---|
| 01.⑤ | 02.③ | 03.① | 04.④ | 05.② |
| 06.① | 07.① | 08.② | 09.① | 10.④ |
| 11.② | 12.④ | 13.④ | 14.① | |

## 01 어휘의 사전적 의미

'욕망, 감정, 행위에 있어서 넘치고 모자라는 것'을 하나의 단어로 표현하면 '과부족(過不足)'이다. 정답은 ⑤이다.

**오답 피하기**  ①과반수(過半數): 절반이 넘는 수.
②과다(過多): 너무 많음.
③과도(過度): 정도에 지나침.
④과소비(過消費): 분수에 넘치게 많이 써서 없앰.

## 02 다의어의 확장된 의미

다의어에서 구체적 행동을 나타내는 의미가 '기본적 의미'이고 추상적 행동을 나타내는 것이 '확장된 의미'이다. 문항 ③에서 '갈던지'는 '이빨을 마주 대고 문지르다'는 구체적 의미를 지니기 때문에 기본적 의미에 해당한다. 정답은 ③이다.

## 03 어휘의 문맥적 의미

제시문에서 ㉠은 '원래 있던 곳으로 다시 오거나 다시 그 상태가 되다.'라는 뜻으로 사용되었다. 정답은 ①이다.

**오답 피하기**  ②'무엇을 할 차례나 순서가 닥치다.'라는 뜻으로 사용되었다.
③'먼 쪽으로 둘러서 오다.'라는 뜻으로 사용되었다.
④'몫, 비난, 칭찬 따위를 받다.'라는 뜻으로 사용되었다.
⑤'어떤 장소를 끼고 원을 그리듯 방향을 바꿔 움직여 오다.'라는 뜻으로 사용되었다.

## 04 어휘의 문맥적 의미

제시문에서 '걸쳐'는 문맥적으로 '시간, 공간, 횟수를 거쳐 이어지다.'의 뜻으로 쓰였다. 문항 ④에서도 '걸쳐'가 '횟수를 거쳐 이어지다.'의 의미로 쓰였으므로 유사한 쓰임이라고 할 수 있다. 정답은 ④이다.

**오답 피하기**  ①'끝 부분을 다른 물건의 끝에 올려놓다.'의 의미로 쓰인 말이다.
②'가로질러 걸리다.'의 의미로 쓰인 말이다.
③'해나 달이 기울어져 산이나 고개 따위에 얹히다.'의 의미로 쓰인 말이다.
⑤'옷이나 이불 같은 것을 입거나 뒤집어쓰다.'의 의미로 쓰인 말이다.

## 05 유의어의 의미 파악

유의어의 미세한 의미 차이를 변별할 수 있는가를 묻는 문제이다. 문항 ②의 '백중'은 '낫고 못함이 없이 비슷하다.'는 의미로 '둘의 실력이 비슷하여 백중한 경기를 펼쳤다.' 정도의 예문을 적용하는 것이 가능하겠다. 정답은 ②이다.

**오답 피하기**  ①'거의 같을 정도로 비슷하다.'의 뜻이니 '아버지의 눈빛과 흡사하다'를 예문으로 생각할 수 있다.
③'전쟁터를 방불하게 하다.'의 예문을 적용할 수 있다. '방불하게'는 줄여서 '방불케'로 많이 쓴다.
④'식성이 유사하다.' 정도를 예문으로 쓸 수 있다. '유사'와 '흡사'는 주어진 예문으로 보면 둘 다 쓸 수 있다.
⑤'능력에 상당한 대우를 받다.'를 예문으로 적용할 수 있다.

## 06 어휘의 바른 사용

문항 ①에서는 '어떤 일을 버젓하고 당당하게 할 수 있다'는 의미이므로 '반듯하게'가 아니라 '번듯하게'를 써야 한다. 정답은 ①이다.

## 07 적절한 어휘 대체

제시문의 ㉠에서 '판별(判別)'은 '옳고 그름이나 좋고 나쁨을 판단하여 구별한다.'는 뜻인데, 이 문맥 속에서는 '여럿 가운데서 일정한 것을 골라낸다.'는 뜻으로 쓰였다. 정답은 ①이다.

## 08 적절한 어휘 대체
문맥으로 보아 제시문의 ⊙'기반'은 '어떤 것을 이루어 가는 데 있어서 바탕으로 작용하는 것'의 의미이다. 이러한 의미를 가장 잘 살리고 있는 표현은 '모태'이다. 따라서 정답은 ②이다.

## 09 한자 성어의 이해
제시문의 ⊙이 내포하고 있는 의미는 21세기 문명 대열에 낙오하지 않기 위해서 철저한 준비가 필요하다는 것이다. '유비무환(有備無患)'은 '미리 준비가 되어 있으면 근심할 것이 없다'는 뜻으로 준비의 중요성을 강조한 한자성어다. 정답은 ①이다.

**오답 피하기** ②'말을 억지로 끌어다 대어 자기주장의 조건에 맞도록 함'을 의미하는 한자성어이다.
③'제자가 스승보다 더 나음'을 의미하는 한자성어이다.
④'자기 생각이나 주장 없이 남의 의견에 동조함'을 의미하는 한자성어이다.
⑤'일을 저지른 사람이 일을 해결해야 함'을 의미하는 한자성어이다.

## 10 비속어의 특징과 용례
문항 ④의 '소갈머리(=소갈딱지)'는 '마음이나 속생각', 즉 '심지(心志)'를 낮잡아 이르는 비속어이다. 이는 대체로 '소갈머리가 좁다.'와 같이 쓰인다. 정답은 ④이다.

**오답 피하기** ①'눈깔'이라든지 '배때기'라든지 하는 말이 사람이 아닌, 물고기에 사용된 말이라면 이는 비속어가 아니다.
②너스레: 수다스럽게 떠벌려 늘어놓는 말.
③도리도리: 어린아이에게 도리질을 하라고 시킬 때 하는 말.
⑤오장육부(五臟六腑): 오장과 육부, 곧 내장을 통틀어 이르는 말로 비속어가 아니다.

## 11 수능국어 제시문 속 어휘 탐구
제시문의 ⓒ'통달'의 사전적 의미는 '사물의 이치나 지식, 기술 따위를 훤히 알거나 아주 능란하게 함.'이다. 문항 ②에 제시된 '예리한 관찰력으로 사물을 꿰뚫어 봄.'은 '통찰'의 사전적 의미이다. 정답은 ②이다.
*추보: 천체의 운행을 관측함.

## 12 수능국어 제시문 속 어휘 탐구
문항 ④의 '어떤 기준이나 실정에 맞게 정돈하다'의 의미를 가진 단어는 '조정(調整)하다'이다. 제시문의 ⓔ '조합하다'의 의미는 '여럿을 한데 모아 한 덩어리로 짜다.'이다. 정답은 ④이다.

## 13 수능국어 제시문 속 어휘 탐구
문항 ④의 '옳다고 인정함.'은 '수긍'의 사전적 의미이다. 제시문의 ⓔ'수용'은 '받아들임'을 의미하는 말이다. 따라서 '수용'의 사전적 의미를 '옳다고 인정함'이라고 제시하는 것은 적절하지 않다. 정답은 ④이다.

## 14 수능국어 제시문 속 어휘 탐구
문항 ①의 '새로운 물건을 만들거나 새로운 생각을 내어놓음.'을 뜻하는 말은 '개발'이다. 제시문의 ⊙'개척'의 사전적 의미는 '새로운 영역, 운명, 진로 따위를 처음으로 열어 나감.'이다. 정답은 ①이다.
*오브제(objet): 일상 용품이나 물건을 본래의 용도로 쓰지 않고 예술 작품에 사용하는 기법 또는 그 물체.

# 제 19 회

| 01. ① | 02. ⑤ | 03. ④ | 04. ③ | 05. ③ |
| 06. ③ | 07. ① | 08. ⑤ | 09. ① | 10. ② |
| 11. ① | 12. ① | 13. ① | 14. ① | |

## 01 어휘의 구조 파악

㉠은 대립되는 두 한자가 결합되어 만들어진 말이다. 이와 유사한 구조로 이루어진 단어가 아닌 것은 문항 ①의 '강건(剛健)'이다. '강(剛)'은 '굳세다'는 의미를 갖고 있으며, '건(健)'은 '튼튼하다'의 의미를 갖고 있기 때문에, '강건'은 대립적 의미를 지닌 한자의 결합이 아니다. 정답은 ①이다.

**오답 피하기** ②등락(騰落): 오르고 내림.
③시비(是非): 옳고 그름.
④장단(長短): 길고 짧음.
⑤호오(好惡): 좋음과 싫음.

## 02 다의어의 의미 파악

문장에 쓰인 다의어의 뜻을 파악할 수 있는가를 묻는 문제이다. 문항 ⑤의 '따르다'는 '관례, 유행이나 명령, 의견 따위를 그대로 실행하다.'의 의미이다. 정답은 ⑤이다.

## 03 어휘의 문맥적 의미

제시문에서 ㉠의 '올리다'는 '값이나 수치, 온도, 성적 따위가 이전보다 많아지거나 높아지다.'의 의미를 갖는 '오르다'의 사동사로 사용되었다. 정답은 ④이다.

**오답 피하기** ①'위쪽으로 높게 하거나 세우다.'라는 의미로 사용되었다.
②'윗사람에게 공손하게 말, 인사, 절 따위를 하다.'라는 의미로 사용되었다.
③'기록에 적히다.'의 의미를 갖는 '오르다'의 사동사이다.
⑤'의식이나 예식을 거행하다.'라는 의미로 사용되었다.

## 04 어휘의 문맥적 의미

제시문에서 ㉠의 '심리가 깔려 있는 경우'에 사용된 '깔려'와 문항 ③의 '좋은 의도가 깔려 있었다.'에 사용된 '깔려'는 '사상이나 감정, 생각 따위가 겉으로 드러나지 않고 묻혀 있다.'의 의미이다. 정답은 ③이다.

**오답 피하기** ①'무엇을 밑에 두고 누르다.'는 뜻으로 사용되고 있다.
②'바닥에 펴 놓다.'는 뜻으로 사용되고 있다.
④'널리 퍼져 있다, 또는 많이 퍼져 있다.'는 뜻으로 사용되고 있다.
⑤'돈이나 물건 따위를 여기저기 빌려주거나 팔려고 내놓다.'는 뜻으로 사용되고 있다.

## 05 유사한 의미의 어휘 구분

㉠은 많은 차량이 뒤섞이어 어수선한 상황이므로 '혼잡(混雜)'이 적절하고, ㉡은 약속 장소를 구별하지 못하고 뒤섞어서 생각한 것이므로 '혼동(混同)'이 적절하며, ㉢은 고객과 서술자가 서로 다르게 파악하여 혼란이 생긴 것이므로 '혼선(混線)'이 적절하다. 따라서 정답은 ③이다.

## 06 어휘의 바른 사용

문항 ③의 '매겼다'는 'ㄴ. 일정한 숫자나 표식을 적어 넣다.'의 의미가 아니라 'ㄱ. 일정한 기준에 따라 사물의 값이나 등수 따위를 정하다.'의 의미로 사용된 사례이다. 정답은 ③이다.

## 07 적절한 어휘 대체

고유어의 문맥적 의미를 파악하고 한자어로 바꾸어 쓸 수 있는지를 평가하는 문제이다. '마케팅 전략을 세우다.'에서 '세우다'는 '국가나 정부, 제도, 계획 따위를 이룩하여 세우다.'는 뜻의 '수립(樹立)하다'로 바꿀 수 있다. 정답은 ①이다.

**오답 피하기** ②정립(定立)하다: ~을 정하여 세우다.
③설립(設立)하다: 기관이나 조직체 따위를 만들어 일으키다.
④제정(制定)하다: 제도나 법률 따위를 만들어서 정

하다.
⑤지정(指定)하다: ~을 가리키어 확실하게 정하다.

## 08 적절한 어휘 대체
문항 ⑤의 '양분(兩分)'은 '두 가지로 나누다.'란 뜻이므로, 문맥상 어울리지 않는다. 문맥상 제시문의 ㉠에는 '여러 가지로 나누다.'란 뜻을 지닌 단어가 씌어야 하기 때문이다. 정답은 ⑤이다.

## 09 적절한 관용 표현
낱말의 관용적 쓰임새를 문장 속에서 파악하는 문제이다. 문항 ①의 경우 '서울에서 부산으로 갈 수 있는 길이 닿았다'에서의 '길이 닿았다.'는, '어떤 일을 할 수 있는 방법이나 방도가 생기다.'로 이해하는 것이 옳다. 정답은 ①이다.

## 10 단위어의 이해
단위어 '채'는 집이나 이불을 세는 단위이며, '올'은 '실이나 줄의 가닥'을 의미하거나, 수량을 나타내는 말 뒤에 쓰여 '실이나 줄의 가닥을 세는 단위'로 쓰인다. 여기에서 머리카락은 '줄의 가닥'의 의미에 해당한다. '코'는 '뜨개질할 때 눈마다 생겨나는 매듭을 세는 단위'로 쓰인다. 정답은 ②이다.
**오답 피하기** '장'은 '종이나 유리 따위의 얇고 넓적한 물건을 세는 단위'로 쓰이며, '필'은 '일정한 길이로 말아 놓은 피륙을 세는 단위'로 쓰인다. '땀'은 수량을 나타내는 말 뒤에서 '실을 꿴 바늘로 한 번 뜨다.'의 의미로 쓰인다. '모'는 수량을 나타내는 말 뒤에 쓰여, '두부나 묵 따위를 세는 단위'로 쓰인다.

## 11 수능국어 제시문 속 어휘 탐구
제시문의 ㉠'존속(存續)'은 '어떤 대상이 그대로 있거나 어떤 현상이 계속됨'을 의미한다. 문항 ①의 '더 낫고 좋은 상태나 더 높은 단계로 나아감.'은 '발전(發展)'의 의미이다. 정답은 ①이다.

## 12 수능국어 제시문 속 어휘 탐구
제시문에서 ㉠'명시(明示)'의 사전적 의미는 '분명하게 드러내 보임'이다. 문항 ①의 '물체를 환히 꿰뚫어 봄'을 뜻하는 말은 '투시(透視)'이다. 정답은 ①이다.

## 13 수능국어 제시문 속 어휘 탐구
제시문 속 ㉠'입증'의 사전적 의미는 '어떤 증거 따위를 내세워 증명함'이다. 문항 ①의 '옳고 그름을 이유를 들어 밝힘'은 '논증'의 사전적 의미이다. 정답은 ① 이다.

## 14 수능국어 제시문 속 어휘 탐구
문항 ①의 '미리 짐작하는 것'은 '예견'이다. 제시문의 ㉠ '고찰(考察)하다'는 '어떤 것을 깊이 생각하다'의 의미이다. 정답은 ①이다.
**오답 피하기** ②㉡'구동시키다'는 '기관차를 구동시키다.'에서처럼 '(동력을 가하여) 움직이게 만들다.'라는 의미이므로 타당한 진술이다.
③㉢'변환하는'은 '(성질, 상태 등을) 바꾸다.'라는 의미이므로 타당한 진술이다.
④㉣'저수'는 '이 댐은 천만 톤까지 저수할 수 있다.'와 같은 사례에서 알 수 있듯 '물을 모아둔다'는 의미이므로 타당한 진술이다.
⑤㉤'생각해 볼'은 문맥을 고려하면 '(조건이나 상황 등을) 잘 미루어 헤아리거나 생각하다.'라는 의미이므로 '형세를 살피다.'의 사례에서처럼 '살피다'라는 의미이므로 타당한 진술이다.

# 제 20 회

## 01 유의어 탐구
①'강구'는 '기존 시설을 새 것으로 바꾸는 방안이 강구되어야 한다.', ②'고안'은 '신제품을 고안해 내기 위해 그는 밤을 샜다.', ④'모색'은 '발전적인 미래를 위한 진지한 모색을 시작해야 합니다.', ⑤'창출'은 '새로운 시대에 적합한 문화를 창출해야 한다'에 사용된다. 문항 ③의 '규명'은 '자세히 캐고 따져 사실을 밝히다'는 의미로, 어느 문장에도 들어갈 수 없다. 정답 ③.

## 02 동음이의어와 다의어
'배¹'은 '사람이나 동물의 몸에서 내장이 들어 있는 곳으로 가슴과 엉덩이 사이의 부위'라는 의미다. 문항 ①에서 '배'는 '긴 물건 가운데의 볼록한 부분'이라는 의미를 지닌 단어이므로, '배¹'과 어원이 같은 단어로 볼 수 있다. 정답은 ①이다.
**오답 피하기** ②의 '배'는 '어떤 수나 양을 두 번 합한 만큼', ③의 '배'는 '사람이나 짐 따위를 싣고 물 위로 떠다니도록 나무나 쇠로 만든 물건', ④의 '배'는 '배나무의 열매', ⑤의 '배'는 '운동경기에서 우승한 팀이나 사람에게 주는 트로피'의 의미에 해당하여 '배¹'과 그 뜻이 매우 다르므로 동음이의어에 해당한다.

## 03 어휘의 문맥적 의미
제시문에서 ㉠의 '배다'는 '깊이 스며들다'의 뜻을 가지고 있다. 정답은 ④이다.
**오답 피하기** ①'사이를 비좁게 하거나 촘촘히 심다'의 의미.
②'버릇이 되다'의 의미.
③'익숙하다'의 의미.
⑤'근육이 뭉친 현상'을 가리킨다.

## 04 어휘의 문맥적 의미
제시문에서 ㉠의 '밝히다'는 투표 성향과 투표 결과의 상관관계를 판단하여 드러내 알린다는 의미이다. 문항 ④의 '밝히다'도 사태의 진상을 판단하여 드러내 알린다는 의미로 사용되었다. 정답은 ④이다.

## 05 적절한 어휘 선택
'잔다랗다'는 '꽤 작다. 아주 자질구레하다. 볼만한 가치가 없을 정도로 하찮다.'이다. '살갑다'는 '마음씨가 부드럽고 상냥하다.'이다. '시나브로'는 모르는 '사이에 조금씩 조금씩'이다. 정답은 ②이다.

## 06 어휘의 바른 사용
문항 ③의 '삼갑시다'의 기본형은 '삼가다'로 바른 표현이다. '삼가합시다'는 잘못된 표현이다. 정답은 ③이다.
**오답 피하기** ①'고마와요'는 '고마워요'가 맞다.
②'틀린'은 '다른'이 맞다.
④'설레인다'는 '설렌다'가 맞다.
⑤'날라가고'는 '날아가고'가 맞다.

## 07 적절한 어휘 대체
㉠'꿰뚫어 보다'의 사전적 의미는 '통찰(洞察)'에 가깝다. 그러나 제시문에서의 문맥적 의미는 '어떤 사실을 자세히 따져서 바로 밝힘'을 뜻하는 '규명(糾明)'이 더 적절하다. 정답은 ④이다.
**오답 피하기** ①관찰(觀察): 사물이나 현상을 주의하여 자세히 살펴봄.
②주시(注視): 어떤 목표물에 주의를 집중하여 봄.
③예측(豫測): 미리 헤아려 짐작함.
⑤추출(抽出): 전체 속에서 어떤 물건, 생각, 요소 따위를 뽑아냄.

## 08 적절한 어휘 대체
㉠의 '부착'의 의미는 '떨어지지 아니하게 붙음. 또는 그렇게 붙이거나 닮'이고, '정착'은 '일정한 곳에 자리를 잡아 붙박이로 있거나 머물러 삶', '유착'은 '사물

들이 서로 깊은 관계를 가지고 결합하여 있음'을 의미한다. 그리고 ⓒ의 '방출'은 '입자나 전자기파의 형태로 에너지를 내보냄', '유출'은 '물품이나 정보 등이 불법적으로 나가 버림', '배출'은 '인재(人材)가 계속하여 나옴'을 의미한다. ⓒ의 '붙어'는 '부착되어'로, ⓒ의 '나오게 된다'는 '방출된다'로 바꿔 쓰는 것이 적절하다. 따라서 정답은 ①이다.

## 09 한자 성어의 이해

제시문의 ⓒ과 ⓒ의 정보를 연결하면 과도한 분업화와 전문화로 오히려 문제점이 나타났다는 사실을 알 수 있다. '과유불급(過猶不及)'이란 '정도를 지나침은 미치지 못함과 같다는 뜻으로, 중용(中庸)이 중요함을 이르는 말'이다. 정답은 ③이다.

**오답 피하기** ①조족지혈(鳥足之血): 새발의 피라는 뜻으로, 매우 적은 분량을 비유적으로 이르는 말.
②소탐대실(小貪大失): 작은 것을 탐하다가 큰 것을 잃음.
④화중지병(畵中之餠): 그림의 떡.
⑤교각살우(矯角殺牛): 소의 뿔을 바로잡으려다가 소를 죽인다는 뜻으로, 잘못된 점을 고치려다가 그 방법이나 정도가 지나쳐 오히려 일을 그르침을 이르는 말.

## 10 호칭어의 의미 파악

'ㄹ'의 '아범'은 화자인 며느리가 청자인 시어머니에게 자기 남편을 가리키는 말이다. 정답은 ⑤이다.

## 11 수능국어 제시문 속 어휘 탐구

제시문에서 ⓒ의 '규정하다'는 '양이나 범위 따위를 제한하여 정하다.'의 의미이다. 문항 ①의 '고치다'는 '헐거나 고장이 난 물건을 손질하여 쓸 수 있게 만들다.'의 의미이다. 정답은 ①이다.

## 12 수능국어 제시문 속 어휘 탐구

제시문의 ⓒ'지각'의 의미는 '감각 기관을 통해서 대상을 인식함.'이다. 문항 ①의 '그러하다고 생각하여 옳다고 인정함.'은 '긍정'의 의미이므로 적절하지 않다.

정답은 ①이다.

## 13 수능국어 제시문 속 어휘 탐구

제시문의 ⓒ'포착된'의 '포착'은 '요점이나 요령을 잡음'의 의미이므로 문항 ④처럼 '모아진'으로 바꿔 쓰는 것은 적절하지 않다. 정답은 ④이다.

**오답 피하기** ②확장하다: 범위, 규모, 세력 따위를 늘려서 넓히다.
③혼합하다: 뒤섞어서 한데 합하다.

## 14 수능국어 제시문 속 어휘 탐구

제시문에서 ⓒ은 '어느 일정한 시기부터 다른 일정한 시기까지의 사이'의 의미이다. 그런데 문항 ①에서의 '기간'은 '어떤 분야나 부문에서 가장 으뜸이 되거나 중심이 되는 부분'을 의미하므로 ⓒ를 사용하여 만든 문장의 예로 적절하지 않다. 정답은 ①이다.

**오답 피하기** ②조절: 균형이 맞게 바로 잡음. 또는 적당하게 맞추어 나감.
③명시: 분명하게 드러내 보임.
④유의: 마음에 새겨 두어 조심하며 관심을 가짐.
⑤상환: 갚거나 돌려줌.

# 제 21 회

## 01 동음이의어와 다의어

☞동음이의어와 다의어를 구별하는 중요한 잣대의 하나가 의미의 연관성 여부이다. ④의 '가볍다'의 경우에 두 가지의 뜻으로 쓰이지만 '가벼움'이라는 속성을 가지고 있으므로 동음이의어가 아니라 다의어이다. 정답 ④.

☞③의 '먹다'에서 '밥을 먹다'의 경우 '음식 따위를 입을 통하여 배 속에 들여보내다'는 뜻이고, '솜이 물을 먹다'에서는 '먹다'는 '물이나 습기 따위를 빨아들이다'의 의미로 쓰였다. 이 두 경우에서 '먹다'는 '내부로 들어간다'라는 의미를 띠고 있어 의미상 연관성이 있으므로 다의어이다.

## 02 순우리말 탐구

☞⑤의 빈칸에는 자연 현상을 표현하는 말이 적절하다. 그런데 〈보기〉에 제시된 순우리말 중에서 이에 적합한 말은 없다. 빈칸에 적절한 말은 '흐드러진'이다. 정답 ⑤.

## 03 어휘의 문맥적 의미

☞㉠은 '어떤 일에 돈, 시간, 노력, 물자 따위가 쓰이게 하다.'의 의미로 쓰였다. 정답 ③.

☞①'물감, 색깔, 물기, 소금기가 스미거나 배게 하다.'의 문맥적 의미를, ②'밖에서 속이나 안으로 향해 가게 하거나 오게 하다'의 문맥적 의미를, ④'빛, 볕, 물 따위가 안으로 들어오게 하다'의 문맥적 의미를, ⑤'방이나 집 따위에 있거나 거처를 정해 머무르게 되다.'의 문맥적 의미를 지니고 있다.

## 04 어휘의 문맥적 의미

☞㉠은 '판단, 결정을 하거나 결말을 짓다.'라는 뜻으로 사용되었다. 정답 ②.

☞①'타고 있던 물체에서 밖으로 나와 어떤 지점에 이르다.', ③'가루 따위를 체에 치다.', ④'안개 따위가 짙어지거나 덮여 오다.', ⑤'눈, 비 따위가 오다.'라는 뜻으로 사용되었다.

## 05 적절한 어휘 선택

☞'통제'란 '목적을 달성하기 위하여 제약하는 일'이며, '억제'란 '억눌러서 그치게 하는 것'이다. 교육은 목적을 달성하기 위해 제약하는 것이므로 통제가 적절하다. '지양'이란 '높은 단계로 오르기 위하여 어떤 것을 하지 않는 것'이며, '지향'은 '지정한 방향으로 나아가는 것'이다. 사회 통합은 바람직한 방향이므로 지향이 적절하다. '분리'란 '서로 나뉘어 떨어지는 것'이며, '분화'는 '단순·동질적인 것이 복잡·이질적인 것으로 갈라져 나가는 것'이다. 현대 사회는 복잡하고 이질적으로 나누어지는 것이므로 분화가 적절하다. 정답 ②.

## 06 어휘의 바른 사용

☞'-든'과 '-던'의 쓰임이 적절한지 묻는 문제이다. ②에서 '좋든가'는 회상을 나타내는 내용이므로 '좋던가'로 바꾸는 게 적절하다. 정답 ②.

## 07 적절한 어휘 대체

☞㉠의 문맥상 의미는 대상을 형체 그대로, 원본에 충실하게 그려낸다는 의미이다. 대상을 형체 그대로 그려낸다는 뜻을 지닌 말은 '모사'(模寫)이다. 정답 ③.

☞①묘사는 '어떤 대상이나 사물, 현상 따위를 언어로 서술하거나 그림을 그려서 표현'한다는 뜻이며, ②모방은 '다른 것을 본뜨거나 본받음', ④답습은 '예로부터 해 오던 방식이나 수법을 좇아 그대로 행함', ⑤전사는 '글이나 그림 따위를 옮기어 베낌'의 뜻이다.

## 08 적절한 어휘 대체

☞ ⓐ의 '받아들이다'는 '어떤 사실 따위를 인정하거나 이해하고 수용하다'라는 의미로 쓰이고 있다. 따라서 '인식하다'가 바꾸어 쓰기에 적절하다. 정답 ①.

## 09 관용적 표현의 이해

☞ '시치미를 떼다'는 '짐짓 알고도 모르는 체하거나, 하고도 안 한 체하다'라는 뜻이다. 정답 ②.

## 10 부정적 의미를 지닌 어휘

☞ '새끼'는 욕하는 말로 쓰이기도 하지만, '고슴도치도 제 새끼는 함함하다고 한다.'에 쓰인 '새끼'는 욕하는 말이 아니라 '자식'을 의미하는 말이다. 이때의 '새끼'는 부정적인 의미를 지니고 있는 어휘가 아니다. 따라서 부정적인 의미를 자체적으로 지니고 있는 어휘를 사용하여 부정적 생각을 드러내는 '따위'와는 그 쓰임이 다르다. 정답 ⑤.

## 11 수능국어 제시문 속 어휘 탐구

☞ ⓜ '부여(附與)'는 '사람에게 권리, 명예, 임무 등을 지니도록 해 주거나, 사물이나 일에 가치, 의의 등을 붙여 줌'이라는 사전적 의미가 있다. '떨어지지 아니하게 붙음'의 뜻을 지닌 어휘는 '부착(附着)'이다. 정답 ⑤.

## 12 수능국어 제시문 속 어휘 탐구

☞ '보장'은 어떤 일이 어려움 없이 이루어지도록 조건을 마련하여 보증하거나 보호함을 뜻한다. 잘 보호하여 기름을 뜻하는 말은 '보양(保養)'이다. 정답 ③.

☞ ① '규명'은 어떤 사실을 자세히 따져서 바로 밝힘을 뜻한다. ② '준수'는 전례나 규칙, 명령 따위를 그대로 좇아서 지킴을 뜻한다. ④ '모색'은 일이나 사건 따위를 해결할 수 있는 방법이나 실마리를 더듬어 찾음을 뜻한다. ⑤ '훼손'은 헐거나 깨뜨려 못 쓰게 만듦을 뜻한다.

## 13 수능국어 제시문 속 어휘 탐구

☞ ⓐ '조성'은 '무엇을 만들어서 이룸.'을 의미한다. '어떤 기준이나 실정에 맞게 정돈함.'을 의미하는 어휘는 '조정'이다. 정답 ①.

## 14 수능국어 제시문 속 어휘 탐구

☞ ⓜ '주목'의 사전적 의미는 '관심을 가지고 주의 깊게 살핌.'이다. '자신의 의견이나 주의를 굳게 내세움.'은 '주장'의 사전적 의미에 해당한다. 정답 ⑤.